新时代的思想旗帜研究文库

北京市习近平新时代中国特色社会主义思想研究中心／组织编写

中国特色社会主义政治制度的伟大创造

张 峰◎著

人民出版社

序言　走好民主新路，跳出历史周期率

　　中国特色社会主义进入新时代，我国社会主要矛盾已经转化为人民日益增长的美好生活需要和不平衡不充分的发展之间的矛盾。人民不仅对物质文化生活提出了更高要求，而且在民主、法治、公平、正义、安全、环境等方面的要求日益增长。通俗地说，人民不仅要在物质文化上不断提高生活水平，而且要在政治上切实当家作主，这样的生活才是真正美好的生活。相应地，我国民主政治建设也就要新面貌。党的十九大报告指出，"我国社会主义民主是维护人民根本利益的最广泛、最真实、最管用的民主。发展社会主义民主政治就是要体现人民意志、保障人民权益、激发人民创造活力，用制度体系保证人民当家作主。"①党的十九届四中全会概括我国国家制度和国家治理体系的显著优势之一是"坚持人民当家作主，发展人民民主，密切联系群众，紧紧依靠人民推动国家发展的显著优势"，明确要求："坚持和完善人民当家作主制度体系，发展社会主义民主政治"。②

　　人民民主是中国共产党始终高扬的光辉旗帜。在中国实现什么样的民主、怎样发展人民民主，是历代中国共产党人始终不渝地探索的重大课题。正是通过长期坚持不懈的努力，中国共产党人找到了一条适合中国国情并具有持久生命力的民主新路，实现了中国从几千年封建专制政治向人民民主的伟大飞跃，并且通过改革创造出比资本主义国家的民主更

---

　　①　习近平：《决胜全面建成小康社会　夺取新时代中国特色社会主义伟大胜利——在中国共产党第十九次全国代表大会上的报告》，人民出版社2017年版，第35—36页。

　　②　《〈中共中央关于坚持和完善中国特色社会主义制度、推进国家治理体系和治理能力现代化若干重大问题的决定〉辅导读本》，人民出版社2019年版，第3、10页。

高更切实的民主,在当今世界正在经历百年未有之大变局中彰显出"中国之治"的巨大优势,为人类政治文明贡献了中国智慧和中国方案。

讲到民主新路的缘由,我们不能不追溯到我国民主发展史上的一段佳话:1945年7月毛泽东同志和黄炎培先生在延安关于历史周期率的对话,史称"窑洞对"。

毛泽东问黄炎培来延安的感想怎样? 黄炎培答:

> 我生六十年,耳闻的不说,所亲眼看到的,真所谓"其兴也勃焉","其亡也忽焉",一人,一家,一团体,一地方,乃至一国,不少不少单位都没有能跳出这周期率的支配力。……一部历史,"政怠宦成"的也有,"人亡政息"的也有,"求荣取辱"的也有。总之没有能跳出这周期率。中共诸君从过去到现在,我略略了解的了。就是希望找出一条新路,来跳出这周期率的支配。

毛泽东答:

> 我们已经找到新路,我们能跳出这周期率。这条新路,就是民主。只有让人民来监督政府,政府才不敢松懈。只有人人起来负责,才不会人亡政息。①

对这个"窑洞对",习近平总书记多次提及。2015年5月18日,他在中央统战工作会议上指出:"我常常提及毛泽东同志和黄炎培先生在延安的'窑洞对'。当年'窑洞对'的问题已经彻底解决了吗? 恐怕还没有。"②为什么说"窑洞对"提出的问题还没有彻底解决,是因为"其兴也勃焉,其亡也忽焉"是重大历史性课题,需要一代又一代的中国共产党人不断为之努力。2018年1月5日,在新进中央委员会的委员、候补委员和省部级主要领导干部学习贯彻习近平新时代中国特色社会主义思想和党的十九大精神研讨班上讲话中,他又说:"我们党执政正反两方面的经验,世界上一些社会主义国家和政党演变的教训,都揭示了一个道理:马克思主义政党夺取政权不容易,巩固政权更不容易;只要马克思主义执政

---

① 黄炎培:《八十年来·附〈延安归来〉》,中国文史出版社1982年版,第156—157页。
② 《习近平关于全面从严治党论述摘编》,中央文献出版社2016年版,第204页。

党不出问题，社会主义国家就出不了大问题，我们就能够跳出'其兴也勃焉，其亡也忽焉'的历史周期率。"①

事实正是如此，重温"窑洞对"的深刻启示，紧密结合新的时代条件和实践要求进行深入思考，我们就能破解走中国特色社会主义民主政治建设上的三大难题。

一、破解走好民主新路的难题

在"窑洞对"中，毛泽东同志之所以对中国共产党跳出历史周期率有信心、有底气，是因为中国共产党找到了一条新路，就是民主。毛泽东同志为什么把民主叫作"新路"，是因为在中国历史上缺乏民主，而中国抗战及未来又迫切需要民主。"窑洞对"之前，毛泽东同志曾对中外记者西北参观团坦言："中国是有缺点的，而且是很大的缺点，这种缺点，一言以蔽之，就是缺乏民主。中国人民非常需要民主，因为只有民主，抗战才有力量，中国内部关系与对外关系，才能走上轨道，才能取得抗战的胜利，才能建设一个好的国家，亦只有民主才能使中国在战后继续团结。"②

民主之所以是"新路"，也是因为中国共产党正在走出这样一条道路来，主要体现为抗日根据地的"三三制"政权建设。中国共产党当时就主张，在全国范围内推行民主制度，使人民获得一切现代自由，以真正自由的普选方式选举中央及地方政府，而这些要率先在共产党管辖的区域内得以实现。1937 年陕甘宁边区政府颁布的边区选举条例，规定凡居住在陕甘宁边区的人民只要年满 16 周岁便拥有选举权与被选举权，而不论民族、性别、宗教、财产等其他区别。1940 年 3 月，毛泽东同志为中共中央起草的党内指示《抗日根据地的政权问题》中提出："根据抗日民族统一战线政权的原则，在人员分配上，应规定为共产党员占三分之一，非党的左派进步分子占三分之一，不左不右的中间派占三分之一。"③陕甘宁边

---

① 习近平：《推进党的建设新的伟大工程要一以贯之》，《求是》2019 年第 19 期。

② 毛泽东：《会见中外记者西北参观团的讲话》，《毛泽东文集》第三卷，人民出版社 1996 年版，第 168 页。

③ 毛泽东：《抗日根据地的政权问题》，《毛泽东选集》第二卷，人民出版社 1991 年版，第 742 页。

区是中国共产党领导的抗日根据地,中国共产党占据着数量的优势,但中国共产党确定在候选名单和实际选举中坚持共产党员只占三分之一,以便各党各派及无党无派人士均能参加边区民意机关之活动与边区行政之管理。正是这种"三三制"政权组织形式,开创了我国协商民主的先河。周恩来同志指出,"三三制"的特点就是:共产党不一定要在数量上占多数,而争取其他民主人士与我们合作。各方协商,一致协议,取得共同纲领,以作为施政的方针。共产党人的协商合作的诚意,使得党外人士积极建言献策,如李鼎铭等人提出的精兵简政提案,就作为边区政府的重要行政原则贯彻实施。延安的民主氛围给黄炎培先生留下了深刻印象。他说:"中共军队每到一地方,必首先争取民众。现时他们所用的方法,是使民众站起来,聚拢来,让他们自由投票选出他们所满意的人,做这一地方的乡长或其他公职。"毛泽东同志对黄炎培先生表达了这样的观点:"在共产党里,只想消灭别的党,简直和在别的党里,只想消灭共产党,一样的错误。这就是宗派主义的毒。我才是正宗,我以外都要不得。"延安的民主实践,使黄炎培先生由衷地赞成毛泽东通过走出民主新路跳出周期率的观点,表示:"只有大政方针决之于公众,个人功业欲才不会发生。只有把每一地方的事,公之于每一地方的人,才能使地地得人,人人得事。把民主来打破这周期率,怕是有效的。"

1949年9月,中国人民政治协商会议第一届全体会议召开,以政治协商形式建立中华人民共和国和人民民主专政政权,民主协商精神发展成为新民主主义议事精神。周恩来同志指出:"凡是重大的议案提出来总是事先有协商的,协商这两个字非常好,就包括这个新民主的精神。"①"新民主主义的议事精神不在于最后的表决,而在于事前的协商和反复的讨论。"②相应地,通过协商产生的中央人民政府也就是商量政府。毛泽东同志说:"我们政府的性格,你们也都摸熟了,是跟人民商量办事的,

---

① 中国人民政治协商会议全国委员会研究室、中共中央文献研究室第四编研部编:《老一代革命家论人民政协》,中央文献出版社1997年版,第17页。
② 中国人民政治协商会议全国委员会研究室、中共中央文献研究室第四编研部编:《老一代革命家论人民政协》,中央文献出版社1997年版,第50页。

是跟工人、农民、资本家、民主党派商量办事的,可以叫它是个商量政府。"①

发展人民民主,就是要实现人民最广泛、最有效的政治参与,也就是毛泽东同志在"窑洞对"中提出的"只有人人起来负责,才不会人亡政息"。总结中国共产党发展人民民主的历史经验,习近平总书记提出:"社会主义协商民主在我国有根、有源、有生命力,是中国共产党人和中国人民的伟大创造,是中国社会主义民主政治的特有形式和独特优势,是党的群众路线在政治领域的重要体现。"②在中国社会主义制度下,有事好商量,众人的事情由众人商量,是人民民主的真谛。中国特色社会主义进入新时代,适应人民在民主、法治、公平、正义等方面日益增长的要求,协商民主应该实实在在的、全方位的、全国上上下下做起来,推动协商民主广泛、多层、制度化发展,统筹推进政党协商、人大协商、政府协商、政协协商、人民团体协商、基层协商以及社会组织协商,充分发挥人民政协作为社会主义协商民主的重要渠道和专门协商机构的作用。协商民主产生于中国,但也具有跨越时空、超越国度的普遍性意义。习近平总书记指出:"协商是民主的重要形式,也应该成为现代国际治理的重要方法,要倡导以对话解争端、以协商化分歧。"③我们要让协商民主走出国门、走向世界,为人类政治文明进步作出充满中国智慧的贡献,从而破解走出民主新路这一世界性的难题。

二、破解共产党长期执政的难题

在"窑洞对"中,黄炎培先生所说的"其兴也勃焉""其亡也忽焉",体现了我国古代的政治智慧。这两句话出自《左传·庄公十一年》:"禹、汤罪己,其兴也悖焉;桀、纣罪人,其亡也忽焉",又见于《新唐书·卷一百一十五》:"禹、汤罪己,其兴也勃焉;桀、纣罪人,其亡也忽焉"。意思是说,大禹和商汤王什么事都怪罪自己,兴盛起来就很快,势不可当;夏桀王和

---

① 毛泽东:《同工商界人士的谈话》,《毛泽东文集》第七卷,人民出版社 1999 年版,第 178 页。

② 《习近平关于社会主义政治建设论述摘编》,中央文献出版社 2017 年版,第 73 页。

③ 《习近平谈治国理政》第二卷,外文出版社 2017 年版,第 523 页。

商纣王什么事都怪罪他人，灭亡也很快，突如其来。黄炎培先生的贡献是结合自己60年的见闻，将这两句话形象概括为历史周期率。回顾封建王朝的兴衰更替史，不难看出，一个朝代在建朝初期大都顺乎潮流，民心归附，励精图治，遂功业大成、天下太平，形成盛世。但后来都未能摆脱盛极而衰的历史悲剧。其中一个共同的也是极其重要的原因就是统治集团贪图享乐、穷奢极欲、昏庸无道、荒淫无耻、吏治腐败、权以贿成，不仅自己解决不了自己的问题，而且搞得民不聊生、祸乱并生，终致改朝换代。以史为鉴可以知兴替。习近平总书记将这种现象概括为"四个不容易"："功成名就时做到居安思危、保持创业初期那种励精图治的精神状态不容易，执掌政权后做到节俭内敛、敬终如始不容易，承平时期严以治吏、防腐戒奢不容易，重大变革关头顺乎潮流、顺应民心不容易。"①这就揭示了"其兴也勃焉，其亡也忽焉"深层次的内在原因，是对历史周期率极为深刻的新认识。

历史周期率问题，的确是我国历史上封建王朝摆脱不了的宿命。我们党和国家的性质同封建王朝有着本质区别，不可简单类比。但历史周期率所揭示的是一种规律性的现象，这就是：一个政权建立起来后，要保持兴旺发达、长治久安是很不容易的，如果不自省、不警惕、不努力，再强大的政权都可能走到穷途末路。同样道理，马克思主义政党夺取政权不容易，巩固政权更不容易。党的执政地位不是与生俱来的，也不是一劳永逸的。20世纪80年代末90年代初发生的东欧剧变，执政的共产党一个个像多米诺骨牌一样纷纷倒下。苏联共产党偌大一个党就作鸟兽散了，苏联偌大一个社会主义国家就分崩离析了。这不是说明历史周期率在起作用吗？中国共产党有9671多万名党员，是名副其实的世界第一大政党。大就要有大的样子，同时大也有大的难处。难就难在实现长期执政不容易，这是一个极难极大的风险挑战。习近平总书记振聋发聩地指出："如果管党不力、治党不严，人民群众反映强烈的党内突出问题得不到解

---

① 《习近平谈治国理政》第三卷，外文出版社2020年版，第71页。

决,那我们党迟早会失去执政资格,不可避免被历史淘汰。这决不是危言耸听。"①

历史周期率的现象是一种客观存在,但也不是摆脱不了的命运,是能够跳出来的。这是当年"窑洞对"的主旨。问题是:怎么跳出来? 黄炎培先生注意到这么一个现象:"大凡初时聚精会神,没有一事不用心,没有一人不卖力,也许那时艰难困苦,只有从万死中觅取一生。既而环境渐渐好转了,精神也就渐渐放下了。有的因为历时长久,自然地惰性发作,由少数演为多数,到风气养成,虽有大力,无法扭转,并且无法补救。"这种初时的精神正是黄炎培先生已经在延安看到的。用他的话说,在延安没有看到一个游手闲荡的"二流子",民众不论男女"都代表十足的朝气"。中共重要人物毛泽东,"是一位思想丰富而精锐又勇于执行者",中共高级将领"一个个都是朴实稳重"。甚至为改造日本俘虏而成立的日本工农学校,他感觉也是"生气蓬勃得很"。他由衷地感慨:"中共今天的局面,是从艰苦中得来的。他们是从被压迫里奋斗出来的。他们是进步的。"他承认,在延安集中这一大群有才有能的文人武人,来整理这一片不小也不算大的地方,当然会有良好的贡献。但他更看重的是中共体现出的一种精神:"我认为中共朋友最可宝贵的精神,倒是不断地要好,不断地求进步,这种精神充分发挥出来,前途希望是无限的。"这种最可宝贵的精神,毛泽东同志在夺取全国政权胜利前夕召开的党的七届二中全会上概括为"两个务必":"务必使同志们继续地保持谦虚、谨慎、不骄、不躁的作风,务必使同志们继续地保持艰苦奋斗的作风。"这是中国共产党能够跳出历史周期率、继续长期执政的强大精神动力。

习近平总书记为这种最可宝贵的精神起了一个响亮的名字:"初心"。他指出:"我们要永远保持建党时中国共产党人的奋斗精神,永远保持对人民的赤子之心。一切向前走,都不能忘记走过的路;走得再远、走到再光辉的未来,也不能忘记走过的过去,不能忘记为什么出发。面向

---

① 习近平:《在全国组织工作会议上的讲话》,《十八大以来重要文献选编》(上),中央文献出版社 2014 年版,第 350 页。

未来,面对挑战,全党同志一定要不忘初心、继续前进。"①不忘初心,方得始终。中国共产党人为中国人民谋幸福、为中华民族谋复兴的初心和使命,是激励中国共产党人不断前进的根本动力。无论是弱小还是强大,无论是顺境还是逆境,我们党都初心不改、矢志不渝,从而攻克了一个又一个看似不可攻克的难关,创造了一个又一个彪炳史册的人间奇迹。中国特色社会主义进入新时代,我们党要始终成为时代先锋、民族脊梁,始终成为马克思主义执政党,最重要的就是要不忘初心、牢记使命,以自我革命精神来解决党内存在的突出问题。习近平总书记指出:"这么大一个党,处在执政地位、掌控执政资源,很容易在执政业绩光环的照耀下,出现忽略自身不足、忽视自身问题的现象,陷入'革别人命容易,革自己命难'的境地。没有什么外力能够打倒我们,能够打倒我们的只有我们自己。前途命运都掌握在自己手上。"②一句话,能打败我们的只有我们自己,没有第二人。党自身必须始终过硬,就要敢于进行自我革命,敢于刀刃向内,敢于刮骨疗伤,敢于壮士断腕,防止祸起萧墙。只要我们党始终保持自我革命的精神,不断增强自我净化、自我完善、自我革新、自我提高能力,就能跳出历史周期率。

三、破解执政党监督的难题

在"窑洞对"中,毛泽东同志理解的民主新路的一个重要方面是人民监督:"只有让人民来监督政府,政府才不敢松懈。"而这也是在延安访问时黄炎培先生感触很深的。他注意到,延安街头黑板角上"有个意见箱,什么人都可以把意见投入,如果他要向政府说话的时候"。从朋友口中得知,"个个人得投书街头的意见箱,也个个人得上书建议于毛泽东"。"这里称毛泽东便是毛泽东,不大连用他的衔名。""军队绝对不参加意见,地方政治,就让这地方民众去监督。他们认为只有这样,才能使老百姓兴奋地出心出力。"黄炎培先生觉得,"当然是距离我理想相当近的。

---

① 习近平:《在庆祝中国共产党成立九十五周年大会上的讲话》,《十八大以来重要文献选编》(下),中央文献出版社 2018 年版,第 345 页。

② 习近平:《党必须勇于自我革命》,《十八大以来重要文献选编》(下),中央文献出版社 2018 年版,第 591 页。

我自己也明白，因为他们现时所走的路线，不求好听好看，切实寻觅民众的痛苦，寻觅实际知识，从事实际工作，这都是我们多年的主张"。正是这种政治主张的一致，增进了黄炎培先生同中共的感情。延安归来后不久，黄炎培先生便开始筹备成立中国民主建国会，于 1945 年 12 月 26 日在重庆正式成立，从中间路线逐步走向"一边倒"，参加以中国共产党为领导的人民民主统一战线，开始了同中国共产党亲密合作的历程。

新中国成立后，毛泽东同志提出的"让人民来监督政府"全面付之于实践。与过去不同的是，由于中国共产党所处的执政地位以及党对人民政府的领导地位，最需要受监督的是中国共产党。邓小平同志指出："在中国来说，谁有资格犯大错误？就是中国共产党。犯了错误影响也最大。因此，我们党应该特别警惕。宪法上规定了党的领导，党要领导得好，就要不断地克服主观主义、官僚主义、宗派主义，就要受监督，就要扩大党和国家的民主生活。"①由于新中国建立的政权是统一战线的政权，中国共产党和民主党派之间的相互监督就非常必要。毛泽东同志经过好几年的酝酿，1956 年 4 月正式提出了"八字方针"："究竟是一个党好，还是几个党好？现在看来，恐怕是几个党好。不但过去如此，而且将来也可以如此，就是长期共存，互相监督。"②"为什么要让民主党派监督共产党呢？这是因为一个党同一个人一样，耳边很需要听到不同的声音。大家知道，主要监督共产党的是劳动人民和党员群众。但是有了民主党派，对我们更为有益。"③民主党派参加了革命和建设，有一份功劳，是人民的一分子，有权来说话，来监督。邓小平同志也说："有监督比没有监督好，一部分人出主意不如大家出主意。共产党总是从一个角度看问题，民主党派就可以从另一个角度看问题，出主意。这样，反映的问题更多，处理问题会更全面，对下决心会更有利，制定的方针政策会比较恰当，即使发生了

---

① 《共产党要接受监督》，《邓小平文选》第一卷，人民出版社 1994 年版，第 270 页。
② 《论十大关系》，《毛泽东文集》第七卷，人民出版社 1999 年版，第 34 页。
③ 《关于正确处理人民内部矛盾的问题》，《毛泽东文集》第七卷，人民出版社 1999 年版，第 235 页。

问题也比较容易纠正。"①

　　习近平总书记对"窑洞对"提出的监督问题高度重视。他指出:"早在延安时期,毛泽东同志就提出跳出'历史周期率'的课题,党的八大规定任何党员和党的组织都必须受到自上而下的和自下而上的监督,现在我们不断完善党内监督体系,目的都是形成科学管用的防错纠错机制,不断增强党自我净化、自我完善、自我革新、自我提高能力。"②经过长期努力,我国形成了由党内监督、人大监督、民主监督、行政监督、司法监督、审计监督、社会监督、舆论监督构成的社会主义监督体系。在这个监督体系中,最重要的是党内监督。习近平总书记指出:"党的执政地位,决定了党内监督在党和国家各种监督形式中是最基本的、第一位的。只有以党内监督带动其他监督、完善监督体系,才能为全面从严治党提供有力制度保障。"③长期以来,党内监督缺位是一个突出问题,监督下级怕丢"选票",监督同级怕伤"和气",监督上级怕穿"小鞋"。在不少地方和部门,党内监督被高高举起、轻轻放下,成了一种口号。党内监督缺位,必然导致党的领导强化、党的建设缺失、全面从严治党不力。执政党的自我监督堪称是一道世界性难题,是国家治理的"哥德巴赫猜想"。我们要通过加强党内监督的实际行动回答当年的"窑洞之问",练就中国共产党人自我净化的"绝世武功"。为此就要建立健全党中央统一领导,党委(党组)全面监督,纪律检查机关专责监督,党的工作部门职能监督,党的基层组织日常监督,党员民主监督的党内监督体系,织密党内监督之网,使积极开展监督、主动接受监督成为全党的自觉行动。

　　一个篱笆三个桩,一个好汉三个帮。党内监督再重要,如果不同有关国家机关监督、民主党派监督、群众监督、舆论监督等结合起来,就不能形成监督合力。在这些外部监督中,民主党派的民主监督很重要。我国多党合作制度之所以是与旧式政党制度不同的新型政党制度,原因之一就在于它既能避免多党轮流坐庄、恶性竞争的弊端,又能避免一党缺乏监

---

①　《共产党要接受监督》,《邓小平文选》第一卷,人民出版社1989年版,第273页。
②　《习近平关于全面从严治党论述摘编》,中央文献出版社2016年版,第214页。
③　《习近平关于全面从严治党论述摘编》,中央文献出版社2016年版,第213页。

督、犯了错误也浑然不知的弊端。习近平总书记非常重视民主党派的民主监督，将其上升到实现党的领导和国家治理现代化的高度来认识。针对有些党内同志把党外人士看成是一种比较麻烦的力量，认为同党外人士搞协商是自找麻烦的错误认识，他明确提出："民主和协商是实现党的领导的重要方式。通过发扬民主、广泛协商，可以使统一战线广大成员更加普遍地认同党的主张，更加自觉地团结在党的周围、跟党走。"①他专门引用刘少奇同志 1953 年 7 月 18 日在全国统一战线工作会议的一段话："有人说，做这种统一战线工作是找麻烦。我们说，是找麻烦，但是又省麻烦。""找来的是小麻烦，省去的是大麻烦，这才是全部的真理。"②进一步指出："我看，搞政治就要不怕麻烦，不怕麻烦才能有良政。天下哪有不麻烦的政治呢？更不要说治理一个十三亿多人口的大国。"③别人的批评，正确的要听、要改正，不正确的要容、要引导，不能因为怕麻烦就拒人于千里之外。"距谏者塞，专己者孤。"如果把监督当成挑刺儿，或者当成摆设，就听不到真话、看不到真相，有了失误、犯了错误也浑然不知，那是十分危险的。支持民主党派按照中国特色社会主义参政党要求更好履行职能，是中国共产党和民主党派共同的政治责任。习近平总书记用两句古语来形象地表达："'虚心公听，言无逆逊，唯是之从。'这是执政党应有的胸襟。'凡议国事，惟论是非，不徇好恶。'这是参政党应有的担当。"④显然，这是遵循"窑洞对"的启示而形成的破解执政党监督难题的重要之策。

党的十八大以来，以习近平同志为核心的党中央遵循"窑洞对"的启示，积极发展社会主义民主政治，推进全面依法治国，党的领导、人民当家作主、依法治国有机统一的制度建设全面加强，党的领导体制机制不断完

---

①　习近平：《深刻认识做好新形势下统战工作的重大意义》，《十八大以来重要文献选编》(中)，中央文献出版社 2016 年版，第 558 页。

②　《人民政协重要文献选编》(上)，中央文献出版社、中国文史出版社 2009 年版，第172—173 页。

③　习近平：《深刻认识做好新形势下统战工作的重大意义》，《十八大以来重要文献选编》(中)，中央文献出版社 2016 年版，第 558 页。

④　《习近平关于社会主义政治建设论述摘编》，中央文献出版社 2017 年版，第 76 页。

中国特色社会主义政治制度的伟大创造

善,社会主义民主不断发展,党内民主更加广泛,社会主义协商民主全面展开,爱国统一战线巩固发展,民族宗教工作创新推进,中国特色社会主义法治体系日益完善,行政体制改革、司法体制改革、权力运行制约和监督体系建设有效实施。党的十九大报告把坚持人民当家作主作为新时代坚持和发展中国特色社会主义的一项基本方略,明确要求:必须坚持中国特色社会主义政治发展道路,坚持和完善人民代表大会制度、中国共产党领导的多党合作和政治协商制度、民族区域自治制度、基层群众自治制度,巩固和发展最广泛的爱国统一战线,发展社会主义协商民主,健全民主制度,丰富民主形式,拓宽民主渠道,保证人民当家作主落实到国家政治生活和社会生活之中。中国特色社会主义民主政治建设的宏伟蓝图已经绘就,保证人民当家作主的制度体系日臻完善,我国社会主义民主最广泛、最真实、最管用的优势正在展现。

目　　录

第一章　坚持中国特色社会主义
政治发展道路

政治发展道路,是一个国家政治建设的途径和方式的总称,包括国家的政治制度和根本任务,国家的领导力量和依靠力量,政治发展的方向、原则和要求等。发展社会主义民主政治,核心要义是坚持中国特色社会主义政治发展道路。习近平总书记指出:"改革开放以来,我们党团结带领人民在发展社会主义民主政治方面取得了重大进展,成功开辟和坚持了中国特色社会主义政治发展道路,为实现最广泛的人民民主确立了正确方向。"[1]

党的十九届四中全会通过的《中共中央关于坚持和完善中国特色社会主义制度　推进国家治理体系和治理能力现代化若干重大问题的决定》(以下简称党的十九届四中全会《决定》)强调:"必须坚持人民主体地位,坚定不移走中国特色社会主义政治发展道路,健全民主制度,丰富民主形式,拓宽民主渠道,依法实行民主选举、民主协商、民主决策、民主管理、民主监督,使各方面制度和国家治理更好体现人民意志、保障人民权益、激发人民创造,确保人民依法通过各种途径和形式管理国家事务,管理经济文化事业,管理社会事务。"[2]

---

[1]　习近平:《在首都各界纪念现行宪法公布施行三十周年大会上的讲话》,《十八大以来重要文献选编》(上),中央文献出版社 2014 年版,第 88 页。

[2]　《〈中共中央关于坚持和完善中国特色社会主义制度、推进国家治理体系和治理能力现代化若干重大问题的决定〉辅导读本》,人民出版社 2019 年版,第 10—11 页。

一、坚持正确的政治发展道路的重大意义

政治发展道路决定着国家政治建设的命运。有什么样的政治发展道路,就会有什么样的政治格局和政治实践。习近平总书记指出:"以什么样的思路来谋划和推进中国社会主义民主政治建设,在国家政治生活中具有管根本、管全局、管长远的作用。古今中外,由于政治发展道路选择错误而导致社会动荡、国家分裂、人亡政息的例子比比皆是。中国是一个发展中大国,坚持正确的政治发展道路更是关系根本、关系全局的重大问题。"[①]

改革开放40多年,我国的改革历来是全面改革,总体上不存在哪些方面改了,哪些方面没有改的问题。政治体制改革作为全面改革的一个重要组成部分,同样取得了决定性进展。习近平总书记在庆祝全国人民代表大会成立六十周年大会上的讲话中将其概括为七个方面:一是废除了实际上存在的领导干部职务终身制,普遍实行领导干部任期制度,实现了国家机关和领导层的有序更替;二是不断扩大人民有序政治参与,人民实现了内容广泛、层次丰富的当家作主;三是坚持发展最广泛的爱国统一战线,发展独具特色的社会主义协商民主,有效凝聚了各党派、各团体、各民族、各阶层、各界人士的智慧和力量;四是努力建设了解民情、反映民意、集中民智、珍惜民力的决策机制,增强决策透明度和公众参与度,保证了决策符合人民利益和愿望;五是积极发展广纳群贤、充满活力的选人用人机制,广泛把各方面优秀人才集聚到党和国家各项事业中来;六是坚持依法治国、依法执政、依法行政共同推进,坚持法治国家、法治政府、法治社会一体建设,全社会法治水平不断提高;七是建立健全多层次监督体系,完善各类公开办事制度,保证党和国家领导机关和人员按照法定权限和程序行使权力。特别是党的十八大以来,我国改革全面发力、多点突

[①] 习近平:《在庆祝全国人民代表大会成立六十周年大会上的讲话》,《十八大以来重要文献选编》(中),中央文献出版社2016年版,第59页。

破、纵深推进,取得重大突破,其中一些就属于政治体制改革,如党的领导体制机制不断完善,社会主义民主不断发展,党内民主更加广泛,社会主义协商民主全面展开,爱国统一战线巩固发展,民族宗教工作创新推进,中国特色社会主义法治体系日益完善,行政体制改革、司法体制改革、权力运行制约和监督体系建设有效实施等。总结改革开放以来我国政治体制改革的成功经验和取得的历史性成就,归结为一点,就是走中国特色社会主义政治发展道路。这是"中国之治"的根本原因所在。

与我国形成鲜明对照的是,世界上一些发展中国家由于政治发展道路选择错误而导致社会动荡、国家分裂、人亡政息,集中表现为在 21 世纪初于独联体国家、中亚、西亚和北非地区发生的所谓"颜色革命"中深受其害。"颜色革命"是以美国为代表的西方国家进行所谓"民主""人权"价值观输出的结果。用美国前总统乔治·W.布什的话说,"美国的政策是争取支持每个国家和每种文化中民主运动和制度的发展"。其规律性的特点是:往往从所针对国家的政治制度特别是政党制度开始发难,大造舆论,大肆渲染,把不同于他们的政治制度和政党制度打入另类,煽动民众搞街头政治。打着"人道主义"旗号,大力资助反对派,暗中培植亲美势力,全方位发动媒体攻势,推动当地政权更迭,致使这些国家陷入政治动荡、社会动乱、经济衰退、国将不国。习近平总书记就此指出:"搞了西方的那套东西就更自由、更民主、更稳定了吗? 一些发展中国家照搬西方政治制度和政党制度模式,结果如何呢? 很多国家陷入政治动荡、社会动乱,人民流离失所。活生生的例子就在眼前。'往者不可谏,来者犹可追。'我们头脑一定要清醒、一定要坚定。"①

习近平总书记指出:"国内外各种敌对势力,总是企图让我们党改旗易帜、改名换姓,其要害就是企图让我们丢掉对马克思主义的信仰,丢掉对社会主义、共产主义的信念。"②如果"颜色革命"在中国发生会是什么样呢? 这种情况引起了习近平总书记的思考,他明确指出:"我一直在

① 《习近平关于社会主义政治建设论述摘编》,中央文献出版社 2017 年版,第 19 页。

② 《习近平关于全面从严治党论述摘编》,中央文献出版社 2016 年版,第 65 页。

想,如果哪天在我们眼前发生'颜色革命'那样的复杂局面,我们的干部是不是都能毅然决然站出来捍卫党的领导、捍卫社会主义制度?"①虽然相信绝大多数党员、干部能够做到,但可以肯定一些党员、干部是做不到的,因为在他们那里信仰缺失已经成了一个严重的问题。我们有些人甚至党内有的同志看不清"颜色革命"暗藏的玄机,奉西方理论、西方话语为金科玉律,不知不觉成了西方资本主义意识形态的吹鼓手。防范"颜色革命",确保国家政治安全,就必须坚定不移走中国特色社会主义政治发展道路。

二、中国特色社会主义政治发展道路产生的历史必然性

中国特色社会主义政治发展道路是如何产生的,它的出现是必然的还是任意选择的,这是关于社会主义政治发展道路总会碰到的认识问题。习近平总书记在党十九大报告中指出:"中国特色社会主义政治发展道路,是近代以来中国人民长期奋斗历史逻辑、理论逻辑、实践逻辑的必然结果,是坚持党的本质属性、践行党的根本宗旨的必然要求。"②这"两个必然"为我们提供了一把理解中国特色社会主义政治发展道路的钥匙。

首先,中国特色社会主义政治发展道路是近代以来中国人民长期奋斗历史逻辑、理论逻辑、实践逻辑的必然结果。广义的逻辑是规律的别名,包括思维规律和客观规律。也就是说,中国特色社会主义政治发展道路的形成是一种合规律的现象。有时会听到这样一种议论,说中国现在的政治发展道路是中国共产党人为的任意选择的结果,是没有尝试过别的政治发展道路的结果。其实这是对历史不了解。辛亥革命推翻帝制之后,中国就开始了向西方学习,曾经进行过各种各样的尝试,君主立宪制、帝制复辟、议会制、多党制、总统制等各种形式都试过了用过了,甚至对美

---

① 《习近平关于全面从严治党论述摘编》,中央文献出版社 2016 年版,第 59 页。
② 习近平:《决胜全面建成小康社会 夺取新时代中国特色社会主义伟大胜利——在中国共产党第十九次全国代表大会上的报告》,人民出版社 2017 年版,第 36 页。

国民主制度也不乏溢美之词,但终究是昙花一现,都没有行得通。后来在中国共产党的领导下,经过新民主主义革命实现了中国从几千年封建专制政治向人民民主的伟大飞跃,经过社会主义革命确立了社会主义基本制度,为中国特色社会主义政治发展道路奠定了制度基础。在此基础上改革开放成功开辟了中国特色社会主义政治发展道路。鞋子合不合脚,自己穿了才知道。一个国家的政治发展道路合不合适,只有这个国家的人民才最有发言权。改革开放以来,中国经济实力、综合国力、人民生活水平不断跨上新台阶,不断战胜前进道路上各种世所罕见的艰难险阻,各民族长期共同团结奋斗、共同繁荣发展,社会保持和谐稳定。习近平总书记指出:“这些事实充分证明,中国社会主义民主政治具有强大生命力,中国特色社会主义政治发展道路是符合中国国情、保证人民当家作主的正确道路。”①我国经济社会发展的成就,背后都是有政治发展道路的成功来支撑的。目前国际上对中国道路、中国模式的讨论增多、肯定增多。这不仅意味着我国在经济上走出了一条不同于西方国家的成功发展道路,而且在政治上形成了一套不同于西方国家的成功制度体系。我国的实践向世界说明了一个道理:治理一个国家,推动一个国家实现现代化,并不只有西方制度模式这一条道路,各国完全可以走出自己的道路来。可以说,我们用事实宣告了各国最终都要以西方制度模式为归宿的单线式历史观的破产。以“历史终结论”的提出者美国学者福山为例,过去他认为西方自由民主是人类历史进化的终点,鉴于“中国模式”的有效性,也修正了自己的观点,认为人类思想宝库要为中国传统留有一席之地。

其次,中国特色社会主义政治发展道路是坚持党的本质属性、践行党的根本宗旨的必然要求。中国共产党是中国工人阶级的先锋队,同时也是中华民族和中国人民的先锋队,全心全意为人民服务是党的根本宗旨。中国共产党人的初心和使命是为中国人民谋幸福,为中华民族谋复兴,这是激励中国共产党人不断前进的根本动力,也是中国特色社会主义政治

---

① 习近平:《在庆祝全国人民代表大会成立六十周年大会上的讲话》,《十八大以来重要文献选编》(中),中央文献出版社 2016 年版,第 62 页。

发展道路的民意基础。中国共产党除了工人阶级和最广大人民群众的利益，没有自己特殊的利益。这是中国共产党能够发展社会主义民主政治的大政治前提。早在抗日战争时期，毛泽东同志就说："共产党是为民族、为人民谋利益的政党，它本身决无私利可图。它应该受人民的监督，而决不应该违背人民的意旨。它的党员应该站在民众之中，而决不应该站在民众之上。""我们不是一个自以为是的小宗派，我们一定要学会打开大门和党外人士实行民主合作的方法，我们一定要学会善于同别人商量问题。"①由此，中国共产党开创了让人民监督政府、人人起来负责的民主新路。一切为了群众、一切依靠群众，从群众中来、到群众中去，是中国共产党的群众路线。改革开放后，邓小平同志指出："社会主义现代化建设的极其艰巨复杂的任务摆在我们的面前。很多旧问题需要继续解决，新问题更是层出不穷。党只有紧紧地依靠群众，密切地联系群众，随时听取群众的呼声，了解群众的情绪，代表群众的利益，才能形成强大的力量，顺利地完成自己的各项任务。"②由此，中国要实现的社会主义现代化，不仅要在经济上赶上发达的资本主义国家，而且在政治上要创造比资本主义国家的民主更高更切实的民主。在新时代，总结中国共产党依靠人民发展民主政治的经验，习近平总书记指出："中国共产党的一切执政活动，中华人民共和国的一切治理活动，都要尊重人民主体地位，尊重人民首创精神，拜人民为师，把政治智慧的增长、治国理政本领的增强深深扎根于人民的创造性实践之中，使各方面提出的真知灼见都能运用于治国理政。"③坚持党的本质属性、践行党的根本宗旨，必然要求坚定不移走中国特色社会主义政治发展道路。

---

① 《在陕甘宁边区参议会的演说》，《毛泽东选集》第三卷，人民出版社 1991 年版，第 809、810 页。

② 《党和国家领导制度的改革》，《邓小平文选》第二卷，人民出版社 1994 年版，第 342 页。

③ 习近平：《在庆祝中国人民政治协商会议成立六十五周年大会上的讲话》，《十八大以来重要文献选编》(中)，中央文献出版社 2016 年版，第 76 页。

三、中国特色社会主义政治发展道路的根本原则

走中国特色社会主义政治发展道路,必须坚持党的领导、人民当家作主、依法治国有机统一,这是一个根本原则。党的十九大报告指出:"坚持党的领导、人民当家作主、依法治国有机统一。党的领导是人民当家作主和依法治国的根本保证,人民当家作主是社会主义民主政治的本质特征,依法治国是党领导人民治理国家的基本方式,三者统一于我国社会主义民主政治伟大实践。"①党的十九届四中全会《决定》也把"坚持党的领导、人民当家作主、依法治国有机统一"列入坚持和完善中国特色社会主义制度、推进国家治理体系和治理能力现代化的指导思想。党的领导、人民当家作主、依法治国是我国民主政治建设的三枚棋子,如何摆布,十分重要。坚持党的领导、人民当家作主、依法治国有机统一的实质,是正确认识党的领导与人民当家作主、依法治国的关系。

一是党的领导与人民当家作主的关系。有种观点认为,既然是人民当家作主,就不需要什么领导,如果有了领导,人民就很难当家作主。其实这是一种形而上学的思维方式。我们要认识到,人民是一个集合概念,包括了中国的所有进步阶级和阶层,甚至是中华人民共和国的所有公民。人民当家作主是作为整体而实现的,既不是少数人当家作主,也不是多数人当家作主,而是全体人民当家作主。在我国利益多样化的条件下,需要有一种最高政治力量能够代表全中国人民的根本利益起总揽全局、协调各方作用,这就是中国共产党。民主不是民粹,避免人民民主蜕变为民粹主义,只能靠中国共产党把握民主的发展方向,既避免出现群龙无首、一盘散沙、各自为政的混乱局面,也避免产生各社会群体利益纷争、赢者通吃、多数人暴政的专断现象。我们也要看到,人民当家作主是社会主义民主政治的本质要求。党的领导不是替人民当家作主,而是保证和支持人

---

① 习近平:《决胜全面建成小康社会　夺取新时代中国特色社会主义伟大胜利——在中国共产党第十九次全国代表大会上的报告》,人民出版社 2017 年版,第 36 页。

民当家作主。党只有领导人民创造各种有效的当家作主的民主形式，才能充分实现人民当家作主的权利，才能巩固和发展党的领导地位和执政地位。

二是党的领导与依法治国的关系。有人提出"党大还是法大"的问题，认为坚持党的领导就不可能真正依法治国，坚持依法治国就必须放弃党的领导，二者不可兼容。习近平总书记指出："'党大还是法大'是一个政治陷阱，是一个伪命题。"①为什么这么说，道理很简单。党和法的关系是政治和法治关系的集中反映。法治当中有政治，没有脱离政治的法治。每一种法治形态背后都有一套政治理论。党的领导是社会主义法治最根本的保证，需要把党的领导贯彻到依法治国全过程。政治也离不开法治，党的领导也必须依靠社会主义法治。"在我国，法是党的主张和人民意愿的统一体现，党领导人民制定宪法法律，党领导人民实施宪法法律，党自身必须在宪法法律范围内活动，这就是党的领导力量的体现。"②毋庸讳言，中国共产党是一个靠打破旧法统武装夺取政权的政党，也在法治建设上走过弯路。正是这种曲折的经历使我们党认识到，法治是治国理政不可或缺的重要手段。法治兴则国家兴，法治衰则国家乱。中国共产党才会更加重视法治在治国理政中极为重要的作用，才更有能力有经验全面推进依法治国。所以，习近平总书记指出："依法治国是我们党提出来的，把依法治国上升为党领导人民治理国家的基本方略也是我们党提出来的，而且党一直带领人民在实践中推进依法治国。"③中国特色社会主义进入新时代，全面推进依法治国取得重大进展，科学立法、严格执法、公正司法、全民守法深入推进，法治国家、法治政府、法治社会建设相互促进，中国特色社会主义法治体系日益完善，全社会法治观念明显增强，党内法规制度体系不断完善，充分说明了加强党对法治领导的必要性和重要性。为加强党对依法治国的领导，党中央决定成立中央全面依法治国委员会，习近平总书记担任主任。在中央全面依法治国委员会第一次会

---

① 《习近平关于社会主义政治建设论述摘编》，中央文献出版社2017年版，第98页。
② 《习近平关于社会主义政治建设论述摘编》，中央文献出版社2017年版，第99页。
③ 《习近平关于社会主义政治建设论述摘编》，中央文献出版社2017年版，第86页。

议上，习近平总书记提出："推进党的领导制度化、法治化，既是加强党的领导的应有之义，也是法治建设的重要任务。""我们要继续推进党的领导制度化、法治化，不断完善党的领导体制和工作机制，把党的领导贯彻到全面依法治国全过程和各方面。"①

三是人民当家作主与依法治国的关系，也就是民主与法治的关系。在改革开放之初，邓小平同志就提出："民主和法制，这两个方面都应该加强，过去我们都不足。要加强民主就要加强法制。没有广泛的民主是不行的，没有健全的法制也是不行的。我们吃够了动乱的苦头。""民主要坚持下去，法制要坚持下去。这好像两只手，任何一只手削弱都不行。"②民主离不开法治。依法治国是党领导人民治理国家的基本方式，依法治国是从制度上、法律上保证和规范人民当家作主。离开了法治的所谓民主，必然是混乱无序的所谓"大民主"，甚至会出现以"群众专政"名义肆意践踏人权破坏法制的局面。法治也离不开民主。人民在全面推进依法治国中居于主体地位，必须坚持法治建设为了人民、依靠人民、造福人民、保护人民，也就是说，要把保障人民当家作主作为根本目的。法治离开了民主，不仅很难行得通，甚至会出现压迫人民、欺凌群众的专制局面，必将最终为人民所唾弃。

如何实现党的领导、人民当家作主、依法治国有机统一，党的十九大报告提出了五点重要举措：一是在我国政治生活中既要加强党的集中统一领导，同时又要支持人大、政府、政协和法院、检察院依法依章程履行职能、开展工作、发挥作用，把两个方面统一起来。二是分别对党的领导、人民当家作主、依法治国三个方面提出要求：改进党的领导方式和执政方式，保证党领导人民有效治理国家；扩大人民有序政治参与，保证人民依法实行民主选举、民主协商、民主决策、民主管理、民主监督；维护国家法制统一、尊严、权威，加强人权法治保障，保证人民依法享有广泛权利和自

① 习近平：《加强党对全面依法治国的领导》，《论坚持党对一切工作的领导》，中央文献出版社 2019 年版，第 267 页。
② 《民主和法制两手都不能削弱》，《邓小平文选》第二卷，人民出版社 1994 年版，第 189 页。

由。三是发展民主必须以基层为重点,要巩固基层政权,完善基层民主制度,保障人民知情权、参与权、表达权、监督权。四是健全依法决策机制,构建决策科学、执行坚决、监督有力的权力运行机制。五是抓住"关键少数",各级领导干部要增强民主意识,发扬民主作风,接受人民监督,当好人民公仆。

四、中国特色社会主义政治发展道路的制度安排

政治发展道路的实质是政治制度选择问题。中国特色社会主义政治发展道路是由中国特色社会主义政治制度来支撑并作为其鲜明标志的。人民当家作主是社会主义民主政治的实质,而真正实现人民当家作主,就必须要靠制度来保障。人民当家作主的制度又是成体系的。因此,党的十九大报告明确提出"用制度体系保证人民当家作主"[1]。党的十九届四中全会通过的《决定》以"坚持和完善人民当家作主制度体系,发展社会主义民主政治"为题,分别就坚持和完善人民代表大会制度这一根本政治制度,坚持和完善中国共产党领导的多党合作和政治协商制度、民族区域自治制度、基层群众自治制度,明确了必须坚持和巩固的根本点、完善和发展的方向。

关于政治制度的选择问题,党的十九大报告指出:"世界上没有完全相同的政治制度模式,政治制度不能脱离特定社会政治条件和历史文化传统来抽象评判,不能定于一尊,不能生搬硬套外国政治制度模式。"[2]这里出现的"政治制度模式"概念,是习近平总书记 2014 年 2 月 17 日在省部级主要领导干部学习贯彻十八届三中全会精神全面深化改革专题研讨班上的讲话中提出来的。他说:"在政治制度模式上,我们就是要咬定青

---

① 习近平:《决胜全面建成小康社会　夺取新时代中国特色社会主义伟大胜利——在中国共产党第十九次全国代表大会上的报告》,人民出版社 2017 年版,第 36 页。
② 习近平:《决胜全面建成小康社会　夺取新时代中国特色社会主义伟大胜利——在中国共产党第十九次全国代表大会上的报告》,人民出版社 2017 年版,第 36 页。

山不放松、任尔东西南北风。"①随后,当年9月5日在庆祝全国人民代表大会成立六十周年大会上的讲话中,他展开论述了世界政治制度模式的多样性和如何产生的问题,指出:"世界上不存在完全相同的政治制度,也不存在适用于一切国家的政治制度模式。'物之不齐,物之情也。'各国国情不同,每个国家的政治制度都是独特的,都是由这个国家的人民决定的,都是在这个国家历史传承、文化传统、经济社会发展的基础上长期发展、渐进改进、内生性演化的结果。"②这里明确地概括了世界各国政治制度形成应遵循的一个基本规律:走内生性演化的道路。这一规律在中国社会主义政治制度的形成过程中得到了最明显的体现。

统揽世界各国的政治制度,一般可分为外生性和内生性两种。外生性制度,是指学习、模仿、移植别国的政治制度,经过一个逐步适应的过程使之成为本国的制度。内生性制度则是基于本国历史文化传统,出于经济社会发展的需要而自然生长起来并具有本国特色的制度。在制度形成的过程中,外生性和内生性也表现为制度建构的两个阶段。制度的初创时期具有外生性,而后通过不断调整转变为内生性。我国政治制度的形成就经历了一个从外生性到内生性变化的过程。

习近平总书记指出:"在中国建立什么样的政治制度,是近代以后中国人民面临的一个历史性课题。为解决这一历史性课题,中国人民进行了艰辛探索。"③辛亥革命前的中国,长期实行的是封建专制政治制度。这样的政治制度与西方先进的议会制、君主立宪制相比,显得是那样的陈旧落后,在西方列强的武力冲击下是那么千疮百孔、不堪一击。这种强烈的反差,使得中国的仁人志士开始向西方学习,模仿和移植西方政治制度。君主立宪制是近代以来中国向西方学习最早的尝试,是康有为、梁启超等维新派的主张,因其与中国千年的君主制、家天下相契合而受到推

---

① 《习近平关于社会主义政治建设论述摘编》,中央文献出版社2017年版,第8页。

② 习近平:《在庆祝全国人民代表大会成立六十周年大会上的讲话》,《十八大以来重要文献选编》(中),中央文献出版社2016年版,第60页。

③ 习近平:《在庆祝全国人民代表大会成立六十周年大会上的讲话》,《十八大以来重要文献选编》(中),中央文献出版社2016年版,第51—52页。

崇,但由于清政府的新政和预备立宪没有给广大农民带来益处而失败。议会制、多党制是民国初年在"议会制"的幻想下形成的多党竞争的局面,中国各派政治力量纷纷以政党形式登上政治舞台,组党之风盛行,政党团体一度多达300多个。政党之间为了竞争议会席位拉票贿选、相互攻讦、乱象丛生,最终昙花一现,以失败而告终。以致孙中山先生在评论这段历史的时候感慨地说:"不但是学不好,反且学坏了。"总统制是1912年元旦中华民国南京临时政府建立依据《中华民国临时政府组织大纲》而实行的政体,一度是各政党派系军阀角逐的职位。1924年第二次直奉战争爆发,冯玉祥发动北京政变,将曹锟总统推翻,总统制名存实亡。1948年5月,国民党在南京召开国民大会,选举蒋介石为总统,再度实行总统制。但此举遭到中共和各民主党派的抵制和反对。1949年1月21日,蒋介石发布"引退文告",由副总统李宗仁任代理总统,意味着总统制的破产。这些照搬西方政治制度模式的各种方案都试过了用过了,但终究是昙花一现,这也意味着外生性建构国家政治制度的道路走不通。

与这种外生性建构国家制度的方式不同,中国共产党很早就开始考虑走内生性建构国家制度的道路。土地革命战争时期,中国共产党曾经学习苏联,实行苏维埃代表大会制度,建立中华苏维埃共和国。在抗日战争时期进行了思路的重大调整。1940年1月,毛泽东同志在《新民主主义论》中分析,全世界多种多样的国家体制(国体),大致可划分为三种:一是资产阶级专政的共和国,二是无产阶级专政的共和国,以苏联为代表,三是几个革命阶级联合专政的共和国,这是殖民地半殖民地国家的革命所采取的过渡的国家形式。他指出:"在今天的中国,这种新民主主义的国家形式,就是抗日统一战线的形式。它是抗日的,反对帝国主义的;又是几个革命阶级联合的,统一战线的。"①关于政体即政权构成的形式问题,他提出了建立人民代表大会,说:"没有适当形式的政权机关,就不能代表国家。中国现在可以采取全国人民代表大会、省人民代表大会、县人民代表大会、区人民代表大会直到乡人民代表大会的系统,并由各级代

---

① 《新民主主义论》,《毛泽东选集》第二卷,人民出版社1991年版,第676页。

表大会选举政府。"①由此可见,人民代表大会制度是中国共产党最早的国家政治制度设计。

抗日战争胜利前夕,毛泽东同志详细谈了国家制度的选择问题,首先分析了中国不可能实行的三种国家制度:一是由大地主大资产阶级专政的、封建的、法西斯的、反人民的国家制度,二是纯粹民族资产阶级的旧式民主专政的国家制度,三是社会主义的国家制度。不能实行第一种国家制度的原因是,已经由国民党主要统治集团的十八年统治证明为完全破产了;不能实行第二种国家制度的原因是,这种国家制度是由民族资产阶级来领导的,而民族资产阶级在经济上和政治上都表现得很软弱;不能实行第三种国家制度的原因是,在中国当时阶段,中国人民的任务还是反对民族压迫和封建压迫,中国社会经济的必要条件还不具备。那么,中国应实行什么样的国家制度呢?毛泽东同志对未来我国的制度架构作了阐述,指出:"我们主张在彻底地打败日本侵略者之后,建立一个以全国绝对大多数人民为基础而在工人阶级领导之下的统一战线的民主联盟的国家制度,我们把这样的国家制度称之为新民主主义的国家制度。"②新民主主义政权形式是人民代表大会及其体现的民主集中制。毛泽东同志说:"新民主主义的政权组织,应该采取民主集中制,由各级人民代表大会决定大政方针,选举政府。它是民主的,又是集中的,就是说,在民主基础上的集中,在集中指导下的民主。只有这个制度,才既能表现广泛的民主,使各级人民代表大会有高度的权力;又能集中处理国事,使各级政府能集中地处理被各级人民代表大会所委托的一切事务,并保障人民的一切必要的民主活动。"③

新民主主义国家制度是中国共产党的一种内生性的制度设计,它不是照搬苏联的苏维埃制度模式,尽管同样是共产党领导,但又与之有原则上的区别。针对有些民主人士的疑虑,毛泽东同志明确说:"有些人怀疑共产党得势之后,是否会学俄国那样,来一个无产阶级专政和一党制度。

---

①　《新民主主义论》,《毛泽东选集》第二卷,人民出版社1991年版,第677页。

②　《论联合政府》,《毛泽东选集》第三卷,人民出版社1991年版,第1056页。

③　《论联合政府》,《毛泽东选集》第三卷,人民出版社1991年版,第1057页。

中国特色社会主义政治制度的伟大创造

我们的答复是:几个民主阶级联盟的新民主主义国家,和无产阶级专政的社会主义国家,是有原则上的不同的。毫无疑义,我们这个新民主主义制度是在无产阶级的领导之下,在共产党的领导之下建立起来的,但是中国在整个新民主主义制度期间,不可能、因此就不应该是一个阶级专政和一党独占政府机构的制度。只要共产党以外的其他任何政党,任何社会集团或个人,对于共产党是采取合作的而不是采取敌对的态度,我们是没有理由不和他们合作的。"①正是由于中国共产党的这一主张,也就产生了独具中国特色的又一项政治制度——中国共产党领导的多党合作和政治协商制度。

　　1949 年 9 月,中国人民政治协商会议第一届全体会议召开,中国共产党关于国家制度的设计付之于实践。会议通过的《中国人民政治协商会议共同纲领》正式明确国家的制度是新民主主义,亦即人民民主专政。会议宣告,新民主主义的政权制度是民主集中制的人民代表大会的制度。关于人民代表大会制度同苏联制度的区别,周恩来同志解释说:"新民主主义的政权制度是民主集中制的人民代表大会的制度,它完全不同于旧民主的议会制度,而是属于以社会主义苏联为代表的代表大会制度的范畴之内的。但是也不完全同于苏联制度,苏联已经消灭了阶级,而我们则是各革命阶级的联盟。"②这说明人民代表大会制度是适应中国国情而产生的内生性制度。

　　1954 年 9 月,第一届全国人民代表大会第一次会议召开,通过了《中华人民共和国宪法》,建立起中华人民共和国的根本政治制度——人民代表大会制度。党的十九大报告强调人民代表大会制度是"根本制度安排",是为了表明人民代表大会作为人民当家作主制度保障的作用。我国工人阶级领导的、以工农联盟为基础的人民民主专政的国体,决定了要实行人民代表大会制度的政体。人民代表大会制度是符合中国国情和实际、体现社会主义国家性质、保证人民当家作主、保障实现中华民族伟大

　　①　《论联合政府》,《毛泽东选集》第三卷,人民出版社 1991 年版,第 1061—1062 页。
　　②　周恩来:《人民政协共同纲领草案的特点》,《人民政协重要文献选编》(上),中央文献出版社、中国文史出版社 2009 年版,第 54 页。

复兴的好制度。

　　中国特色社会主义政治发展道路的另一项重要制度安排，是人民政协制度。党的十九大报告指出："人民政协是具有中国特色的制度安排，是社会主义协商民主的重要渠道和专门协商机构。"①人民政协是为完成协商建国的历史使命而产生的，有了人民政协，也就有了人民政协制度。习近平总书记在中央政协工作会议暨庆祝中国人民政治协商会议成立70周年大会上的讲话中，指出：人民政协"是中国共产党领导各民主党派、无党派人士、人民团体和各族各界人士在政治制度上进行的伟大创造"。中国人民政治协商会议第一届全体会议，"这也标志着人民政协制度正式确立"。② 第一届全国人民代表大会召开后，人民政协作为统一战线组织和协商机关而存留和发展起来。由此而形成具有鲜明中国特色的人民代表大会和人民政治协商会议的"两会"制。这种"两会"制是中国共产党在新中国成立初期就进行的自觉制度设计。人民政协在世界上独树一帜，找不到类似的政治组织。在这个意义上说，人民政协确实是具有中国特色的制度安排。在我国社会主义协商民主体系中，人民政协不仅是重要协商渠道，而且是专门协商机构。协商渠道是多种的，而专门协商机构是唯一的。这赋予了人民政协在新时代发展社会主义协商民主中更重要的职责，是对人民政协地位的极大提升。人民政协成立70多年的实践证明，人民政协制度具有多方面的独特优势。新时代，我们必须把人民政协制度坚持好、把人民政协事业发展好。

　　关于评判政治制度的标准，习近平总书记指出："政治制度是用来调节政治关系、建立政治秩序、推动国家发展、维护国家稳定的，不可能脱离特定社会政治条件来抽象评判，不可能千篇一律、归于一尊。"③政治制度的民主性和有效性，是政治制度优劣的表现，具体来说体现为"八个能

---

　　① 习近平：《决胜全面建成小康社会　夺取新时代中国特色社会主义伟大胜利——在中国共产党第十九次全国代表大会上的报告》，人民出版社2017年版，第38页。

　　② 习近平：《在中央政协工作会议暨庆祝中国人民政治协商会议成立70周年大会上的讲话》，《人民日报》2019年9月21日。

　　③ 习近平：《在庆祝全国人民代表大会成立六十周年大会上的讲话》，《十八大以来重要文献选编》（中），中央文献出版社2016年版，第59页。

否":一是国家领导层能否依法有序更替,二是全体人民能否依法管理国家事务和社会事务、管理经济和文化事业,三是人民群众能否畅通表达利益要求,四是社会各方面能否有效参与国家政治生活,五是国家决策能否实现科学化、民主化,六是各方面人才能否通过公平竞争进入国家领导和管理体系,七是执政党能否依照宪法法律规定实现对国家事务的领导,八是权力运用能否得到有效制约和监督。同时,不能生搬硬套外国政治制度模式。我们需要借鉴国外政治文明有益成果,但绝不能放弃中国政治制度的根本。"照抄照搬他国的政治制度行不通,会水土不服,会画虎不成反类犬,甚至会把国家前途命运葬送掉。"[1]

五、中国特色社会主义政治发展道路的民主形式

发展社会主义民主政治,有一个民主形式的选择问题。实现民主的形式是丰富多样的。但对当代中国来说,主要有两种形式。1991 年 3 月 23 日,江泽民同志首次提出社会主义民主两种形式的观点:"人民通过选举、投票行使权利与人民内部各方面在选举、投票之前进行充分协商,尽可能就共同性问题取得一致意见,是我国社会主义民主的两种重要形式。这是西方民主无可比拟的,也是他们所无法理解的。两种形式比一种形式好,更能真实地体现社会主义社会里人民当家作主的权利。"[2]2006 年 2 月 8 日颁发的《中共中央关于加强人民政协工作的意见》,正式把社会主义民主的两种重要形式规定下来。2007 年国务院新闻办发布的《中国的政党制度》白皮书,首次把两种民主形式概括为"选举民主"和"协商民主",并且提出"选举民主与协商民主相结合,是社会主义民主的一大特点"。此后党的十八大报告正式提出"社会主义协商民主"概念,但并未使用"选举民主"概念,甚至 2015 年 1 月发出的中共中央《关于加强社会

---

① 习近平:《在庆祝全国人民代表大会成立六十周年大会上的讲话》,《十八大以来重要文献选编》(中),中央文献出版社 2016 年版,第 60 页。
② 江泽民:《在统一战线内部形成党领导下的团结、民主、和谐的合作共事关系》,《人民政协重要文献选编》(中),中央文献出版社、中国文史出版社 2009 年版,第 506 页。

主义协商民主建设的意见》亦是如此。一个重要原因是,把人民通过选举、投票行使权利概括为"选举民主"并与"协商民主"相对应是否准确需商榷,因为投票行为不完全是用于选举,更多地用于决策。在这个意义说,概括为"票决民主"可能更为准确。习近平总书记在庆祝中国人民政治协商会议成立六十五周年大会上的讲话,为解决这一认识问题提出了一个思路。他说:"古今中外的实践都表明,保证和支持人民当家作主,通过依法选举、让人民的代表来参与国家生活和社会生活的管理是十分重要的,通过选举以外的制度和方式让人民参与国家生活和社会生活的管理也是十分重要的。人民只有投票的权利而没有广泛参与的权利,人民只有在投票时被唤醒、投票后就进入休眠期,这样的民主是形式主义的。"①这里不仅指出了两种民主形式各自的重要性,而且强调了协商民主能够弥补选举制度和方式之不足的作用。选举制度和方式要解决的是人民授权的问题,选举以外的制度和方式要解决的是人民持续直接进行政治参与的问题,都很重要。因此,习近平总书记强调:"在中国,这两种民主形式不是相互替代、相互否定的,而是相互补充、相得益彰的,共同构成了中国社会主义民主政治的制度特点和优势。"②2019年9月20日,习近平总书记进一步明确指出:"协商民主是党领导人民有效治理国家、保证人民当家作主的重要制度设计,同选举民主相互补充、相得益彰。"③至此,我国社会主义民主的两种重要形式正式有了"选举民主"和"协商民主"的简明概念。

　　选举民主和协商民主是中国共产党历来都追求的两种民主形式,并且一直是结合在一起使用的。早在土地革命时期的苏维埃政权建设中,中国共产党就实行了选举民主。1931年11月,中华苏维埃第一次全国代表大会在瑞金召开,选举产生中华苏维埃共和国中央执行委员会,宣布

---

① 习近平:《在庆祝中国人民政治协商会议成立六十五周年大会上的讲话》,《十八大以来重要文献选编》(中),中央文献出版社2016年版,第74页。

② 习近平:《在庆祝中国人民政治协商会议成立六十五周年大会上的讲话》,《十八大以来重要文献选编》(中),中央文献出版社2016年版,第74页。

③ 习近平:《在中央政协工作会议暨庆祝中国人民政治协商会议成立70周年大会上的讲话》,《人民日报》2019年9月21日。

成立中华苏维埃共和国临时中央政府。中华苏维埃共和国实行工农兵代表大会制度，实行民主选举制度，各级工农兵代表大会代表和各级苏维埃政府均由选举产生。从 1931 年 11 月到 1934 年 1 月，中央根据地进行三次民主选举，并颁布了选举法细则。在选举中，许多地方参加选举的人占选民总人数的 80% 以上，一些地方达到了 90% 以上。① 就此而言，中国共产党的苏维埃政权建设主要运用的是选举民主形式。但在苏维埃基层政权建设中，也运用了民主协商的形式。苏维埃工作的原则决定了其工作中要多运用讨论、商量的工作方法。主要方面有：一是乡代表会议的民主协商，经过代表会议的讨论来实行苏维埃的一切法令政策。二是村的民主协商，全村代表会议每十天或五天开会一次，主要讨论怎样完成乡代表会议交给本村的任务，解决本村居民中间互相救济问题及小的争执问题。每个代表还要召集所管的居民开会，还要拿出一些时间到所管的个人家去访问。三是乡苏维埃与群众团体的民主协商，乡苏维埃要加强与乡的各种群体团体（如工会、贫农团、女工农妇代表会、反帝拥苏同盟、互济会、儿童团、劳动互助组等）的联系与帮助，依靠他们的努力去动员广大群众完成各种革命工作。"乡苏主席团应同各群众团体的负责人商量"②，解决会期等问题。土地革命时期基层苏维埃民主协商这些经验和做法，是我国基层协商民主的雏形。

　　中国共产党领导的抗日民主政权建设实行了真正意义上的选举民主。1939 年 1 月，陕甘宁边区第一届参议会通过的《陕甘宁边区选举条例》规定，凡居住边区之人民，年满十八岁者，无阶级、职业、男女、宗教、民族、财产与文化程度之差别，经选举委员会登记，均有选举权和被选举权。这充分表明了中国共产党要实行的选举是彻底的无差别的民主选举，这在中国的历史上具有创新意义。在实际的操作过程中，考虑到文盲在边区的居民中占有较大比例，为保证人人都能履行选举权，采用了投豆、画圈、画杠、燃香在纸上烧眼等多种选举办法。

---

　　① 中共中央党史研究室：《中国共产党的九十年》（新民主主义革命时期），中共党史出版社、党建读物出版社 2016 年版，第 138—139 页。

　　② 《乡苏怎样工作？》，《毛泽东文集》第一卷，人民出版社 1993 年版，第 356 页。

　　同时,中国共产党领导的抗日民主政权建设实行"三三制"原则,创造了协商民主的制度化形式。毛泽东同志为中共中央起草的党内指示指出:"根据抗日民族统一战线政权的原则,在人员分配上,应规定为共产党员占三分之一,非党的左派进步分子占三分之一,不左不右的中间派占三分之一。"①民族统一战线的性质决定了中国共产党在"三三制"政权中实行协商民主。毛泽东同志指出:"共产党人必须和其他党派及无党派人士多商量,多座谈,多开会,务使打通隔阂,去掉误会,改正相互关系上的不良现象,以便协同进行政府工作与各项社会事业。"②协商民主也体现在选举过程中。1941年5月,在陕甘宁边区第二届参议会选举中,毛泽东同志起草的《陕甘宁边区施政纲领》指出:"本党愿与各党各派及一切群众团体进行选举联盟,并在候选名单中确定共产党员只占三分之一,以便各党各派及无党无派人士均能参加边区民意机关之活动与边区行政之管理。在共产党员被选为某一行政机关之主管人员时,应保证该机关之职员有三分之二为党外人士充任,共产党员应与这些党外人士实行民主合作,不得一意孤行,把持包办。"③协商民主还广泛运用于抗日根据地各机构:"在各抗日根据地内,政府系统、参议会系统及民众团体的各级领导机关中,均应实行'三三制',共产党员只占三分之一,而使愿与我党合作的党外人员占三分之二。"④

　　"三三制"抗日政权建设开创了以协商民主为显著特点并同选举民主相配合的施政新方式。周恩来同志指出:"'三三制'有两个特点:一个就是共产党不一定要在数量上占多数,而争取其他民主人士与我们合作。任何一个大党不应以绝对多数去压倒人家,而要容纳各方,以自己的主张取得胜利。第二个特点就是要各方协商,一致协议,取得共同纲领,以作为施政的方针。这两特点是毛泽东同志'三三制'的思想。"⑤林伯渠同志

　　① 《抗日根据地的政权问题》,《毛泽东选集》第二卷,人民出版社1991年版,第742页。
　　② 《一九四五年的任务》,《毛泽东文集》第三卷,人民出版社1996年版,第239页。
　　③ 《陕甘宁边区施政纲领》,《毛泽东文集》第二卷,人民出版社1993年版,第335页。
　　④ 《关于共产党员与党外人员的关系》,《毛泽东文集》第二卷,人民出版社1993年版,第395页。
　　⑤ 《一年来的谈判及前途》,《周恩来选集》(上),人民出版社1980年版,第253页。

中国特色社会主义政治制度的伟大创造

也说:"当遇到争议时要互相开诚布公,平心静气地商讨,不到万不得已时,不要轻易采取少数服从多数的表决形式。"①这种民主形式,后来周恩来明确概括为新民主主义的议事精神,指出:"新民主主义的议事精神不在于最后的表决,主要是在于事前的协商和反复的讨论。"②当然,既然是人民民主,选举或票决就是必要的。但中国共产党仍然注意在其中纳入协商的要素。如,作为"三三制"抗日民主政权中的民意机构与权力机关的参议会,按照边区参议会的组织条例,参议员主要由选举产生,但除了选举形式,参议员的产生仍有协商形式作为补充,在选举程序之外保留有聘请与商定的参议员名额的做法,如陕甘宁边区规定聘请社会政治文化等方面有名望者的比例不多于参议员总数的百分之十。

抗日战争胜利前夕,毛泽东同志提出,打败日本侵略者后,"需要在广泛的民主基础之上,召开国民代表大会,成立包括更广大范围的各党各派和无党无派代表人物在内的同样是联合性质的民主的正式的政府,领导解放后的全国人民,将中国建设成为一个独立、自由、民主、统一和富强的新国家"③。1948年,中共中央发布"五一口号",号召:"各民主党派、各人民团体、各社会贤达,迅速召开政治协商会议,讨论并实现召集人民代表大会,成立民主联合政府!"④迅即得到各民主党派、无党派民主人士热烈响应。中国共产党提出召开政协会议是为召开人民代表大会作准备,通过人民代表大会来成立民主联合政府,建立新中国。在同民主人士的协商过程中,有民主人士提出新政协等于临时人民代表会议,可产生临时中央政府的建议。这个建议为中共所接受,并且作了更深远的考虑,即不是把新政协当作临时人民代表会议,而是使其代行全国人民代表大会职权,不是产生临时中央政府,而是产生正式的中央政府。是以普选方式建政还是以协商方式建政,是当时面临的一种重大选择。普选方式建政,

---

① 《林伯渠文集》,华艺出版社1996年版,第395页。
② 周恩来:《关于人民政协的几个问题》,《人民政协重要文献选编》(上),中央文献出版社、中国文史出版社2009年版,第33页。
③ 《论联合政府》,《毛泽东选集》第三卷,人民出版社1991年版,第1029—1030页。
④ 《中共中央委员会发布纪念"五一"节口号》,《人民政协重要文献选编》(上),中央文献出版社、中国文史出版社2009年版,第1页。

20

其路径是自下而上推进,先由地方逐级召开人民代表大会通过选举建立地方政权,然后通过全国性普选召开全国人民代表大会建立中央政权,不仅需要经历很长时间,而且还可能出现地方政权形成后进行统一的困难,甚至会出现联邦制国家的局面。周恩来同志就此指出:"将来人民代表大会,是要经过普选方式来产生的。关于普选,本来应该做到普遍的、平等的、直接的、不记名的投票,但这对中国现在的情况来说,是非常困难的。""关于直接选举的问题,中国是全世界人口最多的国家,直接选举目前实在不容易办到。"①而协商方式建政,其路径是自上而下的推进,先通过在国家最高层次进行政治协商建立中央政权,然后在中央集中统一的领导下有序推进地方政权建设,不仅简便易行,而且符合我国历史上形成的中央集权的政治文化传统,能够保证国家的团结统一。因此,中国共产党选择运用"通过协商方式产生的"人民政治协商会议来建立新中国的政权,不仅是简便易行的,而且是具有鲜明中国特色的,是具有高度政治智慧的伟大创造。

1949 年 9 月召开的中国人民政治协商会议第一届全体会议,制定、审议并通过《中国人民政治协商会议共同纲领》《中国人民政府组织法》《中国人民政治协商会议组织法》三部重要文件,讨论并一致通过国旗、国歌、国都、纪年的四个决议案,选举中国人民政治协商会议全国委员会,宣告中华人民共和国的成立。人民政协第一届全体会议的协商建国,标志着中国共产党领导的多党合作和政治协商制度正式确立,是中国共产党所倡导的协商民主取得的最杰出的成果。新中国成立后,中国共产党又将协商民主运用于土地改革、资本主义工商业改造等重大运动和活动中,建立起社会主义基本制度,使协商民主成为中国共产党及其领导下的人民政府发扬民主的基本方式。毛泽东同志明确对民主党派、工商界人士说:"我们政府的性格,你们也都摸熟了,是跟人民商量办事的,是跟工人、农民、资本家、民主党派商量办事的,可以叫它是个商量政府。"②

　　①　周恩来:《关于人民政协的几个问题》,《人民政协重要文献选编》(上),中央文献出版社、中国文史出版社 2009 年版,第 39 页。
　　②　《同工商界人士的谈话》,《毛泽东文集》第七卷,人民出版社 1999 年版,第 178 页。

　　完成协商建国大业后,发展选举民主的问题也就提到了日程上。1953 年 1 月 13 日在中央人民政府委员会第二十次会议上,毛泽东同志表示"办全国选举工作的条件已经成熟"①。他认为,中国人民,从清朝末年起,五六十年来就是争这个民主。当时搞选举,会出现基层干部选不上的问题,例如北京郊区乡政府搞民主选举,百分之五十的乡长被选掉了。毛泽东同志明确说:"因为这百分之五十的人做了坏事,人民不高兴他们。为了发扬民主,对政权组织,特别是县、乡两级,来一次全国普选,很有必要。"②美国总统艾森豪威尔说,中国要办民主选举是不可能的。毛泽东同志针锋相对地回答:"为了发扬民主,为了加强经济建设,为了加强反对帝国主义的斗争,就要办选举,搞宪法。"③针对资产阶级人数少、民主党派人数少,搞选举会不会造成在其政权组织中就没有份了的问题,毛泽东同志就代表名额分配比例指出:"它既要照顾多数,又要照顾少数。单纯照顾少数的政府在历史上是有的,像清朝政府、蒋介石政府,那完全是照顾少数。我们的重点是照顾多数,同时照顾少数。凡是对人民国家的事业忠诚的,做了工作的,有相当成绩的,对人民态度比较好的各民族、各党派、各阶级的代表性人物都有份。我想,他们中间的多数,甚至是大多数、绝大多数,可能是会被人民选举的。"④毛泽东同志还考虑到了人大代表应主要来自基层工农群众的问题,说:"政府的部长、副部长是不是都要选成代表? 不一定,也不必要。如果各部部长、办公厅主任,甚至连科长都要选成代表,那下面的人就会说,你们开干部会就可以了,还要我们来干什么? 所以多数的代表还应当是下面的人,像郝建秀、李顺达

---

　　① 《关于召开全国人民代表大会的几点说明》,《毛泽东文集》第六卷,人民出版社 1999 年版,第 257 页。
　　② 《关于召开全国人民代表大会的几点说明》,《毛泽东文集》第六卷,人民出版社 1999 年版,第 258 页。
　　③ 《关于召开全国人民代表大会的几点说明》,《毛泽东文集》第六卷,人民出版社 1999 年版,第 258—259 页。
　　④ 《关于召开全国人民代表大会的几点说明》,《毛泽东文集》第六卷,人民出版社 1999 年版,第 260 页。

这些劳动英雄。"①按毛泽东同志的这个设计,1953年在全国范围内进行了中国历史上第一次空前规模的普选,在此基础上自下而上逐级召开了人民代表大会。1954年9月15日,第一届全国人民代表大会第一次会议在北京召开,会议通过了《中华人民共和国宪法》及有关国家机构的基本法律,产生了国家机构及其组成人员。这次会议标志着人民代表大会制度从中央到地方全面确立,标志着中国共产党实行选举民主取得了重大成就。值得注意的是,在制定宪法的过程中也广泛运用了协商民主的方式。政协全国委员会对宪法草案的讨论,从1954年3月25日至5月5日,共进行40天,参加者500多人,开会260次,平均每组开会15次,最多者达20多次。②宪法制定过程中也在基层群众中开展了广泛协商。1954年7月下旬以后,全国各界群众利用各种各样的形式相继展开对宪法草案逐章逐条讨论。参加讨论的有国营与私营企业的工人、店员和工程技术人员,有国家机关工作人员,有生产合作社的社员,有大中学校的教职员工和学生,还有科学、新闻、文学、艺术、医务界人士、街道居民、私营工商业者,以及宗教界人士。宪法草案公布后的近三个月时间里,全国有1.5亿人参加宪法草案的讨论,占全国人口的1/4,提出118万条修改和补充意见。这种充分发扬民主的精神在世界制宪史上是少见的。正如毛泽东同志所评价的:"这个宪法草案所以得人心,是什么理由呢?我看理由之一,就是起草宪法采取了领导机关的意见和广大群众的意见相结合的方法。这个宪法草案,结合了少数领导者的意见和八千多人的意见,公布以后,还要由全国人民讨论,使中央的意见和全国人民的意见相结合。"③可以说,新中国宪法的制定是选举民主和协商民

---

① 《关于召开全国人民代表大会的几点说明》,《毛泽东文集》第六卷,人民出版社1999年版,第260—261页。

② 《政协全国委员会和各大区、省、市宪法草案初稿座谈圆满结束》,《人民日报》1954年5月30日。

③ 《关于中华人民共和国宪法草案》,《毛泽东文集》第六卷,人民出版社1999年版,第325页。

主相结合的成功范例。

改革开放以来,我国选举民主和协商民主总体上呈现出共同发展的新局面。选举民主的发展主要体现为人大代表的选举,有四个新的变化:一是扩大直接选举的范围。从1953年选举法规定直接选举代表的范围仅限于乡、镇、市辖区、不设区的市,到1979年修改选举法扩大到县一级,规定不设区的市、直辖区、县、自治县、人民公社、镇的人民代表大会代表由选民直接选出。二是实行差额选举。改革开放前,我国各级人大代表选举实际上采用的是等额选举的办法,1979年修订选举法明确规定实行差额选举,各级人大代表候选人名额要多于应选名额,在直接选举中应多于应选名额的三分之一至一倍;在间接选举中应多于应选名额的五分之一至二分之一。三是采取无记名投票。1953年选举法采用的是举手与投票并用的表决方式,1979年修改选举法规定,全国和地方各级人大代表的选举,一律采用无记名投票的方式,还规定选民如果是文盲或者是因残疾不能写选票的,可以委托他信任的人代写。四是实行城乡按相同人口比例选举人大代表。农村与城市每一名代表所代表的人口比例,经历了从8∶1、5∶1到4∶1的演变过程。2010年修订选举法,明确规定全国人大代表名额按照每一代表所代表的城乡人口数相同的原则,以及保证各地区、各民族、各方面都有适当数量代表的要求进行分配。形象地说,一人一票、每票同权。我国人大代表选举体现了普遍性、代表性、平等性,具有先进性意义。从1979年到2018年,我国依法顺利进行了11次乡级人大代表直接选举,10次县级人大代表直接选举,8次设区的市级以上人大代表间接选举。2016年开始的最近一次换届选举,共产生各级人大代表262万多名。其中,县乡两级人大代表247万多名,省级、设区的市级人大代表14万多名,十三届全国人大代表2980名。[①]

改革开放以来,我国协商民主的发展主要体现为人民政协理论和实践创新上,集中在四个方面。一是性质定位的不断完善。从改革开放前

---

① 全国干部培训教材编审指导委员会组织编写:《发展社会主义民主政治》,人民出版社、党建读物出版社2019年版,第60—61页。

统一战线组织的单一定位,发展为统一战线组织、多党合作的重要机构、人民民主的重要实现形式三个定位,又充实了是国家治理体系的重要组成部分、具有中国特色的制度安排的新定位。二是人民政协职能的不断丰富。从改革开放前政治协商一项职能,丰富为政治协商、民主监督、参政议政三项职能,并且民主监督的弱项得到加强。三是在协商民主中的地位更加突出。从改革开放前的"各党派的协商机关"发展为"民主协商机构",再发展为"专门协商机构"。四是委员队伍建设深入推进。从五届全国政协时非中共委员仅占 17.4%,到六届全国政协常务委员中各民主党派和各界爱国人士的比例上升到 64%,文化知识界的代表人物超过三分之一。从五届全国政协开始进行界别调整,到 1993 年八届全国政协,界别从 29 个扩大到 34 个。改革开放前的委员"思想改造"变为"自我改造",再变为发挥委员主体作用,提高履职能力。

　　发展社会主义民主政治,选举民主和协商民主都需要,但重点是发展协商民主。党的十九大报告使用"选举"一词仅 1 处,而使用"协商"一词多达 24 处。之所以要重点发展协商民主,一是因为协商民主体现了人民民主的真谛。习近平总书记指出:"在中国社会主义制度下,有事好商量,众人的事情由众人商量,找到全社会意愿和要求的最大公约数,是人民民主的真谛。"①这句话以简练的表达写进了十九大报告。二是因为"协商民主是实现党的领导的重要方式"。这同样是写进十九大报告的习近平总书记的一个重要论述。他说:"民主和协商是实现党的领导的重要方式。通过发扬民主、广泛协商,可以使统一战线广大成员更加普遍地认同党的主张,更加自觉地团结在党的周围、跟党走。"②共产党居于执政地位,只有时时处处注意向别人学习,将正确的意见集中起来,自己的判断和决策才会正确,才能真正实现领导。

　　协商民主既然是中国特色社会主义政治发展道路的最重要的民主形

---

　　① 习近平:《在庆祝中国人民政治协商会议成立六十五周年大会上的讲话》,《十八大以来重要文献选编》(中),中央文献出版社 2016 年版,第 73 页。
　　② 习近平:《深刻认识做好新形势下统战工作的重大意义》,《十八大以来重要文献选编》(中),中央文献出版社 2016 年版,第 558 页。

式,就需要大力发展。推进协商民主、广泛、多层制度化发展,是社会主义协商民主建设的战略任务。习近平总书记指出:"社会主义协商民主,应该是实实在在的、而不是做样子的,应该是全方位的、而不是局限在某个方面的,应该是全国上上下下都要做的、而不是局限在某一级的。因此,必须构建程序合理、环节完整的社会主义协商民主体系,确保协商民主有制可依、有规可守、有章可循、有序可遵。"①社会主义协商民主主要有七个渠道,都要明确自己在协商民主体系中的地位,突出自己协商工作的重点。政党协商是中国共产党同民主党派的政治协商,是多党合作的主要形式,是我国政党关系和谐的重要体现,协商工作的重点是中共重要文件、宪法法律地方性法规的制定修改建议,国家和地方领导人建议人选等。人大协商是各级人大在依法行使职权的同时在重大决策之前根据需要进行的协商,协商工作的重点是立法协商。政府协商是围绕有效推进科学民主依法决策而开展的行政协商,协商工作的重点是经济社会发展重大问题、重大公共利益或重大民生问题。政协协商是围绕团结和民主两大主题而开展的政治协商,协商工作的重点是国家大政方针和地方的重要举措以及政治、经济、文化和社会生活中的重要问题。人民团体协商是围绕做好新形势下党的群众工作而开展的协商,协商工作的重点问题是涉及群众切身利益的实际问题,特别是事关特定群体权益保障问题。基层协商是基层组织为更好解决人民群众的实际困难和问题,及时化解矛盾纠纷,促进社会和谐稳定而开展的民主协商,协商工作的重点是涉及人民群众利益的大量基层决策和工作。社会组织协商是实现政府治理和社会自我调节、居民自治良性互动而开展的协商,协商工作的重点是适合由社会组织提供的公共服务和解决的事项。协商民主大发展,制度建设是关键,务求实效是目的。因此,要加强协商民主制度建设,形成完整的制度程序和参与实践,保证人民在日常政治生活中有广泛持续深入参与的权利。

---

① 习近平:《在庆祝中国人民政治协商会议成立六十五周年大会上的讲话》,《十八大以来重要文献选编》(中),中央文献出版社 2016 年版,第 77 页。

六、中国特色社会主义政治发展道路的根本动力

改革是坚持和发展中国特色社会主义的根本动力,政治体制改革是走中国特色社会主义政治发展道路的根本动力。政治制度是一个体系,有根本制度、基本制度、重要制度、体制机制之分。党的十九届四中全会通过的《决定》明确要求:"突出坚持和完善支撑中国特色社会主义制度的根本制度、基本制度、重要制度,着力固根基、扬优势、补短板、强弱项,构建系统完备、科学规范、运行有效的制度体系"。① 我国的根本政治制度、基本政治制度是好的,必须长期坚持不断完善。但体制机制还存在着许多弊端,妨碍甚至严重妨碍社会主义优越性的发挥,需要进行改革创新。习近平总书记指出:"社会主义民主政治的体制、机制、程序、规范以及具体运行上还存在不完善的地方"②,需要进行政治体制改革。但政治体制改革与经济体制改革及其他方面的体制改革相比较,具有维护政局稳定的特殊性,需要慎重进行。因此,我们党历来都主张"积极稳妥推进政治体制改革",党的十九大报告依然重申这一重要原则。

政治体制改革,方向问题极为重要。习近平总书记指出:"改革开放是一场深刻革命,必须坚持正确方向,沿着正确道路推进。方向决定道路,道路决定命运。"③在政治体制改革问题上,一直有一个令人困惑的说法:"搞改革是找死,不改革是等死"。破解这种两难困境的根本之策,就是坚持改革的正确方向,坚持走中国特色社会主义政治发展道路。习近平总书记指出:"世界在发展,社会在进步,不实行改革开放死路一条,搞否定社会主义方向的'改革开放'也是死路一条。在方向问题上,我们头脑必须十分清醒。我们的方向就是不断推动社会主义制度自我完

---

① 《〈中共中央关于坚持和完善中国特色社会主义制度、推进国家治理体系和治理能力现代化若干重大问题的决定〉辅导读本》,人民出版社 2019 年版,第 5 页。

② 习近平:《在庆祝全国人民代表大会成立六十周年大会上的讲话》,《十八大以来重要文献选编》(中),中央文献出版社 2016 年版,第 62 页。

③ 《习近平关于全面深化改革论述摘编》,中央文献出版社 2014 年版,第 14 页。

善和发展,而不是对社会主义制度改弦易张。我们要坚持四项基本原则这个立国之本,既以四项基本原则保证改革开放的正确方向,又通过改革开放赋予四项基本原则新的时代内涵,排除各种干扰,坚定不移走中国特色社会主义道路。"①这就把政治体制改革的方向讲得十分清楚明白。

把握政治体制改革的方向,就要对改什么、不改什么有十分清醒的认识。我国改革面临十分复杂的国内国际环境,各种思想观念和利益诉求相互激荡。一些敌对势力和别有用心的人摇旗呐喊、制造舆论、混淆视听,把改革定义为往西方政治制度的方向改,否则就指责我们不改革或者在某个方面滞后。对此,习近平总书记明确回答:"我们党领导的改革历来是全面改革。问题的实质是改什么、不改什么,有些不能改的,再过多长时间也是不改,不能把这说成是不改革。我们不断推进改革,是为了推动党和人民事业更好发展,而不是为了迎合某些人的'掌声',不能把西方的理论、观点生搬硬套在自己身上。要从我国国情出发、从经济社会发展实际出发,有领导有步骤推进改革,不求轰动效应,不做表面文章,始终坚持改革开放正确方向。"②

党的十八大以来,以习近平同志为核心的党中央积极稳妥推进政治体制改革,党的十八届三中全会提出了全面深化改革的总目标:"完善和发展中国特色社会主义制度,推进国家治理体系和治理能力现代化。"这一总目标的提出,不仅落实了邓小平同志1992年初南方谈话中提出的一个重大战略构想:"恐怕再有三十年的时间,我们才会在各方面形成一整套更加成熟、更加定型的制度。"③而且科学回答了"怎样治理社会主义社会这样的全新社会"这一在以往的世界社会主义实践中没有解决得很好的问题,具有深远的历史意义。

国家治理体系和治理能力现代化,与我们过去讲过的很多现代化包括农业现代化、工业现代化、科技现代化、国防现代化等器物层面的现代

---

① 《习近平关于全面深化改革论述摘编》,中央文献出版社2014年版,第15页。
② 《习近平关于全面深化改革论述摘编》,中央文献出版社2014年版,第20页。
③ 《在武昌、深圳、珠海、上海等地的谈话要点》,《邓小平文选》第三卷,人民出版社1993年版,第372页。

化不同,它是制度层面的现代化。什么是国家治理体系和治理能力呢?习近平总书记指出:"国家治理体系和治理能力是一个国家制度和制度执行能力的集中体现。国家治理体系是在党领导下管理国家的制度体系,包括经济、政治、文化、社会、生态文明和党的建设等各领域体制机制、法律法规安排,也就是一整套紧密相连、相互协调的国家制度;国家治理能力则是运用国家制度管理社会各方面事务的能力,包括改革发展稳定、内政外交国防、治党治国治军等各个方面。"[1]简单地说,国家治理体系就是指国家的制度体系,治理能力就是制度的执行力。而在国家制度和制度执行力中,政治制度和政治制度执行力无疑具有最重要的地位。在这个意义上说,国家治理体系和治理能力现代化主要是政治体制改革的命题。这一点可以从习近平总书记为说明为什么要提出全面深化改革的总目标而特意引用邓小平同志 1980 年《党和国家领导制度的改革》的三段话中看出来。邓小平同志指出:"我们进行社会主义现代化建设,是要在经济上赶上发达的资本主义国家,在政治上创造比资本主义国家的民主更高更切实的民主"[2]。"我们今天再不健全社会主义制度,人们就会说,为什么资本主义制度所能解决的一些问题,社会主义制度反而不能解决呢?"[3]"领导制度、组织制度问题更带有根本性、全局性、稳定性和长期性。这种制度问题,关系到党和国家是否改变颜色,必须引起全党的高度重视。"[4]习近平总书记就此评价说:"邓小平同志反复强调制度问题,想得是很深的,他考虑的不仅是要解决好制约党和国家事业发展的体制机制弊端问题,而且是要解决好事关党和国家长治久安的制度现代化

---

[1]　习近平:《切实把思想统一到党的十八届三中全会精神上来》,《十八大以来重要文献选编》(上),中央文献出版社 2014 年版,第 547—548 页。

[2]　《党和国家领导制度的改革》,《邓小平文选》第二卷,人民出版社 1994 年版,第322 页。

[3]　《党和国家领导制度的改革》,《邓小平文选》第二卷,人民出版社 1994 年版,第333 页。

[4]　《党和国家领导制度的改革》,《邓小平文选》第二卷,人民出版社 1994 年版,第333 页。

问题。"①

　　概括我们党推进制度现代化的经验和成就,习近平总书记指出:"今天,我们党处在这样的历史方位上,摆在我们面前的一项重大历史任务,就是推动中国特色社会主义制度更加成熟更加定型。可以这么说,从形成更加成熟更加定型的制度看,我国社会主义实践的前半程已经走过了,前半程我们的主要历史任务是建立社会主义基本制度,并在这个基础上进行改革,现在已经有了很好的基础。后半程,我们的主要历史任务是完善和发展中国特色社会主义制度,为党和国家事业发展、为人民幸福安康、为社会和谐稳定、为国家长治久安提供一整套更完备、更稳定、更管用的制度体系。"②

　　关于如何推进国家治理体系和治理能力现代化,经常会碰到这样一种认识,认为西方资本主义发达国家的国家治理才是现代化的。我国要实现国家治理的现代化,就是要向他们学习,就像我们实现工业、农业、科技、国防的现代化要向他们学习一样。言下之意,国家治理现代化,就是西方化。对此,习近平总书记指出:"我们治国理政的本根,就是中国共产党领导和社会主义制度。我们思想上必须十分明确,推进国家治理体系和治理能力现代化,绝不是西方化、资本主义化!"③为什么呢? 一个现实的理由是西方资本主义国家在国家治理上也不见得都那么好。例如,一向以"民主教父"自居的美国,其国家治理也存在很多弊端和短板。从次贷危机到国际金融危机,美国是始作俑者;奥巴马总统在任时推进医保改革、移民改革,步履维艰,特朗普上台后全部推翻;2011 年出现的声势浩大的占领华尔街运动,反映了美国社会巨大的财富和阶层鸿沟;种族问题是美国根深蒂固的难解的社会矛盾;共和党、民主党恶性竞争导致政治极化。话又说回来了,即便西方政治制度模式在西方国家是适用的,在其

---

　　①　习近平:《为什么要提出全面深化改革的总目标》,《论坚持全面深化改革》,中央文献出版社 2018 年版,第 92 页。

　　②　习近平:《为什么要提出全面深化改革的总目标》,《论坚持全面深化改革》,中央文献出版社 2018 年版,第 93—94 页。

　　③　《习近平关于社会主义政治建设论述摘编》,中央文献出版社 2017 年版,第 8 页。

他国家也不一定适用。试看一下，冷战结束后，照搬了西方政治制度模式的国家，有几个是稳定发展的？英国《经济学人》杂志有一期的主题就是"西方民主病在哪儿？"坦率承认：民主正在经历艰难时世。独裁者被赶下台以后，反对派大多无法建立行之有效的民主政府。2008年世界金融危机造成的心理创伤与经济损失一样大，揭示了西方政治体制的根本性弱点，破坏了西方人固有的自信。原本被视为"民主范例"的体制近些年也变得过时而无用，美国甚至已成为政治僵局的代名词。

与其形成鲜明对照，我国政治稳定、经济发展、社会和谐、民族团结。这说明我们的国家治理体系和治理能力总体上是好的，是有独特优势的，是适应我国国情和发展要求的。我们应该对中国特色社会主义制度的优势、韧性、活力、潜能有自信。当然，我们也必须看到，相比我国经济社会发展和人民群众的要求，相比当今世界日趋激烈的国际竞争，相比实现国家长治久安，我们在国家治理体系和治理能力方面还有许多亟待改进的地方，我们的制度还没有达到更加成熟更加定型的要求，有些方面甚至成为制约我们发展和稳定的重要因素。正是由于这些问题的存在，习近平总书记指出："我们必须适应国家现代化总进程，提高党科学执政、民主执政、依法执政水平，提高国家机构履职能力，提高人民群众依法管理国家事务、经济社会文化事务、自身事务的能力，实现党、国家、社会各项事务治理制度化、规范化、程序化，不断提高运用中国特色社会主义制度有效治理国家的能力。"①

在习近平新时代中国特色社会主义思想指导下，2019年10月28日至31日中国共产党第十九届中央委员会第四次全体会议召开，审议通过了《中共中央关于坚持和完善中国特色社会主义制度　推进国家治理体系和治理能力现代化若干重大问题的决定》。《决定》进一步理顺了中国特色社会主义制度同国家治理体系和治理能力的关系，指出："中国特色社会主义制度是党和人民在长期实践探索中形成的科学制度体系，我国国家治理一切工作和活动都依照中国特色社会主义制度展开，我国国家

---

① 《习近平关于全面深化改革论述摘编》，中央文献出版社2014年版，第28—29页。

治理体系和治理能力是中国特色社会主义制度及其执行能力的集中体现。"①聚焦坚持和完善支撑中国特色社会主义制度的根本制度、基本制度、重要制度,分 13 个部分明确了各项制度必须坚持和巩固的根本点、完善和发展的方向,并作出工作部署,全面系统地展示出中国特色社会主义制度体系的丰富内容。这可以说是我国全面深化改革特别是政治体制改革取得的最伟大的成就,在我国国家制度建设史上具有里程碑意义。

巩固和发展生动活泼、安定团结的政治局面,是积极稳妥推进政治体制改革、发展社会主义民主政治的重要目标。既积极又稳妥,体现了邓小平同志提出的"胆子要大步子要稳",习近平总书记概括的"蹄疾步稳"的改革方法。中国的改革已经进入了深水区,好改的都已经改了,不好改的都留下来了,留下来的都是难啃的硬骨头。其中最难啃的硬骨头恐怕就是政治体制改革。因此,习近平总书记指出:"这就要求我们胆子要大、步子要稳。胆子要大,就是改革再难也要向前推进,敢于担当,敢于啃硬骨头,敢于涉险滩。步子要稳,就是方向一定要准,行驶一定要稳,尤其是不能犯颠覆性错误。"②用古人的话说,这就叫"图难于其易,为大于其细。天下难事,必作于易;天下大事,必作于细"。

全面深化改革,关键是要进一步增强经济社会发展活力,进一步促进社会和谐稳定。生动活泼是社会发展活力的体现,安定团结是社会发展有序的体现。全面深化改革,特别是政治体制改革,"要处理好活力和有序的关系,社会发展需要充满活力,但这种活力又必须是有序活动的。死水一潭不行,暗流汹涌也不行"③。如果说活力是"改"的问题,有序是"稳"的问题,那么就要处理好二者的关系。"'稳'也好,'改'也好,是辩证统一、互为条件的。一静一动,静要有定力,动要有秩序,关键是把握好

① 《〈中共中央关于坚持和完善中国特色社会主义制度、推进国家治理体系和治理能力现代化若干重大问题的决定〉辅导读本》,人民出版社 2019 年版,第 1—2 页。
② 《习近平关于全面深化改革论述摘编》,中央文献出版社 2014 年版,第 51 页。
③ 《习近平关于全面深化改革论述摘编》,中央文献出版社 2014 年版,第 17 页。

这两者之间的度。"①

　　正确处理各方面利益关系,是巩固和发展生动活泼、安定团结的政治局面的重要方式。我国既处于发展的重要战略机遇期,也处于社会矛盾凸显期。社会矛盾最突出地表现为多样化的利益矛盾。政治体制改革要突破利益固化的藩篱,要触动一些人的"奶酪",复杂程度、敏感程度、艰巨程度,一点都不亚于改革开放之初。因此,习近平总书记强调:"要增强改革措施、发展措施、稳定措施的协调性,把握好当前利益和长远利益、局部利益和全局利益、个人利益和集体利益的关系,既着力解决关系群众切身利益的问题,又着力引导群众正确处理各种利益关系、理性合法表达利益诉求,营造安定团结的社会氛围。"②要坚持以人民为中心,要像党的十九大报告所要求的,"凡是群众反映强烈的问题都要严肃认真对待,凡是损害群众利益的行为都要坚决纠正"③,我国的政治体制改革就能得到人民群众的衷心拥护,积极稳妥地进行下去。

　　巩固和发展生动活泼、安定团结的政治局面,需要发展充满活力而又和谐的政党关系、民族关系、宗教关系、阶层关系、海内外同胞关系,为此就需要巩固和发展最广泛的爱国统一战线。习近平总书记指出:"统一战线是中国共产党夺取革命、建设、改革事业胜利的重要法宝,也是实现中华民族伟大复兴的重要法宝。"④画出最大同心圆,是巩固和发展生动活泼、安定团结的政治局面的生动形象的标识,也是统一战线要达到的目的。习近平总书记指出:"什么是同心圆? 就是在党的领导下,动员全国各族人民,调动各方面积极性,共同为实现中华民族伟大复兴的中国梦而奋斗。"⑤我们要发挥统一战线争取人心、凝聚共识的法宝作用,巩固全国

　　① 《习近平关于全面深化改革论述摘编》,中央文献出版社 2014 年版,第 49 页。
　　② 《习近平关于全面深化改革论述摘编》,中央文献出版社 2014 年版,第 36 页。
　　③ 习近平:《决胜全面建成小康社会　夺取新时代中国特色社会主义伟大胜利——在中国共产党第十九次全国代表大会上的报告》,人民出版社 2017 年版,第 66 页。
　　④ 习近平:《在庆祝中国人民政治协商会议成立六十五周年大会上的讲话》,《十八大以来重要文献选编》(中),中央文献出版社 2016 年版,第 70 页。
　　⑤ 《习近平关于社会主义政治建设论述摘编》,中央文献出版社 2017 年版,第 140—141 页。

各族人民大团结,加强海内外中华儿女大团结,团结一切可以团结的力量,在齐心协力走向中华民族伟大复兴的光明前景的进程中,彰显我国社会主义民主政治的优势和特点,为人类政治文明进步作出充满中国智慧的贡献!

第二章　坚持和完善党的领导制度体系

中国共产党是中国特色社会主义事业的领导核心,中国特色社会主义最本质的特征是中国共产党领导,党是最高政治领导力量,处在总揽全局、协调各方的地位。党的领导是做好党和国家各项工作的根本保证,也是发展社会主义民主政治的根本保证。中国特色社会主义制度的最大优势是中国共产党领导,党的领导制度在中国特色社会主义制度体系中必然居于首位。习近平总书记指出:"党的领导制度是我国的根本领导制度。"①党的十九届四中全会通过的《中共中央关于坚持和完善中国特色社会主义制度　推进国家治理体系和治理能力现代化若干重大问题的决定》,概括我国国家制度和国家治理体系具有多方面的显著优势,第一个就是"坚持党的集中统一领导,坚持党的科学理论,保持政治稳定,确保国家始终沿着社会主义方向前进的显著优势";部署我国国家制度和治理体系的十三个方面,第一个方面就是"坚持和完善党的领导制度体系,提高党科学执政、民主执政、依法执政水平";并且对党的领导制度体系所包括的六项重要制度都作出了明确规定和要求。至此,党的十九大报告提出的"完善坚持党的领导的体制机制",党的十九届三中全会提出"完善坚持党的全面领导的制度"的要求得到实现,党的领导制度体系得以完善。

一、中国共产党领导地位的形成与发展

党的领导制度是对历史中形成的中国共产党领导地位的客观存在的

---

① 习近平:《中国共产党领导是中国特色社会主义最本质的特征》,《求是》2020 年第 14 期。

确认。习近平总书记指出："中国最大的国情就是中国共产党的领导。什么是中国特色？这就是中国特色。中国共产党领导的制度是我们自己的，不是从哪里克隆来的，也不是亦步亦趋效仿别人的。"[1]中国共产党的领导地位和执政地位，不是自封的，而是历史的选择、人民的选择，是在团结带领人民进行的伟大社会革命中得以形成和确定的。这个伟大社会革命大体上可分为四个阶段：新民主主义革命、社会主义革命、改革开放新的伟大革命、新时代继续推进的伟大革命。在伟大社会革命中牢固确立的中国共产党的领导地位，已经是客观存在，成为党的领导制度化、法治化的基础和前提。

（一）中国共产党的领导地位在新民主主义革命过程中得以确立

1959 年 2 月 14 日，毛泽东同志在接受外国记者采访时，概括中国的民主革命有两次，一次是 1949 年以前的资产阶级民主革命，即新民主主义革命，解决反帝、反封建、反国民党统治的问题；一次是新中国成立后的社会主义所有制改造。他认为，这两次民主革命，是几个政党联合进行的，但是以共产党为首："这两次革命，都是以共产党为领导进行的。"[2]

在中国共产党产生以前，以孙中山为首的中国国民党，曾经代表民族资产阶级充当过不彻底的旧民主主义革命的领导者。但是，中国共产党一经产生，并且表现出自己的能力以后，就成为了新民主主义革命的领导者。新民主主义革命为什么由中国共产党来领导，是由这个革命的性质决定的。新民主主义革命，是无产阶级领导的人民大众的反对帝国主义、封建主义和官僚资本主义的革命。旧中国社会的阶级结构是两头小、中间大。两头分别是无产阶级一头、大地主大资产阶级一头，人数都不多。中间是农民、小资产阶级、民族资产阶级，人数最多。但同时又是两头强、中间弱。毛泽东同志认为："坚决的阶级就只有两个：无产阶级和大地主

---

① 《习近平关于社会主义政治建设论述摘编》，中央文献出版社 2017 年版，第 28 页。

② 《马列主义基本原理至今未变，个别结论可以改变》，《毛泽东文集》第八卷，人民出版社 1999 年版，第 3 页。

大资产阶级。他们的政治代表分别是共产党和国民党。"①大地主大资产阶级及其政治代表国民党,本身就代表着新民主主义革命的对象官僚资本主义,因此不可能领导新民主主义革命,甚至会阻碍新民主主义革命。民族资产阶级虽然具有革命的一面,但同时在政治上是软弱的,在立场上是动摇的,也不可能承担起领导新民主主义革命的责任。因此,毛泽东同志指出:"新民主主义的革命,不是任何别的革命,它只能是和必须是无产阶级领导的,人民大众的,反对帝国主义、封建主义和官僚资本主义的革命。这就是说,这个革命不能由任何别的阶级和任何别的政党充当领导者,只能和必须由无产阶级和中国共产党充当领导者。"②

中国共产党领导中国人民进行新民主主义革命,经过 28 年的英勇奋斗,从局部执政到掌握全国政权,成立了新中国,建立起新民主主义政权,从而牢固确立起中国共产党在全中国的领导核心地位。毛泽东同志指出:"这个人民大众组成自己的国家(中华人民共和国)并建立代表国家的政府(中华人民共和国的中央政府),工人阶级经过自己的先锋队中国共产党实现对于人民大众的国家及其政府的领导。"③新中国成立初期,为巩固人民民主政权,先后进行了土地改革、抗美援朝、镇压反革命,党的领导地位进一步增强。1954 年 9 月 15 日,在一届全国人大一次会议开幕词中,毛泽东同志庄严宣告:"领导我们事业的核心力量是中国共产党。"④

(二)中国共产党的领导地位在社会主义革命的过程中得到巩固

从 1955 年夏季开始的社会主义改造,标志着社会主义革命的开始,

---

① 《在中国共产党第七次全国代表大会上的口头政治报告》,《毛泽东文集》第三卷,人民出版社 1996 年版,第 306 页。

② 《在晋绥干部会议上的讲话》,《毛泽东选集》第四卷,人民出版社 1991 年版,第 1313 页。

③ 《关于目前党的政策中的几个重要问题》,《毛泽东选集》第四卷,人民出版社 1991 年版,第 1272 页。

④ 《为建设一个伟大的社会主义国家而奋斗》,《毛泽东文集》第六卷,人民出版社 1999 年版,第 350 页。

目的是建立起社会主义基本制度,为中国共产党政治上的领导地位奠定牢固的经济基础。毛泽东同志说:"社会主义革命的目的是为了解放生产力。农业和手工业由个体的所有制变为社会主义的集体所有制,私营工商业由资本主义所有制变为社会主义所有制,必然使生产力大大地获得解放。"①建立社会主义新制度,是为了使工人、农民和其他劳动者自己掌握自己的命运,使我国大为发展、大为富、大为强。"新制度所以应该采取,就是因为比旧制度有利得多,不是只对少数人有益处,而是对全国人民都有益处。"②社会主义改造将会使我国社会结构发生根本性变化,把个人私有制和资本主义私有制废除了,社会上就剩下工人阶级、农民阶级和知识分子。在社会主义改造过程中,毛泽东同志总结我们党领导革命的经验指出:"我们党是一个伟大的、光荣的、正确的党,这是全世界公认的。"③并且重申:"领导我们革命事业的核心是我们的党。"④当时中国共产党已有 1073 万名党员。他要求,"对这一千多万党员,要进行广大的教育工作、说服工作、团结工作,使他们在人民中间更好地起核心的作用。单有党还不行,党是一个核心,它必须要有群众。"⑤

毛泽东同志强调中国共产党是领导核心,是由中国共产党领导革命的光辉业绩来证明的。毛泽东同志指出:"我们的党能够领导民主革命,这已经在历史上证明了,又能够领导社会主义革命,现在也证明了,我们的社会主义革命已经基本上胜利了。我们党能够领导经济建设,这一点还没有完全证明,需要经过三个五年计划。"⑥毛泽东同志的这个表述,具

---

① 《社会主义革命的目的是解放生产力》,《毛泽东文集》第七卷,人民出版社 1999 年版,第 1 页。

② 《在资本主义工商业社会主义改造问题座谈会上的讲话》,《毛泽东文集》第六卷,人民出版社 1999 年版,第 499 页。

③ 《增强党的团结,继承党的传统》,《毛泽东文集》第七卷,人民出版社 1999 年版,第 86 页。

④ 《增强党的团结,继承党的传统》,《毛泽东文集》第七卷,人民出版社 1999 年版,第 87 页。

⑤ 《增强党的团结,继承党的传统》,《毛泽东文集》第七卷,人民出版社 1999 年版,第 88 页。

⑥ 《关于第八届中央委员会的选举问题》,《毛泽东文集》第七卷,人民出版社 1999 年版,第 104 页。

有重要的示范意义。2013 年 8 月 19 日在全国宣传思想工作会议上，习近平总书记指出："我一直在思考一个问题，这就是：我们中国共产党人能不能打仗，新中国的成立已经说明了；我们中国共产党人能不能搞建设搞发展，改革开放的推进也已经说明了；但是，我们中国共产党人能不能在日益复杂的国际国内环境下坚持住党的领导、坚持和发展中国特色社会主义，这个还需要我们一代一代共产党人继续作出回答。"①

社会主义改造基本完成后，我国开始进入全面建设社会主义的历史时期。阶级斗争虽然还存在，但是大量的是人民内部矛盾，正确处理人民内部矛盾问题成为国家政治生活的主题。1957 年 2 月 27 日毛泽东同志在最高国务院会议上发表《关于正确处理人民内部矛盾的问题》的重要讲话，根据我国宪法的原则，根据我国大多数人民的意志和我国各民主党派历次宣布的共同的政治主张，就贯彻百花齐放、百家争鸣、长期共存、互相监督方针，提出六条政治标准：有利于团结全国各族人民，有利于社会主义改造和社会主义建设，有利于巩固人民民主专政，有利于巩固民主集中制，有利于巩固共产党的领导，有利于社会主义的国际团结和全世界爱好和平人民的国际团结。毛泽东同志认为，"这六条标准中，最重要的是社会主义道路和党的领导两条。"②这六条政治标准为正确处理人民内部矛盾，特别是工人阶级和其他劳动人民同民族资产阶级之间的矛盾、领导同被领导之间的矛盾，提供了重要的政治准则。毛泽东同志就多党合作问题指出："各民主党派和共产党相互之间所提的意见，所作的批评，也只有在合乎我们在前面所说的六条政治标准的情况下，才能够发挥互相监督的积极作用。因此，我们希望各民主党派都能注意思想改造，争取和共产党一道长期共存，互相监督，以适应新社会的需要。"③此后的实践证明，这六条政治标准执行得好，党就能正确实施领导，执行得不好，党的领

① 《习近平关于社会主义政治建设论述摘编》，中央文献出版社 2017 年版，第 25 页。
② 《关于正确处理人民内部矛盾的问题》，《毛泽东文集》第七卷，人民出版社 1999 年版，第 234 页。
③ 《关于正确处理人民内部矛盾的问题》，《毛泽东文集》第七卷，人民出版社 1999 年版，第 235 页。

导也会受到损害。

1959年到1961年，我国国民经济发生严重困难，但由于党勇于坚持真理、修正错误，在党的领导下社会主义建设仍然取得了伟大胜利。邓小平同志回顾说："过去，我们克服困难，党的一个号召，党中央的一句话，全国照办，非常顶事。一九五九年、一九六〇年、一九六一年那样的严重困难，在党的统一领导下面，很快就克服了。那是很值得回忆的。"①

中国共产党在领导社会主义革命和社会主义建设的过程不是一帆风顺的，也曾有过严重的曲折，这就是"文化大革命"。"文化大革命"是由于对国际国内形势认识逐步发生偏差、指导思想也发生了偏差而发生的全局性的长时间的严重错误，导致我国经济濒临崩溃的边缘，人民温饱都成问题。对"文化大革命"必须予以否定，这是确定无疑的。但否定"文化大革命"这一事件并不是要否定在"文化大革命"中所保持的党和国家的基本性质、所取得的进展。正如《关于建国以来党的若干历史问题的决议》指出的，在"文化大革命"中，"我国社会主义制度的根基仍然保存着，社会主义经济建设还在进行，我们的国家仍然保持统一并且在国际上发挥重要影响"。"党、人民政权、人民军队和整个社会的性质都没有改变"。邓小平同志曾就此指出："有的同志说，'文化大革命'中党不存在了。不能这样说。党的组织生活停止过一段时间，但是党实际上存在着。否则，怎么能不费一枪一弹，不流一滴血，就粉碎了'四人帮'呢？'文化大革命'中间，我们还是有个党存在。如果现在否定了八届十二中全会和九大的合法性，就等于说我们有一段时间党都没有了。这不符合实际。"②正是由于党的领导，我国国民经济仍然取得了进展，如粮食生产保持了比较稳定的增长，工业交通、基本建设和科学技术方面取得了一批重要成就，如"两弹一星"。以致邓小平同志后来评价说："如果六十年代以来中国没有原子弹、氢弹，没有发射卫星，中国就不能叫有重要影响的大

① 《目前的形势和任务》，《邓小平文选》第二卷，人民出版社1994年版，第268页。
② 《对起草〈关于建国以来党的若干历史问题的决议〉的意见》，《邓小平文选》第二卷，人民出版社1994年版，第304—305页。

国,就没有现在这样的国际地位。"①

（三）中国共产党的领导地位在改革开放新的伟大革命中得以改善

党的十一届三中全会后,鉴于党的领导在相当一个时期受到了损害,邓小平同志认为,"恢复我们党在全国各族人民中、在国际上的地位和作用,是摆在我们面前需要解决的非常重要的问题"②。他明确提出了这样一个问题:"执政党应该是一个什么样的党,执政党的党员应该怎样才合格,党怎样才叫善于领导?"③他认为,只要我们党的领导是正确的,那就不仅能够把全党的力量,而且能够把全国人民的力量集合起来,干出轰轰烈烈的事业。为此他作出了"为了坚持党的领导,必须努力改善党的领导"④的重要论断。特别是他明确提出:"我们要改善党的领导,除了改善党的组织状况以外,还要改善党的领导工作状况,改善党的领导制度。"⑤这是邓小平同志第一次明确提出"党的领导制度"这一概念。后来他又在中共中央政治局扩大会议上发表题为《党和国家领导制度的改革》的讲话,就党和国家领导制度改革作了全面深入系统论述。他明确指出:"改革党和国家的领导制度,不是要削弱党的领导,涣散党的纪律,而正是为了坚持和加强党的领导,坚持和加强党的纪律。在中国这样的大国,要把几亿人口的思想和力量统一起来建设社会主义,没有一个由具有高度觉悟性、纪律性和自我牺牲精神的党员组成的能够真正代表和团结人民群众的党,没有这样一个党的统一领导,是不可能设想的,那就只会四分五裂,一事无成。这是全国各族人民在长期的奋斗实践中深刻认识到

---

①　《中国必须在世界高科技领域占有一席之地》,《邓小平文选》第三卷,人民出版社1993年版,第279页。

②　《坚持党的路线,改进工作方法》,《邓小平文选》第二卷,人民出版社1994年版,第274页。

③　《坚持党的路线,改进工作方法》,《邓小平文选》第二卷,人民出版社1994年版,第276页。

④　《目前的形势和任务》,《邓小平文选》第二卷,人民出版社1994年版,第268页。

⑤　《目前的形势和任务》,《邓小平文选》第二卷,人民出版社1994年版,第269页。

的真理。我们人民的团结,社会的安定,民主的发展,国家的统一,都要靠党的领导。"①

在邓小平理论、"三个代表"重要思想、科学发展观的指导下,党和国家领导制度不断健全。具体地说,废除了实际上存在的领导干部职务终身制,确立了国家政权机关和领导人员有序更替;坚持和完善中国共产党领导的多党合作,加强与民主党派和无党派人士团结合作;建立健全深入了解民情、充分反映民意、广泛集中民智、切实珍惜民力的决策机制,各级党委和政府科学决策、民主决策、依法决策水平不断提高;形成了中国特色社会主义法律体系,党自觉在宪法和法律范围内活动,支持人大、政府、政协、司法机关等依照法律和章程独立负责、协调一致开展活动,党和国家各项工作法治化规范化进展明显;建立健全权力运行制约和监督体系,保证党和国家机关按照法定权限和程序行使权力。政治体制改革的这些成就,使党的领导地位得到了明显改善。

(四)中国共产党的领导地位在新时代继续推进的伟大革命中得以加强

党的十八大以来,中国特色社会主义进入新时代。在新时代,如何坚持党的全面领导、实现党长期执政问题突出起来。习近平总书记以一种强烈的忧患意识,清醒地认识到坚持党的领导地位、实现党长期执政问题的突出性和紧迫性。2013 年 6 月 28 日在全国组织工作会议上,他说:"党要管党,才能管好党;从严治党,才能治好党。对我们这样一个拥有八千五百多万党员、在一个十三亿人口大国长期执政的党,管党治党一刻不能松懈。如果管党不力、治党不严,人民群众反映强烈的党内突出问题得不到解决,那我们党迟早会失去执政资格,不可避免被历史淘汰。这决不是危言耸听。"②

---

① 《党和国家领导制度的改革》,《邓小平文选》第二卷,人民出版社 1994 年版,第 341—342 页。

② 习近平:《在全国组织工作会议上的讲话》,《十八大以来重要文献选编》(上),中央文献出版社 2014 年版,第 349—350 页。

习近平总书记的担忧,是有历史的教训为镜鉴的。现实生活中会有这样一种看法,认为中国共产党不同于世界上一般意义上的执政党,在中国也没有能够同中国共产党相抗衡的政治力量,而且也不搞几年一次大选,没有在竞选中败北之虞,何以担心执政地位的丧失呢?但 20 世纪 80年代末 90 年代初东欧剧变、苏联解体给我们敲响了警钟。苏联东欧国家的共产党一夜之间像多米诺骨牌一样纷纷倒下去了。用习近平总书记的话说:"苏联共产党偌大一个党就作鸟兽散了,苏联偌大一个社会主义国家就分崩离析了。这是前车之鉴啊!"①苏联共产党存在了 86 年,苏联存在了 74 年。中国共产党的历史超过了苏共,但掌握全国政权时间还暂不及苏联。在坚持和发展中国特色社会主义的漫长历史进程中,确保中国共产党不垮、中国社会主义制度不倒,是一个极大极难的风险挑战。这说明了一个道理:马克思主义政党夺取政权不容易,巩固政权更不容易。党的执政地位不是与生俱来的,也不是一劳永逸的。一个党执政时间越长,丧失政权的可能性就越大。

习近平总书记的担忧,更是有现实针对性的。新的历史条件下,国际国内形势发生了很大变化,我们党除了长期经受"四大考验"即长期执政考验、改革开放考验、市场经济考验、外部环境考验,面临"四大危险"即精神懈怠危险、能力不足危险、脱离群众危险、消极腐败危险之外,还面临着复杂的执政环境,即经济上的"中等收入陷阱",政治上的"塔西佗陷阱",对外关系上的"修昔底德陷阱"。另外,党建工作也面临不少难题,如人们思想多元化、复杂性的特征增加了党内统一思想的难度;一些党组织软弱涣散,队伍管理缺位、不到位情况不是个别;党内存在大量思想问题和利益矛盾,同其他社会矛盾错综交织,协调处理难度很大;党内政治生活政治性、原则性在下降,制度执行不严情况大量存在,很多制度只是摆设。特别是党内腐败现象易发多发,甚至出现了塌方式腐败、系统性腐败、家族式腐败的严重状况。这些问题如不从根本上得到解决,其结果必

---

① 《关于坚持和发展中国特色社会主义的几个问题》,《十八大以来重要文献选编》(上),中央文献出版社 2014 年版,第 113 页。

然是亡党亡国。

习近平总书记经常讲历史周期率的问题,在党的十九大报告中他依然提出"跳出历史周期率"。因为这里面蕴含着中国共产党保持长期执政地位的奥秘。他明确提出:"全党要牢记毛泽东同志提出的'我们决不当李自成'的深刻警示,牢记'两个务必',牢记'生于忧患,死于安乐'的古训,着力解决好'其兴也勃焉,其亡也忽焉'的历史性课题,增强党要管党、从严治党的自觉,提高党的执政能力和领导水平,增强党自我净化、自我完善、自我革新、自我提高能力。"①

以习近平同志为核心的党中央,勇于面对党面临的重大风险考验和党内存在的突出问题,坚持全面从严治党,全面加强党的领导和党的建设,坚决改变管党治党"宽松软"状况。把党的政治建设摆在首位,推动全党增强政治意识、大局意识、核心意识、看齐意识,坚决维护党中央权威和集中统一领导,严明党的政治纪律和政治规矩,层层落实管党治党政治责任,党内政治生活气象更新,党内政治生态明显好转。把坚定理想信念作为党的思想建设的首要任务,开展党的群众路线教育实践活动和"三严三实"专题教育,推进"两学一做"学习教育常态化制度化,全党理想信念更加坚定、党性更加坚强。把好干部标准落到实处,深化干部人事制度改革,破解"四唯"(唯 GDP、唯票、唯分、唯年龄取人)难题,选人用人状况和风气明显好转。把制度建设贯穿党的各项建设中,依规治党深入人心,党内法规制度体系不断完善,制定和修订了 140 多部中央党内法规,出台了一批标志性、关键性、基础性的法规制度,有规可依的问题基本解决。把纪律挺在前面,以顽强意志品质正风肃纪,着力解决人民群众反映最强烈、对党的执政基础威胁最大的突出问题,出台中央八项规定,严厉整治形式主义、官僚主义、享乐主义和奢靡之风,坚决反对特权,促进党的作风根本性好转。把腐败视为我们党面临的最大威胁,坚持反腐败无禁区、全覆盖、零容忍,坚定不移"打虎""拍蝇""猎狐",不敢腐的目标初步实现,不能腐的笼子越扎越牢,不想腐的堤坝正在构筑,形成反腐败斗争压倒性

---

① 《习近平关于全面从严治党论述摘编》,中央文献出版社 2016 年版,第 5 页。

态势,取得压倒性胜利。正是党的这种自我革命,使党在革命性锻造中更加坚强,焕发出新的强大生机活力,为党和国家事业发展提供了坚强政治保证,从而也使党的领导地位得到全面加强和巩固。

二、推进党的领导制度化、法治化

中国共产党的领导地位,既是在历史中形成的一种客观存在,同时也是制度安排,并且纳入国家的法治轨道,也就是说,要不断推进党的领导制度化、法制化。2018 年 8 月在中央全面依法治国委员会第一次会议上,习近平总书记指出:"推进党的领导制度化、法治化,既是加强党的领导的应有之义,也是法治建设的重要任务。""我们要继续推进党的领导制度化、法治化,不断完善党的领导体制和工作机制,把党的领导贯彻到全面依法治国全过程和各方面。"①

(一)党的领导制度化、法治化任务的提出与深化

"制度化、法治化"源于邓小平同志在改革开放之初提出的"制度化、法律化"。党的十一届三中全会前夕,邓小平同志指出:"为了保障人民民主,必须加强法制。必须使民主制度化、法律化,使这种制度和法律不因领导人的改变而改变,不因领导人的看法和注意力的改变而改变。"②这里讲的"两化",虽然主要是就人民民主而言的,但实际上是如何实现党的领导、解决人治还是法治的问题。正如邓小平同志所指出的:"现在的问题是法律很不完备,很多法律还没有制定出来。往往把领导人说的话当做'法',不赞成领导人说的话就叫做'违法',领导人的话改变了,'法'也就跟着改变。"③这种以言代法的问题,不仅不能保障人民民主,而

---

① 习近平:《加强党对全面依法治国的领导》,《论坚持党对一切工作的领导》,中央文献出版社 2019 年版,第 267 页。

② 《解放思想,实事求是,团结一致向前看》,《邓小平文选》第二卷,人民出版社 1994 年版,第 146 页。

③ 《解放思想,实事求是,团结一致向前看》,《邓小平文选》第二卷,人民出版社 1994 年版,第 146 页。

且也不能保证党实行正确的集中统一领导。这是邓小平同志提出"制度化、法律化"任务的针对性所在。

邓小平同志提出"制度化、法律化",是总结我们党的历史经验教训得出的一个重要结论。他认为,我们党过去发生的各种错误,固然与某些领导人的思想、作风有关,但更重要的是制度上的原因。"制度好可以使坏人无法任意横行,制度不好可以使好人无法充分做好事,甚至会走向反面。"①由此,邓小平同志提出:"领导制度、组织制度问题更带有根本性、全局性、稳定性和长期性。这种制度问题,关系到党和国家是否改变颜色,必须引起全党的高度重视。"②

1997年9月,党的十五大推进"制度化、法律化"任务迈出重要步伐。江泽民同志在十五大报告中将"制度化、法律化"纳入依法治国的基本方略,指出:"依法治国,就是广大人民群众在党的领导下,依照宪法和法律规定,通过各种途径和形式管理国家事务,管理经济文化事业,管理社会事务,保证国家各项工作都依法进行,逐步实现社会主义民主的制度化、法律化,使这种制度和法律不因领导人的改变而改变,不因领导人看法和注意力的改变而改变。"③初步明确了实现党的领导制度化、法律化的基本含义,这就是"从制度和法律上保证党的基本路线和基本方针的贯彻实施,保证党始终发挥总揽全局、协调各方的领导核心作用"。同时提出,党领导人民制定宪法和法律,并在宪法和法律范围内活动。党的十五大将过去"建设社会主义法制国家"的提法,改为"建设社会主义法治国家"。虽然只是一字之差,但具有非常重要的意义,突出了对"法治"的强调,为后来"法律化"改为"法治化"作了必要的准备。1999年九届全国人大二次会议通过宪法修正案,宪法的第五条第一款规定:"中华人民共和国实行依法治国,建设社会主义法治国家。"

---

① 《党和国家领导制度的改革》,《邓小平文选》第二卷,人民出版社1994年版,第333页。

② 《党和国家领导制度的改革》,《邓小平文选》第二卷,人民出版社1994年版,第333页。

③ 《高举邓小平理论伟大旗帜,把建设有中国特色社会主义事业全面推向二十一世纪》,《江泽民文选》第二卷,人民出版社2006年版,第28—29页。

党的十八大以来,以习近平同志为核心的党中央继续推进"两化"任务。依据党的十八大报告提出的"实现国家各项工作法治化"的要求,习近平总书记把"制度化、法律化"确定为"制度化、法治化",并且同加强党的领导紧密联系起来。2014 年 1 月在中央政法工作会议上,习近平总书记指出:"党的领导和社会主义法治是一致的,只有坚持党的领导,人民当家作主才能充分实现,国家和社会生活制度化、法治化才能有序推进。"①在推进党的领导制度化、法治化方面,党的十八届三中全会和四中全会分别突出了一个重点。党的十八届三中全会把完善和发展中国特色社会主义制度,推进国家治理体系和治理能力现代化确立为全面深化改革的总目标。国家治理体系是在党领导下管理国家的制度体系,包括经济、政治、文化、社会、生态文明和党的建设等各领域体制机制、法律法规安排,也就是一整套紧密相连、相互协调的国家制度。党的领导是这一制度体系的核心,要紧紧围绕提高科学执政、民主执政、依法执政水平深化党的建设制度改革,加强民主集中制建设,完善党的领导体制和执政方式,保持党的先进性和纯洁性,为改革开放和社会主义现代化建设提供坚强政治保证。党的十八届四中全会把建设中国特色社会主义法治体系确立为全面推进依法治国的总目标。中国特色社会主义法治体系包括完备的法律规范体系、高效的法治实施体系、严密的法治监督体系、有力的法治保障体系、完善的党内法规体系。党的领导是社会主义法治最根本的保证,要把党的领导贯彻到依法治国全过程和各方面,坚持党领导立法、保证执法、支持司法、带头守法。依法执政,既要求党依据宪法法律治国理政,也要求党依据党内法规管党治党。要健全党领导依法治国的制度和工作机制,加强党内法规制度建设。

(二)党的领导制度化、法治化的实践和基本经验

习近平总书记指出:"我国宪法以根本法的形式反映了党带领人民进行革命、建设、改革取得的成果,确立了在历史和人民选择中形成的中

---

① 《习近平关于全面依法治国论述摘编》,中央文献出版社 2015 年版,第 19 页。

国共产党的领导地位。对这一点,要理直气壮讲、大张旗鼓讲。”①党的领导制度化、法治化在我国有着长期的实践,这就是把党的领导融入国家制度,并通过国家根本大法来体现。

1. 中国共产党的领导在新民主主义国家制度中的体现

1949 年 9 月,中国人民政治协商会议第一届全体会议通过的《中国人民政治协商会议共同纲领》正式明确国家的制度是新民主主义,在总纲第一条规定:“中华人民共和国为新民主主义即人民民主主义的国家,实行工人阶级领导的、以工农联盟为基础的、团结各民主阶级和国内各民族的人民民主专政。”会议宣告中华人民共和国的成立,并组成共和国的中央政府。这个政府是在中国共产党领导之下的,有各民主党派各人民团体的适当的代表人物参加的民主联合政府。随着新民主主义国家制度的建立,中国共产党的领导地位也就内在地确立起来。

中国共产党的领导是国家制度的重要组成部分,需要在国家的根本大法中来体现。《中国人民政治协商会议共同纲领》具有临时宪法性质。毛泽东同志指出:“《共同纲领》必须充分地付之实行,这是我们国家现时的根本大法。”②《共同纲领》以根本大法的形式确认了中国共产党领导全国人民进行革命斗争的成果,确立了我国的国家性质和政权形式,在序言中表明:“由中国共产党、各民主党派、各人民团体、各地区、人民解放军、各少数民族、国外华侨及其他爱国民主分子的代表们所组成的中国人民政治协商会议,就是人民民主统一战线的组织形式。中国人民政治协商会议代表全国人民的意志,宣告中华人民共和国的成立,组织人民自己的中央政府。”③这里虽然没有明确写上中国共产党的领导,但亦表明中国共产党是组成代行全国人民代表大会职权的中国人民政治协商会议的第

---

① 习近平:《关于〈中共中央关于全面推进依法治国若干重大问题的决定〉的说明》,《十八大以来重要文献选编》(中),中央文献出版社 2016 年版,第 147 页。

② 《在全国政协一届二次会议上的讲话》,《毛泽东文集》第六卷,人民出版社 1999 年版,第 77 页。

③ 《人民政协重要文献选编》(上),中央文献出版社、中国文史出版社 2009 年版,第 80 页。

一个政党,蕴含着中国共产党的领导在内。新中国后来历次宪法的许多内容,都是由《共同纲领》首先确定的。《共同纲领》所采用的"序言""总纲"式的文件形式,也被以后历次宪法沿用。

2. 中国共产党的领导载入国家宪法

1953 年 1 月 13 日,中央人民政府委员会第二十次会议,通过召开全国人民代表大会和地方各级人民代表大会的决议,并决定成立以毛泽东为主席的宪法起草委员会。在毛泽东同志的直接领导下,1954 年 3 月形成了宪法草案初稿。毛泽东同志在《关于中华人民共和国宪法草案》的讲话中指出:"用宪法这样一个根本大法的形式,把人民民主和社会主义原则固定下来,使全国人民有一条清楚的轨道,使全国人民感到有一条清楚的明确的和正确的道路可走,就可以提高全国人民的积极性。"[1]人民民主原则是《共同纲领》已经确定的,而社会主义原则则是新提出来的。9 月 20 日,一届全国人大一次会议通过的宪法在序言中表明:"中华人民共和国的人民民主制度,也就是新民主主义制度,保证我国能够通过和平的道路消灭剥削和贫困,建成繁荣幸福的社会主义社会。""从中华人民共和国成立到社会主义社会建成,这是一个过渡时期。国家在过渡时期的总任务是逐步实现国家的社会主义工业化,逐步完成对农业、手工业和资本主义工商业的社会主义改造。"[2]这里虽然重申中国的国家制度是新民主主义制度,但也表明了建成社会主义社会的发展方向,通过"三大改造"建立社会主义经济制度。在宪法序言中两处载入中国共产党的领导。一处是明确在中国共产党领导下取得的历史性成就:"中国人民经过一百多年的英勇奋斗,终于在中国共产党领导下,在一九四九年取得了反对帝国主义、封建主义和官僚资本主义的人民革命的伟大胜利,因而结束了长时期被压迫、被奴役的历史,建立了人民民主专政的中华人民共和国。"[3]另

---

[1]　《关于中华人民共和国宪法草案》,《毛泽东文集》第六卷,人民出版社 1999 年版,第 328 页。

[2]　《人民政协重要文献选编》(上),中央文献出版社、中国文史出版社 2009 年版,第 176 页。

[3]　《人民政协重要文献选编》(上),中央文献出版社、中国文史出版社 2009 年版,第 176 页。

一处是明确中国共产党在人民民主统一战线中的领导地位："我国人民在建立中华人民共和国的伟大斗争中已经结成以中国共产党为领导的各民主阶级、各民主党派、各人民团体的广泛的人民民主统一战线。今后在动员和团结全国人民完成国家过渡时期总任务和反对内外敌人的斗争中，我国的人民民主统一战线将继续发挥它的作用。"①由此，中国共产党的领导正式融入国家制度，并有了牢固的宪法依据。

　　1975年1月召开了有各族各界代表人物出席的第四届全国人民代表大会第一次会议，通过了"七五宪法"。这个宪法虽然有"文化大革命"的一些错误的理论，在指导思想和具体规定上存在许多缺陷，但同时也体现了自"五四宪法"21年来社会主义革命和建设的成功经验。最主要的是确认中国共产党的领导地位。"七五宪法"不仅在序言中四处表明中国共产党的领导，而且在总纲第二条明确规定："中国共产党是全中国人民的领导核心。工人阶级经过自己的先锋队中国共产党实现对国家的领导。"在第二章国家机构第十六条规定"全国人民代表大会是在中国共产党领导下的最高国家权力机关"。在第三章公民的基本权利和义务第二十六条规定"公民的基本权利和义务是，拥护中国共产党的领导，拥护社会主义制度，服从中华人民共和国宪法和法律"。这些规定，是中国共产党历来的政治主张，也是全国人民的共同意志，是中国共产党的领导地位融入国家制度的重要举措。

　　1978年3月，第五届全国人民代表大会第一次会议召开，通过了我国"七八宪法"。宪法序言用两处表明中国共产党的领导。仍然保留了"七五宪法"总纲第二条"中国共产党是全中国人民的领导核心。工人阶级经过自己的先锋队中国共产党实现对国家的领导"。在第二章国家机构第二十条规定"全国人民代表大会是最高国家权力机关"，恢复了"五四宪法"的表述，取消了"七五宪法"中"在中国共产党领导下的"字样。在第二十二条全国人民代表大会行使职权中规定，"根据中国共产党中

---

　　① 《人民政协重要文献选编》（上），中央文献出版社、中国文史出版社2009年版，第177页。

央委员会的提议,决定国务院总理的人选"。在第三章公民的基本权利和义务第五十六条规定"公民必须拥护中国共产党的领导,拥护社会主义制度,维护祖国的统一和各民族的团结,遵守宪法和法律"。

党的十一届三中全会后,以邓小平同志为核心的第二代中央领导集体,开启了党和国家领导制度改革。这个改革是把党的领导与国家制度结合在一起的改革。邓小平同志指出:"为了适应社会主义现代化建设的需要,为了适应党和国家政治生活民主化的需要,为了兴利除弊,党和国家的领导制度以及其他制度,需要改革的很多。"①他认为,"我们的党和人民浴血奋斗多年,建立了社会主义制度。尽管这个制度还不完善,又遭受了破坏,但是无论如何,社会主义制度总比弱肉强食、损人利己的资本主义制度好得多。我们的制度将一天天完善起来,它将吸收我们可以从世界各国吸收的进步因素,成为世界上最好的制度"②。为此,中共中央向五届全国人大三次会议提出修改宪法的建议,目的是使我国的宪法更完备、周密、准确,能够切实保证人民真正享有管理国家各级组织和各项事业的权力,享有充分的公民权利,改善人民代表大会制度。邓小平同志还提出,"关于不允许权力过分集中的原则,也将在宪法上表现出来"③。

1982 年 12 月 4 日,第五届全国人民代表大会第五次会议通过"八二宪法"。"八二宪法"明确了国家性质和国家根本制度,在总纲第一条规定"中华人民共和国是工人阶级领导的、以工农联盟为基础的人民民主专政的社会主义国家。社会主义制度是中华人民共和国的根本制度"。在序言中四处明确中国共产党的领导。其中前两处是表明在中国共产党领导下取得新民主主义革命的胜利和社会主义事业的成就。第三处是表明中国各族人民将继续在中国共产党领导下实现集中力量进行社会主义现代化建设的国家根本任务。第四处是表明中国共产党在广泛的爱国统

---

① 《党和国家领导制度的改革》,《邓小平文选》第二卷,人民出版社 1994 年版,第322 页。
② 《党和国家领导制度的改革》,《邓小平文选》第二卷,人民出版社 1994 年版,第337 页。
③ 《党和国家领导制度的改革》,《邓小平文选》第二卷,人民出版社 1994 年版,第339 页。

中国特色社会主义政治制度的伟大创造

一战线的领导地位。由此,在历史中形成的中国共产党的领导地位通过宪法而牢固地确立起来,并且与国家的根本制度社会主义制度联系起来。

改革开放以来,党的领导融入国家制度的一个成功范例是中国共产党领导的多党合作和政治协商制度载入宪法。1949 年 9 月中国人民政治协商会议第一届全体会议的成功召开,标志着中国共产党领导的多党合作和政治协商制度正式确立。但在相当长的时间内,这一制度并未明确为我国的一项基本政治制度,也未在宪法中有表述。1989 年 12 月,中共中央颁发与各民主党派协商后形成的《中共中央关于坚持和完善中国共产党领导的多党合作和政治协商制度的意见》,正式将"中国共产党领导的多党合作和政治协商制度"明确为中国的基本政治制度。1993 年 3 月 1 日,民建中央正式向中共中央提交《民建中央关于在宪法中明确规定中国共产党领导的多党合作和政治协商制度的建议》,建议在宪法序言加上"中国共产党领导的多党合作和政治协商制度是我国的一项基本政治制度"。这一建议被中共中央采纳。3 月 14 日,中共中央向八届全国人大一次会议主席团提出《关于修改宪法部分内容的补充建议案》,其中第一条就是在宪法序言第十自然段增加"中国共产党领导的多党合作和政治协商制度将长期存在和发展"。3 月 29 日,八届全国人大一次会议通过《中华人民共和国宪法修正案》,把这一表述写进宪法。中国共产党领导的多党合作和政治协商制度是我国各项政治制度中唯一在名称上标明"中国共产党领导"的政治制度,是从国家政治制度层面规定中国共产党领导的制度。这一政治制度载入宪法,加重了宪法序言体现中国共产党领导的分量。习近平总书记后来指出:"我们有符合国情的一套理论、一套制度,同时我们也抱着开放的态度,无论是传统的还是外来的,都要取其精华、去其糟粕,但基本的东西必须是我们自己的,我们只能走自己的道路。我们是中国共产党执政,各民主党派参政,没有反对党,不是三权鼎立、多党轮流坐庄,我国法治体系要跟这个制度相配套。"[1]

我们通过与此前苏联发生剧变的一件事情相比较,就更能懂得这一

---

[1] 《习近平关于全面依法治国论述摘编》,中央文献出版社 2015 年版,第 35 页。

基本政治制度入宪的重大意义。1988年6月，苏联共产党总书记戈尔巴乔夫提出"要根本改变我们的政治体制"，实行"社会主义多元化"和"舆论多元化"，改变党的职能，把国家的"一切权力归苏维埃"。1989年11月，他又提出实行议会民主和三权分立，需要修改宪法。由此引起苏联共产党内发生了一个很大的争论，就是苏联宪法第六条要不要修改。因为苏联宪法第六条明确规定："苏联共产党是苏联社会的领导力量和指导力量，是苏联社会政治制度以及国家和社会组织的核心。"当时苏共中央多数人不赞成修改这一条，但是戈尔巴乔夫赞成，说了一条冠冕堂皇的理由：共产党的执政地位应该由党以自己的行动来争取，而不应该由法律条文来保证。1990年3月14日，第三次苏联（非常）人民代表大会修改宪法，将其中第六条进行了彻底修改，取消了苏共领导地位的宪法保障。结果是反对共产党、反对社会主义在苏联成了合法的行动，大肆泛滥起来了，坚持苏联共产党领导反倒成了"违宪"，最后只能解散，最终导致苏共亡党和苏联解体的悲剧。与此形成鲜明对照，中国共产党领导的多党合作和政治协商制度载入宪法，使得中国共产党的领导地位有了更加稳固的宪法保障，顶住了东欧剧变、苏联解体带来的国际环境的压力，在中国共产党坚强有力的领导下，巩固了国家社会主义制度，取得了改革开放和社会主义现代化建设的历史性成就。

　　总结我们党坚持依宪治国的基本经验，习近平总书记在首都各界纪念现行宪法公布实施三十周年大会上的讲话中认为，中国特色社会主义政治发展道路的核心思想、主体内容、基本要求，都在宪法中得到了确认和体现。"国家的根本制度和根本任务，国家的领导核心和指导思想，工人阶级领导的、以工农联盟为基础的人民民主专政的国体，人民代表大会制度的政体，中国共产党领导的多党合作和政治协商制度、民族区域自治制度以及基层群众自治制度，爱国统一战线，社会主义法制原则，民主集中制原则，尊重和保障人权原则，等等，这些宪法确立的制度和原则，我们必须长期坚持、全面贯彻、不断发展。"①

---

　　①　《习近平关于社会主义政治建设论述摘编》，中央文献出版社2017年版，第3—4页。

（三）继续推进党的领导制度化、法治化

党的十八大以来，以习近平同志为核心的党中央继续推进党的领导制度化、法治化，着力解决事关党的领导的一系列深层次思想认识问题，从理论上深刻揭示制度化、法治化的科学内涵，实现了二者的内在统一、有机结合。概括起来，主要解决以下四个问题。

一是党的领导和依法治国的关系。

党的领导和依法治国的关系，是法治建设的核心问题，是在党的领导下全面推进依法治国躲不开、绕不过的问题。习近平总书记在《关于〈中共中央关于全面推进依法治国若干重大问题的决定〉的说明》中把这个问题作为第一个需要说明的问题，明确指出："坚持党的领导，是社会主义法治的根本要求，是党和国家的根本所在、命脉所在，是全国各族人民的利益所系、幸福所系，是全面推进依法治国的题中应有之义；党的领导和社会主义法治是一致的，社会主义法治必须坚持党的领导，党的领导必须依靠社会主义法治。"[①]

党和法的关系是政治和法治关系的集中反映。法治当中有政治，没有脱离政治的法治。这在世界法学界已经是一个共识。西方法学家也认为公法只是一种复杂的政治话语形态，公法领域内的争论只是政治争论的延伸。每一种法治形态背后都有一套政治理论，每一种法治模式当中都有一种政治逻辑，每一条法治道路底下都有一种政治立场。我们要建设的中国特色社会主义法治体系，本质上是中国特色社会主义制度的法律表现形式。我国的法治体系要跟我国的政治制度相配套。

党的领导是中国特色社会主义法治之魂，是我国法治同西方资本主义国家法治最大的区别。离开了中国共产党的领导，中国特色社会主义法治体系、社会主义法治国家就建不起来。同样，我们全面推进依法治国，也绝不是要虚化、弱化甚至动摇、否定党的领导，而是为了进一步巩固

---

① 习近平：《关于〈中共中央关于全面推进依法治国若干重大问题的决定〉的说明》，《十八大以来重要文献选编》（中），中央文献出版社 2016 年版，第 146 页。

党的执政地位、改善党的执政方式、提高党的执政能力,保证党和国家长治久安。

要坚持党的领导和依法治国的高度统一。社会主义法治必须坚持党的领导,党的领导必须依靠社会主义法治。在我国,法是党的主张和人民意愿的统一体现,党领导人民制定宪法法律,党领导人民实施宪法法律,党自身必须在宪法法律范围内活动,这就是党的领导力量的体现。全党在宪法法律范围内活动,这是我们党的高度自觉,也是坚持党的领导的具体体现。

二是党的政策和国家法律的关系。

我们党的政策和国家法律都是人民根本意志的反映,在本质上是一致的。党的政策很重要,是国家法律的先导和指引,是立法的依据和执法司法的重要指导。但政策具有可变性,而法律具有稳定性,适应依法治国的需要,党要善于通过法定程序使党的主张成为国家意志、形成法律,通过法律保障党的政策有效实施,确保党发挥总揽全局、协调各方的领导核心作用。党的政策成为国家法律后,实施法律就是贯彻党的意志,依法办事就是执行党的政策。要做到党领导立法、保证执法、带头守法。邓小平同志也曾指出:"党委领导的作用第一条就是应该保证法律生效、有效。没有立法以前,只能按政策办事;法立了以后,坚决按法律办事。"①

三是改革与法治的关系。

改革和法治就像是两个轮子,相辅相成、相伴而生。我国改革进入攻坚期和深水区,在改革和法治的关系问题上出现了一些认识上的误区。一种观点认为,改革就是要冲破法律的禁区,现在法律上的条条框框妨碍和迟滞了改革,改革要上路,法律要让路。另一种观点认为,法律就是要保持稳定性、权威性、适当的滞后性,法律很难引领改革。这两种看法都是不全面的。习近平总书记指出:"在法治下推进改革,在改革中完善法治,这就是我们说的改革和法治是两个轮子的含义。我们要坚持改革决策和立法决策相统一、相衔接,立法主动适应改革需要,积极发挥引导、推

---

① 《邓小平年谱》(上),中央文献出版社2004年版,第527—528页。

动、规范、保障改革的作用,做到重大改革于法有据,改革和法治同步推进,增强改革的穿透力。"①具体来说,有四种情况:一是对实践证明已经比较成熟的改革经验和行之有效的改革举措,要尽快上升为法律。二是对部门间争议较大的重要立法事项,要加快推动和协调,不能久拖不决。三是对实践条件还不成熟、需要先行先试的,要按照法定程序作出授权,既不允许随意突破法律红线,也不允许简单以现行法律没有依据为由迟滞改革。四是对不适应改革要求的现行法律法规,要及时修改或废止,不能让一些过了时的法律条款成为改革的"绊马索"。

四是党内法规与国家法律的关系。

中国共产党是执政党,能不能坚持依法执政,对全面推进依法治国具有重大作用。依法执政,既要求党依据宪法法律治国理政,也要求党依据党内法规管党治党。习近平总书记指出:"在我们国家,法律是对全体公民的要求,党内法规制度是对全体党员的要求,而且很多地方比法律的要求更严格。我们党是先锋队,对党员的要求应该更严。全面推进依法治国,必须努力形成国家法律法规和党内法规制度相辅相成、相互促进、相互保障的格局。"②完善的党内法规体系是中国特色社会主义法治体系的重要组成部分。要完善党内法规制定体制机制,注重党内法规同国家法律的衔接和协调,构建以党章为根本、若干配套党内法规为支撑的党内法规制度体系,提高党内法规执行力。党能运用党内法规把党要管党、从严治党落到实处,才能引导全社会守法崇法,树立法治信仰。

党的十九大以后,党的领导制度化、法治化的一个重大举措,是党的领导载入宪法条文。2018 年 3 月 11 日,第十三届全国人民代表大会第一次会议通过宪法修正案,将宪法总纲第一条第二款"社会主义制度是中华人民共和国的根本制度"后增写"中国共产党领导是中国特色社会主义最本质的特征"。在宪法总纲这一条载入党的领导,显示了党的领

---

① 《习近平关于全面依法治国论述摘编》,中央文献出版社 2015 年版,第 52 页。
② 《习近平关于全面依法治国论述摘编》,中央文献出版社 2015 年版,第 112 页。

导在中国特色社会主义的核心地位,实现了党的领导制度与国家根本制度的有机衔接,确认了党在国家政权结构中总揽全局、协调各方的领导地位,具有深远而重大的意义。这实际上也是将党的领导制度列为国家根本制度最重要的宪法依据。宪法修改后各方面反响很好。但也碰到了一些诘难,如世界上大多数国家的宪法都没有写上要由哪一个政党来领导,为什么我们非要这样做? 如何认识这一问题,习近平提出了一个重要的方法论原则:"在政治制度上,看到别的国家有而我们没有就简单认为有欠缺,要搬过来;或者,看到我们有而别的国家没有就简单认为是多余的,要去除掉。这两种观点都是简单化的、片面的,因而都是不正确的。"①

三、完善坚持党的全面领导的制度和体制机制

习近平总书记在中共十九届三中全会第二次全体会议上指出:"党政军民学,东西南北中,党是领导一切的。党是最高政治领导力量,党的领导是我们的最大制度优势。加强党对一切工作的领导,这一要求不是空洞的、抽象的,要在各方面各环节落实和体现。要通过深化党和国家机构改革,努力从机构职能上解决党对一切工作领导的体制机制问题,解决党长期执政条件下我国国家治理体系中党政军群的机构职能关系问题,为有效发挥中国共产党领导这一最大制度优势提供完善有力的体制机制保障、坚实的组织基础和有效的工作体系,确保党对国家和社会实施领导的制度得到加强和完善,更好担负起进行伟大斗争、建设伟大工程、推进伟大事业、实现伟大梦想的重大职责。"②这一重要论述深刻阐述了建立健全党的领导体制机制对于完善坚持党的全面领导的制度的重要意义,是对中国共产党领导人民进行伟大社会革命中对中国社会各方面实施领导的体制机制改革的经验总结和理论升华。

---

① 《习近平关于社会主义政治建设论述摘编》,中央文献出版社 2017 年版,第 11 页。
② 习近平:《深刻认识深化党和国家机构改革的重大意义》,《论坚持全面深化改革》,中央文献出版社 2018 年版,第 449 页。

（一）新民主主义革命和社会主义革命时期党的领导体制的形成与发展

中国共产党的全面领导体制,最早是在抗日根据地实现的。首先是党对工农群众的领导。毛泽东同志指出:"所谓共产党对工农的领导,可以分为政治上的领导与组织上的领导两方面。像在陕甘宁边区和在华北八路军的游击区,这些地方的工人农民,共产党不但在政治上领导着,而且组织上也领导了。其他区域,在有共产党组织的地方,那些地方的工人农民,凡是赞成共产党的主张,他们就是接受了共产党的政治上的领导,如果已经组织起来了,那末,也已有了组织上的领导。"①

中国共产党在抗日根据地的领导,还表现为对"三三制"政权的领导。在抗日根据地政权中,由于共产党员只占三分之一,如何能保证党对政权的领导成了一个突出的问题。为此,毛泽东同志创造性地提出两个重要思想。一是以共产党员质量占优发挥模范作用来实现党的领导。他指出:"必须保证共产党员在政权中占领导地位,因此,必须使占三分之一的共产党员在质量上具有优越的条件。只要有了这个条件,就可以保证党的领导权,不必有更多的人数。所谓领导权,不是要一天到晚当作口号去高喊,也不是盛气凌人地要人家服从我们,而是以党的正确政策和自己的模范工作,说服和教育党外人士,使他们愿意接受我们的建议。"②二是以民主协商的精神同党外人士商量办事来实现党的领导。他指出:"必须教育担任政权工作的党员,克服他们不愿和不惯同党外人士合作的狭隘性,提倡民主作风,遇事先和党外人士商量,取得多数同意,然后去做。同时,尽量地鼓励党外人士对各种问题提出意见,并倾听他们的意见。绝不能以为我们有军队和政权在手,一切都要无条件地照我们的决定去做,因而不注意去努力说服非党人士同意我们的意见,并心悦

① 《同美国记者斯诺的谈话》,《毛泽东文集》第二卷,人民出版社 1993 年版,第 244—245 页。
② 《抗日根据地的政权问题》,《毛泽东选集》第二卷,人民出版社 1991 年版,第 742 页。

诚服地执行。"①毛泽东同志这里实际上已经涉及了党对协商民主领导的具体方式问题。

党在抗日根据地的全面领导,是一元化的领导。鉴于当时有些根据地闹独立性,不应当由根据地自己发表的意见也发表了,应当听中央指挥的也不听,中共中央下发了两个重要文件。一是 1941 年 1 月 7 日下发《中共中央关于增强党性的决定》,二是 1942 年 9 月 1 日下发《中共中央关于统一根据地党的领导及调整各组织间关系的决定》。毛泽东同志后来回顾说,"于是中央作出了关于增强党性的决定、关于党的领导一元化的决定等来进行纠正"②。1943 年 10 月 1 日,毛泽东提出《抗日根据地的十大政策》,其中第三大政策就是统一领导。他明确指出:"统一领导。实行一元化的领导很重要,要建立领导核心,反对'一国三公'。"③这是毛泽东同志最早明确地讲党的一元化领导。正是党在抗日根据地实行的一元化领导,保证了全党服从中央,保证人民军队听从党的指挥,保证了全党的团结统一,不仅为夺取抗日战争的胜利进而取得新民主主义革命的胜利提供了根本的政治保证,而且也为新中国成立后全面实现党的领导积累了重要经验。

新中国成立初期,中国共产党的全面领导主要表现为对统一战线政权的领导。新中国成立的政权,是以工人阶级为领导的工农联盟为基础的人民民主专政,是工人阶级、农民阶级、小资产阶级和民族资产阶级四个阶级的联盟。周恩来同志指出:"我国的人民民主专政是共产党领导下的人民民主统一战线的政权,应该更重视统一战线问题。"④中国共产党是中国工人阶级的先锋队,工人阶级在政权中的领导地位通过共产党的领导来实现。民主党派作为小资产阶级和民族资产阶级的代表,参加

---

① 《抗日根据地的政权问题》,《毛泽东选集》第二卷,人民出版社 1991 年版,第 742—743 页。

② 《在中共中央政治局扩大会议上的总结讲话》,《毛泽东文集》第七卷,人民出版社 1999 年版,第 51 页。

③ 《切实执行十大政策》,《毛泽东文集》第三卷,人民出版社 1996 年版,第 69 页。

④ 周恩来:《发挥人民民主统一战线积极作用的几个问题》,《人民政协重要文献选编》(上),中央文献出版社、中国文史出版社 2009 年版,第 111 页。

国家政权。因此,新中国的阶级关系表现为政党关系。中国共产党是"领导党",首先表现为对民主党派的领导。周恩来同志曾就统一战线问题说:"这里包含参加党派的和无党派的群众之间的关系以及各党派之间的关系。中国共产党是处于领导地位的,应该主动地和各方面搞好关系。"①为了处理好新中国的政党关系,经过好几年的酝酿,随着社会主义制度已基本建立,1956年4月,毛泽东正式提出了"八字方针",指出:"究竟是一个党好,还是几个党好?现在看来,恐怕是几个党好。不但过去如此,而且将来也可以如此,就是长期共存,互相监督。"②但是毛泽东同志也认为,民主党派虽然认同中国共产党的领导,但不时地还会充当反对派的角色。他指出:"中国现在既然还有阶级和阶级斗争,就不会没有各种形式的反对派。所有民主党派和无党派人士虽然都表示接受中国共产党的领导,但是他们中的许多人,实际上就是程度不同的反对派。在'把革命进行到底'、抗美援朝、土地改革等等问题上,他们都是又反对又不反对。对于镇压反革命,他们一直到现在还有意见。他们说《共同纲领》好得不得了,不想搞社会主义类型的宪法,但是宪法起草出来了,他们又全都举手赞成。事物常常走到自己的反面,民主党派对许多问题的态度也是这样。他们是反对派,又不是反对派,常常由反对走到不反对。"③他提出,共产党同各民主党派长期共存,这是我们的愿望,也是我们的方针。至于各民主党派是否能够长期存在下去,不是单由共产党一方面的愿望作决定,还要看各民主党派自己的表现,要看它们是否取得人民的信任。周恩来同志也认为:"民主党派在共产党领导下,在宪法赋予的权利义务范围内,有政治自由和组织独立性。这种政治自由,是适应社会历史发展规律的必然性的自由。如果把它理解为资产阶级的自由,超出'六条政治标准'之外的自由,破坏大多数人利益的自由,那是我们所反对的。"④

① 周恩来:《处理好人民民主统一战线中的四个关系》,《人民政协重要文献选编》(上),中央文献出版社、中国文史出版社2009年版,第101页。
② 《论十大关系》,《毛泽东文集》第七卷,人民出版社1999年版,第34页。
③ 《论十大关系》,《毛泽东文集》第七卷,人民出版社1999年版,第35页。
④ 周恩来:《各民主党派在宪法范围内有政治自由和组织独立性》,《人民政协重要文献选编》(上),中央文献出版社、中国文史出版社2009年版,第306页。

在坚持"六条政治标准"政治基础上进行多党合作,中国共产党对民主党派的领导得到巩固和加强。

新中国成立后,中国共产党的全面领导也集中地表现为对政府的领导,处理好党政关系的问题也就提了出来。党政关系的问题过去在抗日根据地也碰到过,但主要是党的基层组织与行政的关系。毛泽东同志曾指出:"支部不得直接干预行政领导,更不得代替行政领导。在行政关系上,党员必须服从行政的领导。在党外人员担负行政领导责任的部门中,该地或该部门的党组织及党员对行政工作有不同意见时,应取适当方式,与党外人员协商解决,不得直接处理。某些地方党政不分的现象,应该纠正。"①但中国共产党掌握全国政权后,碰到的主要问题已不是党的基层组织与行政的关系,而是中共中央与中央人民政府的关系,具有更大的复杂性。如何实现保证中国共产党对人民政府的领导很重要。中央人民政府产生后,1949 年 11 月,中共中央作出《关于在中央人民政府内组织中国共产党党委会的决定》和《关于在中央人民政府内建立中国共产党党组的决定》,在中央和地方各级政府部门均得到实行。起初形成的思路是党的领导通过政府来实现。周恩来同志曾就党政关系指出:"我们已经在全国范围内建立了国家政权,而我们党在政权中又居于领导地位。所以一切号令应该经政权机构发出。这点中央已经注意到,各地也应该注意。由于过去长期战争条件,使我们形成了一种习惯,常常以党的名义下达命令,尤其在军队中更是这样。现在进入和平时期,又建立了全国政权,就应当改变这种习惯。例如发行公债、增减税收都应由政府颁布法令。当然,党员要起骨干作用,但必须团结非党群众才能把工作做好。党政有联系也有区别。党的方针、政策要组织实施,必须通过政府,党组织保证贯彻。"②毛泽东同志也公开说:"现在全国人民在中央人民政府领导

---

① 《关于共产党员与党外人员的关系》,《毛泽东文集》第二卷,人民出版社 1993 年版,第396 页。

② 周恩来:《发挥人民民主统一战线积极作用的几个问题》,《人民政协重要文献选编》(上),中央文献出版社、中国文史出版社 2009 年版,第 111 页。

之下,正在进行巨大的工作,为克服困难,争取经济状况的好转而斗争。"①但这种工作体制的变化也产生了新问题,即党如何领导政府问题。为此,1952年12月,毛泽东同志明确提出了党对政府工作的领导责任,指出:"党中央及各级党委对政府、对财经工作、对工业建设的领导责任是:(一)一切主要的和重要的方针、政策、计划都必须统一由党中央规定,制定党的决议、指示,或对各有关机关负责同志及党组的建议予以审查批准;各中央代表机关及各级党委则应坚决保证党中央及中央人民政府一切决议、指示和法令的执行,并于不抵触中央决议、指示和法令的范围内,制定自己的决议或指示,保证中央和上级所给任务的完成。(二)检查党的决议和指示的执行情况。"②根据毛泽东同志的这一指示,中共中央于1953年11月24日下发《关于加强干部管理工作的决定》,提出逐步建立在中央及各级党委统一领导下,在中央及各级党委组织部统一管理下的分部分级管理干部的体制。从新中国成立到1954年,中国共产党迅速地建立了党领导国家的基本制度,形成了党中央对国家政权、人民军队的领导,中央政府对全国所有地区的人、财、物及经济的管理权;实行单一制政体,立法权从属于中央。

为保证中国共产党对国家和社会实施正确的领导,吸取苏联共产党的教训,中共中央确立了集体领导的原则,建立了集体领导体制。1955年3月在中国共产党全国代表会议上,毛泽东同志指出:"鉴于种种历史教训,鉴于个人的智慧必须和集体的智慧相结合才能发挥较好的作用和使我们在工作中少犯错误,中央和各级党委必须坚持集体领导的原则,继续反对个人独裁和分散主义两种偏向。必须懂得,集体领导和个人负责这样两个方面,不是互相对立的,而是互相结合的。而个人负责,则和违

---

① 《中国人民政治协商会议第一届全国委员会第二次会议开幕词》,《人民政协重要文献选编》(上),中央文献出版社、中国文史出版社2009年版,第116页。

② 《党对政府工作的领导责任》,《毛泽东文集》第六卷,人民出版社1999年版,第252页。

反集体领导原则的个人独裁,是完全不同的两件事。"①周恩来同志也向党外人士说:"党委领导是集体领导,不是书记个人领导。没有经过党委讨论的大事,书记不能随便决定。行政上的事由行政决定,书记也无必要去干涉。"②"共产党的领导是指党的集体领导,党的中央和党的各级领导机构(省、市、县委员会等)的领导。起着领导作用的,主要是党的方针政策,而不是个人。个人都是平等的,如果从工作上说,大家都是人民的勤务员,彼此平等地交换意见,决不能个人自居于领导地位。个人离开了集体,就无从起领导作用。个人的意见不能代表政策,必须制定成政策,才能算为集体的意见、领导的意见。"③实行集体领导在体制上的创新,是1956年毛泽东同志提出增设中央政治局常务委员会,并提议由党中央主席、副主席和中央书记处总书记一起组成该委员会,作为中央领导集体的核心。这一提议在党的八大得以实现。

1957年反右派斗争扩大化,造成了国内阶级关系的紧张。1958年经济工作中的"左"的错误,更加重了这种紧张关系。1959年到1961年,我国国民经济又发生严重困难。在这样的形势下,党的领导问题又一次突出起来,特别是在党外人士中对党领导一切的问题需要正确认识。1962年3月2日,周恩来同志就知识分子问题谈我们党能否领导一切,说:"必须肯定,党应该领导一切,党能够领导一切。现在的问题是如何领导一切?什么是一切?这个问题正在逐步解决。"④并且解释说:"我们说党领导一切,是说党要管大政方针、政策、计划,是说党对各部门都可以领导,不是说一切事情都要党去管。至于具体业务,党不要干涉。人家熟悉,要

① 《在中国共产党全国代表会议上的讲话》,《毛泽东文集》第六卷,人民出版社1999年版,第391—392页。
② 周恩来:《论知识分子问题》,《人民政协重要文献选编》(上),中央文献出版社、中国文史出版社2009年版,第326页。
③ 周恩来:《我国人民民主统一战线的新发展》,《人民政协重要文献选编》(上),中央文献出版社、中国文史出版社2009年版,第339页。
④ 周恩来:《论知识分子问题》,《人民政协重要文献选编》(上),中央文献出版社、中国文史出版社2009年版,第325页。

信任他们。"①就如何正确对待知识分子,他特别强调:"他们承认和接受党的领导,愿为社会主义服务,愿意自我改造,党就要信任他们。你信任他,他也就信任你,彼此有了信任,就可以团结在一起工作。"②周恩来的这个讲话,对于党外知识分子正确认识在反右派斗争中遭受挫折的党领导一切问题,起了非常重要的作用。

1963 年 1 月中共中央召开的扩大的中央工作会议,即七千人大会,是中国共产党历史上一次非常重要的发扬党内民主的大会。在这次会议上,毛泽东同志提出:"工、农、商、学、兵、政、党这七个方面,党是领导一切的。党要领导工业、农业、商业、文化教育、军队和政府。"③为此对各方面的工作都应当好好地总结经验,制定一整套的方针、政策和办法,在正确的轨道上前进。他特别强调实行民主集中制,指出:"不论党内党外,都要有充分的民主生活,就是说,都要认真实行民主集中制。"④并且对民主集中制作了深刻阐述:"我们的集中制,是建立在民主基础上的集中制。无产阶级的集中,是在广泛民主基础上的集中。各级党委是执行集中领导的机关。但是,党委的领导,是集体领导,不是第一书记个人独断。在党委会内部只应当实行民主集中制。第一书记同其他书记和委员之间的关系是少数服从多数。"⑤毛泽东同志的这些思想,对于巩固和健全党领导一切的体制机制,具有长远的指导意义。正是这次大会强调实行民主集中制,在党内外发挥民主,从而把党内外广大群众的积极性调动起来,使我国社会主义建设过程中遇到的困难较快地得到克服,在党的领导下准备进行同过去时代的斗争形式有着许多不同特点的伟大的斗争,保

①　周恩来:《论知识分子问题》,《人民政协重要文献选编》(上),中央文献出版社、中国文史出版社 2009 年版,第 325—326 页。
②　周恩来:《论知识分子问题》,《人民政协重要文献选编》(上),中央文献出版社、中国文史出版社 2009 年版,第 327 页。
③　《在扩大的中央工作会议上的讲话》,《毛泽东文集》第八卷,人民出版社 1999 年版,第 305 页。
④　《在扩大的中央工作会议上的讲话》,《毛泽东文集》第八卷,人民出版社 1999 年版,第 291 页。
⑤　《在扩大的中央工作会议上的讲话》,《毛泽东文集》第八卷,人民出版社 1999 年版,第 294 页。

证了党和国家伟大事业的顺利进行。

（二）改革开放后党的领导体制改革

党的十一届三中全会后,与经济体制改革同时,我国开始了以改善党的领导为主要课题的政治体制改革。政治体制改革必然要涉及对党的领导的认识。邓小平同志认为,主要由于思想僵化,对党的领导问题存在三个误区:"加强党的领导,变成了党去包办一切、干预一切;实行一元化领导,变成了党政不分、以党代政;坚持中央的统一领导,变成了'一切统一口径'。"①这是政治体制改革要解决的三个重点问题,即党领导什么的问题,党政关系问题,权力下放问题。

邓小平同志在《党和国家领导制度的改革》中进一步指出了政治体制改革兴利除弊的针对性。他认为:"从党和国家的领导制度、干部制度方面来说,主要的弊端就是官僚主义现象,权力过分集中的现象,家长制现象,干部领导职务终身制现象和形形色色的特权现象。"②"对这个问题长期没有足够的认识,成为发生'文化大革命'的一个重要原因,使我们付出了沉重的代价。现在再也不能不解决了。"③邓小平同志进一步指出:"权力过分集中的现象,就是在加强党的一元化领导的口号下,不适当地、不加分析地把一切权力集中于党委,党委的权力又往往集中于几个书记,特别是集中于第一书记,什么事都要第一书记挂帅、拍板。党的一元化领导,往往因此而变成了个人领导。全国各级都不同程度地存在这个问题。"④显然,邓小平同志反对的不是党的一元化领导,而反对的是把党的一元化领导当作口号;反对的不是党的集中统一领导,而是权力过分

---

① 《解放思想,实事求是,团结一致向前看》,《邓小平文选》第二卷,人民出版社 1994 年版,第 142 页。

② 《党和国家领导制度的改革》,《邓小平文选》第二卷,人民出版社 1994 年版,第 327 页。

③ 《党和国家领导制度的改革》,《邓小平文选》第二卷,人民出版社 1994 年版,第 329 页。

④ 《党和国家领导制度的改革》,《邓小平文选》第二卷,人民出版社 1994 年版,第 328—329 页。

集中。邓小平同志明确说："我不是说不要强调党的集中统一，不是说任何情况下强调集中统一都不对，也不是说不要反对分散主义、闹独立性，问题都在于'过分'，而且对什么是分散主义、闹独立性也没有搞得很清楚。"①

加强和改善党的领导的一个重要的措施，是中央一部分主要领导同志不兼任政府职务，可以集中精力管党，管路线、方针、政策。邓小平同志认为："这样做，有利于加强和改善中央的统一领导，有利于建立各级政府自上而下的强有力的工作系统，管好政府职权范围的工作。"②

党的十一届三中全会后，我国多党合作事业得到恢复发展。邓小平同志强调中国共产党的领导是我国多党合作制度的显著特点和优势。他认为，资本主义国家的多党制是资产阶级互相倾轧的竞争状态所决定的，导致很大一部分力量相互牵制和抵消。"我们国家也是多党，但是，中国的其他党，是在承认共产党领导这个前提下面，服务于社会主义事业的。我们全国人民有共同的根本利益和崇高理想，即建设和发展社会主义，并在最后实现共产主义，所以我们能够在共产党的领导下团结一致。我们党同其他几个党长期共存，互相监督，这个方针要坚持下来。但是，中国由共产党领导，中国的社会主义现代化建设事业由共产党领导，这个原则是不能动摇的；动摇了中国就要倒退到分裂和混乱，就不可能实现现代化。"③由此，坚持中国共产党的领导作为多党合作的根本原则，牢固确立起来。

（三）党的十八大以来完善坚持党的全面领导的制度和体制机制

党的十八大以来，我国政治生活的一个深刻变化，就是中国共产党的

---

① 《党和国家领导制度的改革》，《邓小平文选》第二卷，人民出版社 1994 年版，第 329 页。

② 《党和国家领导制度的改革》，《邓小平文选》第二卷，人民出版社 1994 年版，第 321 页。

③ 《目前的形势和任务》，《邓小平文选》第二卷，人民出版社 1994 年版，第 267—268 页。

领导全面加强,管党治党"宽松软"状况得到纠正,从而为我国改革开放和社会主义现代化建设取得全方位的、开创性成就,发生深层次的、根本性变革,提供了坚强政治保证。党的十九大报告,把坚持党对一切工作的领导列为新时代坚持和发展中国特色社会主义的基本方略第一条。总结改革开放 40 多年积累的宝贵经验,第一点是必须坚持党对一切工作的领导,不断加强和改善党的领导。通过深化体制机制改革,中国共产党在长期的革命、建设、改革中形成的党的全面领导的制度进一步完善。

完善坚持党的全面领导的制度,最根本的是维护党中央的权威和集中统一领导。党的全面领导来自于党的全面执政。习近平总书记指出:"我们党的执政是全面执政,从立法、执法到司法,从中央部委到地方、基层,都在党的统一领导之下。"①为了巩固党的全面执政地位,就要实行党的全面领导。习近平总书记指出:"中国共产党是中国特色社会主义事业的领导核心,处在总揽全局、协调各方的地位。在当今中国,没有大于中国共产党的政治力量或其他什么力量。党政军民学,东西南北中,党是领导一切的,是最高的政治领导力量。中国共产党是执政党,党的领导是做好党和国家各项工作的根本保证,是我国政治稳定、经济发展、民族团结、社会稳定的根本点,绝对不能有丝毫动摇。"②这不是简单重申 20 世纪 70 年代毛泽东同志说过的"党政军民学,东西南北中,党是领导一切的。"更重要的是结合了邓小平同志提出的"中央要有权威","我们要定一个方针,就是要在中央统一领导下深化改革",③强调党中央的集中统一领导。正如习近平同志所指出的:"党中央制定的理论和路线方针政策,是全党全国各族人民统一思想、统一意志、统一行动的依据和基础。只有党中央有权威,才能把全党牢固凝聚起来,进而把全国各族人民紧密团结起来,形成万众一心、无坚不摧的磅礴力量。如果党中央没有权威,党的理论和路线方针政策可以随意不执行,大家各自为政、各行其是,想

---

① 《习近平关于全面从严治党论述摘编》,中央文献出版社 2016 年版,第 208 页。
② 《习近平关于社会主义政治建设论述摘编》,中央文献出版社 2017 年版,第 30—31 页。
③ 《中央要有权威》,《邓小平文选》第三卷,人民出版社 1993 年版,第 278 页。

干什么就干什么,想不干什么就不干什么,党就会变成一盘散沙,就会成为自行其是的'私人俱乐部',党的领导就会成为一句空话。"①正是由于"党政军民学,东西南北中,党是领导一切的"这句话历久弥新的意义,党的十九大通过的修改党章的决议,把这一重大政治原则写入了党章,提出:"党的政治建设是党的根本性建设,决定党的建设方向和效果。保证全党服从中央,坚持党中央权威和集中统一领导,是党的政治建设的首要任务。"②2019 年 1 月《中共中央关于加强党的政治建设的意见》要求"坚决做到'两个维护'",指出:"坚持和加强党的全面领导,最重要的是坚决维护党中央权威和集中统一领导;坚决维护党中央权威和集中统一领导,最关键的是坚决维护习近平总书记党中央的核心、全党的核心地位。"③这些规定为全党增强政治意识、大局意识、核心意识、看齐意识,始终同以习近平同志为核心的党中央保持高度一致,实现全党思想上统一、政治上团结、行动上一致,确保党发挥总揽全局、协调各方作用,奠定了坚实的政治基础。

完善坚持党的全面领导的制度,要放在国家治理体系的大棋局中来认识。习近平总书记指出:"我们说要推进国家治理体系和治理能力现代化,国家治理体系是由众多子系统构成的复杂系统,这个系统的核心是中国共产党,人大、政府、政协、法院、检察院、军队,各民主党派和无党派人士,各企事业单位,工会、共青团、妇联等群团组织,都要坚持中国共产党领导。"④形象地说,"在国家治理体系的大棋局中,党中央是坐镇中军帐的'帅',车马炮各展其长,一盘棋大局分明"⑤。党中央作为领导决策核心,要发挥统帅作用,加强党的集中统一领导,又要支持人大、政府、政协和监察机关、审判机关、检察机关、人民团体、企事业单位、社会组织等履行职能、开展工作、发挥作用。具体来说,在国家权力机关和政权机关,

---

① 《习近平关于社会主义政治建设论述摘编》,中央文献出版社 2017 年版,第 36 页。
② 习近平:《决胜全面建成小康社会 夺取新时代中国特色社会主义伟大胜利——在中国共产党第十九次全国代表大会上的报告》,人民出版社 2017 年版,第 62 页。
③ 《十九大以来重要文献选编》(上),中央文献出版社 2019 年版,第 798 页。
④ 《习近平关于社会主义政治建设论述摘编》,中央文献出版社 2017 年版,第 34 页。
⑤ 《习近平关于社会主义政治建设论述摘编》,中央文献出版社 2017 年版,第 31 页。

加强和改善党的领导,要善于使党的主张通过法定程序成为国家意志,善于使党组织推荐的人选通过法定程序成为国家政权机关的领导人员,善于通过国家政权机关实施党对国家和社会的领导,善于运用民主集中制原则维护党和国家权威、维护全党全国团结统一。在统一战线和人民政协,协商民主是实现党的领导的重要方式,通过发扬民主、广泛协商,使统一战线广大成员更加普遍地认同党的主张,更加自觉地团结在党的周围、跟党走。在法治方面,党领导人民制定宪法法律,党领导人民实施宪法法律,党自身必须在宪法法律范围内活动,是坚持党的领导的具体体现,要坚持党领导立法、保证执法、支持司法、带头守法。在群团工作上,党需要建立旨在广泛联系各方面群众的群团组织来帮助党做群众工作,党组织要鼓励和引导群团组织充分发挥作用,群团组织要积极作为、敢于作为,通过自身努力把党的意志和主张落实到广大人民群众中去。

完善坚持党的全面领导的制度,一个重要举措是实行各方面党组织向党委汇报工作制度。习近平总书记指出:"各方面党组织应该对党委负责、向党委报告工作。有的同志习惯于把分管工作当成自己的禁脔,觉得既然分管就没有必要报告了,也不希望其他人来过问,有的甚至不愿意党委过问,不然就是党政不分了。这种想法是不正确的。党委是起领导核心作用的,各方面都应该自觉向党委报告重大工作和重大情况,在党委统一领导下尽心尽力做好自身职责范围内的工作。"①为此,党中央作出全国人大常委会、国务院、全国政协、最高人民法院、最高人民检察院党组向中央政治局汇报工作的制度安排。从 2015 年开始,每年年初的政治局常委会上,五大党组分别向中央政治局常委会汇报工作,中央政治局常委会听取和研究五大党组的工作汇报。党的十八届六中全会通过的《关于新形势下党内政治生活的若干准则》规定:全党必须严格执行重大问题请示报告制度。2019 年 2 月,中共中央印发《中国共产党重大事项请示报告条例》,对开展重大事项请示报告工作应当遵循的原则,党组织请示报告主体、事项、程序方式,以及党员、领导干部请示报告都作出了明确而

---

① 《习近平关于社会主义政治建设论述摘编》,中央文献出版社 2017 年版,第 27 页。

严格的规定,对于执行民主集中制,维护党的政治纪律,完善坚持党的全面领导的制度,具有重要意义。

完善坚持党的全面领导的制度,需要深化党的领导体制机制改革。习近平总书记指出:"领导我们事业的核心力量是中国共产党。什么叫核心力量?一些同志没有搞得很清楚,或者说知道这个道理,但一到实际工作中就搞不清楚了。党的领导,体现在党的科学理论和正确路线方针政策上,体现在党的执政能力和执政水平上,同时也体现在党的严密组织体系和强大组织能力上。"①组织体系和组织能力就涉及党的领导体制机制问题。为此,依据党的十九大报告提出的"完善坚持党的领导的体制机制"要求,党的十九届三中全会通过的《中共中央关于深化党和国家机构改革的决定》提出"完善坚持党的全面领导的制度","建立健全党对重大工作的领导体制机制"。习近平总书记指出:"我们党在一个有着十三亿多人口的大国长期执政,要保证国家统一、法制统一、政令统一、市场统一,要实现经济发展、政治清明、文化昌盛、社会公正、生态良好,要顺利推进新时代中国特色社会主义各项事业,必须完善坚持党的领导的体制机制,更好发挥党的领导这一最大优势,担负好进行伟大斗争、建设伟大工程、推进伟大事业、实现伟大梦想的重大职责。"②加强党对一切工作的领导,不是空洞的、抽象的,而要在各方面各环节落实和体现。为此,就要通过深化党和国家机构改革,努力从机构职能上解决党对一切工作领导的体制机制问题,为有效发挥中国共产党领导这一最大制度优势提供完善有力的体制机制保障、坚实的组织基础和有效的工作体系,确保党对国家和社会实施领导的制度得到加强和完善。深化党和国家机构改革是我国政治体制改革的关键性环节,加强党对各领域各方面工作领导是首要任务。重要举措有:建立健全党对重大工作的领导体制机制,优化党中央决策议事协调机构;强化党的组织在同级组织中的领导地位;更好发挥党的职能部门作用,加强归口协调职能,统筹本系统本领域工作;统筹设置党

---

① 《习近平关于全面从严治党论述摘编》,中央文献出版社 2016 年版,第 100 页。
② 习近平:《关于深化党和国家机构改革决定稿和方案的说明》,《论坚持全面深化改革》,中央文献出版社 2018 年版,第 430—431 页。

政机构,党的有关机构可以同职能相近、联系紧密的其他部门统筹设置,实行合并设立或合署办公;推进党的纪律检查体制和国家监察体制改革。这些重要举措的落实,完善了保证党的全面领导的制度安排,形成了总揽全局、协调各方的党的领导体系,改进了党的领导方式和执政方式,提高了党把方向、谋大局、定政策、促改革的能力和定力,构建起系统完备、科学规范、运行高效的党和国家机构职能体系,朝着实现国家治理体系和治理能力现代化的宏伟目标迈出了坚实步伐。

党和国家机构改革的一个重大变化,是对职能相近的党政机关探索合并设立或合署办公,解决党政机构职责重叠、叠床架屋问题。如加强党中央职能部门的统一归口协调管理职能,由中央组织部统一管理公务员工作,统一管理中央编办;由中央宣传部统一管理新闻出版、电影工作,归口管理新组建的国家广播电视总局、中央广播电视总台;将国家宗教局、国务院侨务办公室并入中央统战部,统一管理宗教、侨务工作,由中央统战部统一领导国家民族事务委员会。由此引出了这样改是不是又成了"党政不分"的问题。社会主义国家的党政关系虽然要实行"党政分开",但既不是西方国家的"党政分开"模式,更不是要把党和政绝对地"分开"来。是分还是合,要从有利于加强和改善党的领导来看。邓小平同志当年提出的"党政分开"决不是西方政治制度模式的党政分开。习近平总书记指出:"在我国,党的坚强有力领导是政府发挥作用的根本保证。"①2017年3月5日,王岐山同志参加在十二届全国人大五次会议北京代表团审议政府工作报告时说:中国历史传统中,"政府"历来是广义的,承担着无限责任。党的机关、人大机关、行政机关、政协机关以及法院和检察院,在广大群众眼里都是政府。在党的领导下,只有党政分工、没有党政分开,对此必须旗帜鲜明、理直气壮,坚定中国特色社会主义道路自信、理论自信、制度自信、文化自信。深化党和国家改革的一个重要特点,是统筹设置党政机构,避免政出多门、责任不明、推诿扯皮,防止机构重叠、职

---

① 习近平:《"看不见的手"和"看得见的手"都要用好》,《论坚持全面深化改革》,中央文献出版社2018年版,第106页。

能重复、工作重合。党的有关机构可以同职能相近、联系紧密的其他部门统筹设置，实行合并设立或合署办公，使党和国家机构职能更加优化、权责更加协同、运行更加高效。这有利于把缺位的职责补齐，让交叉的职责清晰起来，提高工作效能。有些中央决策议事协调机构，也可以设在国务院部门，有助于理顺党政机构职责关系，统筹调配资源，减少多头管理，减少职责分散交叉，使党政机构职能分工合理、责任明确、运转协调，形成统一高效的领导体制，保证党实施集中统一领导，保证其他机构协调联动。加强党中央职能部门的统一归口协调管理职能，有利于加强党的集中统一领导，这样的改革是必要的。

完善坚持党的全面领导的制度，是新时代的一个长期的艰巨任务，不可能毕其功于一役。邓小平同志曾经说："现在提出改革并完善党和国家领导制度的任务，以适应现代化建设的需要，时机和条件都已成熟。这个任务，我们这一代人也许不能全部完成，但是，至少我们有责任为它的完成奠定巩固的基础，确立正确的方向。我相信，这一点是一定可以做到的。"[①]完善坚持党的全面领导的制度也是这样。习近平认为，深化党和国家机构改革是一场系统性、整体性、重构性的变革，力度之大、涉及范围之广、触及利益之深前所未有。他明确要求，既要有当下"改"的举措，立足当前，聚焦实现第一个百年奋斗目标面临的突出矛盾和问题，抓重点、补短板、强弱项、防风险，从党和国家机构职能上为决胜全面建成小康社会提供保障；又要有长久"立"的设计，放眼未来、前瞻实现第二个百年奋斗目标需要构建什么样的组织架构和管理体制，打基础、立支柱、定架构，注重解决事关长远的体制机制问题，为形成更加完善的中国特色社会主义制度创造有利条件。

习近平总书记关于完善党的全面领导的制度要有长久"立"的设计的思想，在党的十九届四中全会得到了落实。党的十九届四中全会《决定》提出的坚持和完善党的领导制度体系，由六个方面的重要制度所组

---

① 《党和国家领导制度的改革》，《邓小平文选》第二卷，人民出版社 1994 年版，第 342—343 页。

成,覆盖了党的建设各方面。

一是建立不忘初心、牢记使命的制度。这是党的思想建设方面的制度。"不忘初心、牢记使命",是在全党开展的主题教育的名称,对于推动全党恪守党的性质宗旨、理想信念,更加自觉地为实现新时代党的历史使命不懈奋斗,具有十分重要的意义。为把不忘初心、牢记使命作为加强党的建设的永恒课题和全体党员、干部的终身课题,形成长效机制,就有必要形成不忘初心、牢记使命的制度。

二是完善坚定维护党中央权威和集中统一领导的各项制度。这是党的政治建设方面的制度。党的政治建设属于党的根本性建设,对党的建设方向和效果起着决定性作用。建立这方面的制度,要紧紧围绕保证全党服从中央、坚持党中央权威和集中统一领导这一党的政治建设的首要任务,以党章为根本依据,严明党的政治纪律和政治规矩,不断完善保障"两个维护"的制度机制,健全党中央对重大工作的领导体制,严格执行向党中央请示报告制度,健全维护党的集中统一的组织制度。

三是健全党的全面领导制度。这是为实施党对国家各方面各环节全面有效领导的工作制度。包括三个方面:完善党领导人大、政府、政协、监察机关、审判机关、检察机关、武装力量、人民团体、企事业单位、基层群众自治组织、社会组织等制度,健全各级党委(党组)工作制度,确保党在各种组织中发挥领导作用。完善党领导各项事业的具体制度,把党的领导落实到统筹推进"五位一体"总体布局、协调推进"四个全面"战略布局各方面。完善党和国家机构职能体系,把党的领导贯彻到党和国家所有机构履行职责全过程,推动各方面协调行动、增强合力。

四是健全为人民执政、靠人民执政各项制度。这是党的作风建设方面的制度。包括三个方面:为保证人民在国家治理中的主体地位,完善着力防范脱离群众的危险的制度。为贯彻党的群众路线,完善党员、干部联系群众制度,创新互联网时代群众工作机制,始终做到为了群众、相信群众、依靠群众、引领群众,深入群众、深入基层。健全联系广泛、服务群众的群团工作体系,推动人民团体增强政治性、先进性、群众性,把各自联系的群众紧紧团结在党的周围。

五是健全提高党的执政能力和领导水平制度。这是党的能力建设方面的制度。既要政治过硬，也要本领高强，是我们党领导14亿多人口的社会主义大国必备的素质。十九届四中全会在党的十九大提出的八个本领即学习本领、政治领导本领、改革创新本领、科学发展本领、依法执政本领、群众工作本领、狠抓落实本领、驾驭风险本领的基础上，增加增强斗争本领。这些本领的提高，需要靠制度来保障。主要是坚持民主集中制，完善发展党内民主和实行正确集中的相关制度，健全决策机制，完善担当作为的激励机制。

六是完善全面从严治党制度。这是推进党的自我革命、提高解决自身问题能力的制度。全面从严治党，要真正做到要求严、措施严、对上严、对下严、对事严、对人严，抓思想从严，抓管党从严，抓执纪从严，抓治吏从严，抓作风从严，抓反腐从严。为此就要把这些方面从严要求制度化为具体的制度性规定。主要是健全党管干部、选贤任能制度，规范党内政治生活。

随着这些重要制度建立健全，并且强化制度的执行力，坚持制度面前人人平等、制度执行没有例外，杜绝"破窗效应"，防止"制度虚化"，党的领导制度体系就能转化为管党治党巨大效能，使党在新时代坚持和发展中国特色社会主义伟大事业中真正发挥出坚强有力的领导核心作用。

第三章 坚持和完善人民代表大会制度这一根本政治制度

人民代表大会制度是我国的根本政治制度,是人民当家作主的新型政治制度。习近平总书记指出:"人民代表大会制度是中国特色社会主义制度的重要组成部分,也是支撑中国国家治理体系和治理能力的根本政治制度。新形势下,我们要毫不动摇坚持人民代表大会制度,也要与时俱进完善人民代表大会制度。"①坚持和完善人民当家作主制度体系,发展社会主义民主政治,加强人民当家作主制度保障,最重要的就是要长期坚持、不断完善人民代表大会制度。党的十九届四中全会通过的《中共中央关于坚持和完善中国特色社会主义制度 推进国家治理体系和治理能力现代化若干重大问题的决定》在社会主义民主政治部分提出的第一点就是:"坚持和完善人民代表大会制度这一根本政治制度。"②

一、中国实行人民代表大会制度的历史必然性

习近平总书记指出:"在中国建立什么样的政治制度,是近代以后中国人民面临的一个历史性课题。为解决这一历史性课题,中国人民进行了艰辛探索。"③辛亥革命前的中国,长期实行的是封建专制政治制度。

---

① 习近平:《在庆祝全国人民代表大会成立六十周年大会上的讲话》,《十八大以来重要文献选编》(中),中央文献出版社 2016 年版,第 56 页。

② 《〈中共中央关于坚持和完善中国特色社会主义制度、推进国家治理体系和治理能力现代化若干重大问题的决定〉辅导读本》,人民出版社 2019 年版,第 11 页。

③ 习近平:《在庆祝全国人民代表大会成立六十周年大会上的讲话》,《十八大以来重要文献选编》(中),中央文献出版社 2016 年版,第 51—52 页。

这样的政治制度与西方先进的议会制、君主立宪制相比,显得是那样的陈旧落后,在西方列强的武力冲击下是那么不堪一击,千疮百孔。这种强烈的反差,使得中国的仁人志士开始向西方学习,孜孜不倦寻找着适合国情的政治制度模式。君主立宪制是近代以来中国向西方学习最早的尝试,是康有为、梁启超等维新派的主张,因其与中国千年的君主制、家天下相契合而受到推崇,但由于清政府的新政和预备立宪没有给广大农民带来益处而失败。议会制、多党制是民国初年在"议会制"的幻想下形成的多党竞争的制度,中国各派政治力量纷纷以政党形式登上政治舞台,组党之风盛行,政党团体一度多达 300 多个。政党之间为了竞争议会席位拉票贿选、相互攻讦、乱象丛生,最终昙花一现,以失败而告终。以致孙中山先生在评论这段历史的时候感慨地说:"不但是学不好,反且学坏了。"总统制是 1912 年元旦中华民国南京临时政府建立依据《中华民国临时政府组织大纲》而实行的政体,一度是各政党派系军阀角逐的职位。1924 年第二次直奉战争爆发,冯玉祥发动北京政变,将曹锟总统推翻,总统制名存实亡。1948 年 5 月,国民党在南京召开国民大会,选举蒋介石为总统,再度实行总统制。此举遭到中共和各民主党派的抵制和反对。1949 年 1 月 21 日,蒋介石发布"引退文告",由副总统李宗仁任代理总统,意味着总统制的破产。这些照搬西方政治制度模式的各种方案都试过了用过了,但终究是昙花一现,都没有行得通。

中国共产党很早就开始考虑新中国要实行什么样的政治制度即政体的问题。土地革命战争时期产生的中华苏维埃共和国,是中国历史上第一个工农民主政权,是中国共产党在局部地区执政的重要尝试,它实行的工农兵代表大会制度为人民代表大会制度的产生积累了丰富的经验。1940 年 1 月,毛泽东同志在《新民主主义论》中明确提出了人民代表大会的制度设计,他说:"没有适当形式的政权机关,就不能代表国家。中国现在可以采取全国人民代表大会、省人民代表大会、县人民代表大会、区人民代表大会直到乡人民代表大会的系统,并由各级代表大会选举政府。"[①]中国共产

---

① 《新民主主义论》,《毛泽东选集》第二卷,人民出版社 1991 年版,第 677 页。

党要建立的国家制度是新民主主义的国家制度,政权形式是人民代表大会及其体现的民主集中制。毛泽东同志说:"新民主主义的政权组织,应该采取民主集中制,由各级人民代表大会决定大政方针,选举政府。它是民主的,又是集中的,就是说,在民主基础上的集中,在集中指导下的民主。只有这个制度,才既能表现广泛的民主,使各级人民代表大会有高度的权力;又能集中处理国事,使各级政府能集中地处理被各级人民代表大会所委托的一切事务,并保障人民的一切必要的民主活动。"①

新中国成立之初,在国家层面人民政协代行人民代表大会职权完成协商建国大业,但中国人民政治协商会议第一届全体会议通过的具有临时宪法性质的《中国人民政治协商会议共同纲领》对政权机关依然规定:"中华人民共和国的国家政权属于人民。人民行使国家政权的机关为各级人民代表大会和各级人民政府。各级人民代表大会由人民用普选方法产生之。""国家最高政权机关为全国人民代表大会。"②同时在地方层面推进召开市县各界人民代表会议的工作。毛泽东同志认为:"在各县召集各界人民代表会议,不但有迫切需要,而且有充分可能。"③

1953 年 1 月,随着一届全国政协即将届满,要不要通过选举方式召开全国人民代表大会的事情提到了日程上。毛泽东同志在中央人民政府委员会第二十次会议上提出:"全国人民代表大会代表的选举,今年不办就要明年办,或者后年办。与其明年办,就不如今年办。如果过两年再开一次政治协商会议后召开全国人大也不好办,不如索性就开全国人民代表大会。所以,根据这些条件和考虑,还是抓紧召开全国人民代表大会比较好。"④按照党中央的部署,1953 年我国颁布实施第一部选举法,在全国范围内进行了中国历史上第一次空前规模的普选,在此基础上自下而上

---

① 《论联合政府》,《毛泽东选集》第三卷,人民出版社 1991 年版,第 1057 页。

② 《人民政协重要文献选编》(上),中央文献出版社、中国文史出版社 2009 年版,第 82 页。

③ 《开好县的各界人民代表会议是一件大事》,《毛泽东文集》第六卷,人民出版社 1999 年版,第 3 页。

④ 《关于召开全国人民代表大会的几点说明》,《毛泽东文集》第六卷,人民出版社 1999 年版,第 258 页。

逐级召开了人民代表大会。1954年9月15日,经过普选产生的1200多名全国人大代表召开了第一届全国人民代表大会第一次会议。会议通过的《宪法》及有关国家机构的基本法律,对人民代表大会制度的基本原则和内容作出比较系统的规定,同时产生国家机构及其组成人员。这次会议的召开,标志着人民代表大会制度在全国范围内建立起来。

回顾人民代表大会制度形成的过程,习近平总书记指出:"在中国实行人民代表大会制度,是中国人民在人类政治制度史上的伟大创造,是深刻总结近代以后中国政治生活惨痛教训得出的基本结论,是中国社会一百多年激越变革、激荡发展的历史结果,是中国人民翻身作主、掌握自己命运的必然选择。"①

二、我国人民代表大会制度的特点和优势

习近平总书记在党的十九大报告中指出:"人民代表大会制度是坚持党的领导、人民当家作主、依法治国有机统一的根本政治制度安排,必须长期坚持、不断完善。"②这一重要论断深刻揭示了我国人民代表大会制度的特点和优势。我国人民代表大会制度和西方议会制度都是现代国家代议民主制度,都是由通过选举产生的代表或议员组成的国家机关,行使管理国家事务的权力,并且都拥有立法权。正是有这些共同之处,使得我国人民代表大会的对外交往对象是外国议会,甚至也有"发展两国议会间友好关系"这样的提法。但我国人民代表大会制度具有鲜明的中国特色,同西方议会制度又有本质区别,主要是四个方面。

一是体现中国共产党领导的特点,具有能够保证党的路线方针政策和决策部署在国家工作中得到全面贯彻和有效执行的优势。中国共产党的领导是中国特色社会主义最本质的特征,也是我国人民代表大会制度

① 习近平:《在庆祝全国人民代表大会成立六十周年大会上的讲话》,《十八大以来重要文献选编》(中),中央文献出版社2016年版,第53页。
② 习近平:《决胜全面建成小康社会 夺取新时代中国特色社会主义伟大胜利——在中国共产党第十九次全国代表大会上的报告》,人民出版社2017年版,第37页。

的鲜明特点。习近平总书记指出：“我国社会主义政治制度优越性的一个突出特点是党总揽全局、协调各方的领导核心作用,形象地说是‘众星捧月’,这个‘月’就是中国共产党。在国家治理体系的大棋局中,党中央是坐镇中军帐的‘帅’,车马炮各展其长,一盘棋大局分明。”①中国共产党是中国的唯一执政党,不存在西方国家议会中多党通过竞选实行轮流执政的问题。我国人民代表大会中没有议会党团,不存在西方国家党争纷沓、相互倾轧的现象。正是因为党的领导是我国最大制度优势,决定了党要通过人民代表大会制度来发挥领导核心作用,善于使党的主张通过法定程序成为国家意志,善于使党组织推荐的人选通过法定程序成为国家政权机关的领导人员,善于通过国家政权机关实施党对国家和社会的领导,善于运用民主集中制原则维护党和国家权威、维护全党全国团结统一。

二是体现国家一切权力属于人民的特点,具有发展更加广泛、更加充分、更加健全的人民民主的优势。我国宪法规定：“中华人民共和国的一切权力属于人民。人民行使权力的机关是全国人民代表大会和地方各级人民代表大会。”我国工人阶级领导的、以工农联盟为基础的人民民主专政的社会主义国家的国体,决定了我国实行人民代表大会制度的政体。各级人民代表大会都由民主选举产生,对人民负责,受人民监督。选民或选举单位有权依照法律规定的程序罢免自己选出的代表。这不仅授予了选民对于人民代表享有的监督权,也表明在我国人民的权力具有至上性和权威性。我国人民代表大会的选举经费依法由国库开支,从物质方面保证了选举人和候选人能够在实际上享受自由选举权利,这与西方国家如美国选举的经费来源多为财团、政党、家族、个人等资助,选举“被金钱绑架”完全不同。正是由于人民代表大会制度体现了人民主体地位,就要支持和保证人民通过人民代表大会行使国家权力,扩大人民民主,健全民主制度,丰富民主形式,拓宽民主渠道,既保证人民依法实行民主选举,也保证人民依法实行民主协商、民主决策、民主管理、民主监督,从各层次

---

① 《习近平关于社会主义政治建设论述摘编》,中央文献出版社 2017 年版,第 31 页。

各领域扩大公民有序政治参与,使我国社会主义民主成为维护人民根本利益的最广泛、最真实、最管用的民主。

三是体现依法治国的特点,具有实现国家各项工作法治化的优势。依法治国是党领导人民治理国家的基本方式。习近平总书记指出:"发展人民民主必须坚持依法治国、维护宪法法律权威,使民主制度化、法律化,使这种制度和法律不因领导人的改变而改变,不因领导人的看法和注意力的改变而改变。"[1]在我国立法体制中,全国人大及其常委会行使国家立法权。全国人民代表大会负责修改宪法,行使制定和修改刑事、民事、国家机构的和其他的基本法律的职权,全国人大常委会制定和修改除应当由全国人大制定的法律以外的其他法律。同时全国人大及其常委会又担负着监督宪法实施的重要职责。正是因为我国人民代表大会制度在全面推进依法治国中的重要地位,因此要通过人民代表大会制度,弘扬社会主义法治精神,依照人民代表大会及其常委会制定的法律法规来展开和推进国家各项事业和各项工作,保证国家和社会生活的各个方面有法可依。各级国家行政机关依法行政,各级监察委员会依法监察,各级审判机关、检察机关公正司法,保证宪法法律等得到全面正确有效实施,实现国家各项工作法治化。

四是体现民主集中制的特点,具有保证国家统一高效组织推进各项事业的优势。习近平总书记指出:"民主集中制是中国国家组织形式和活动方式的基本原则。"[2]我国宪法规定:"中华人民共和国的国家机构实行民主集中制的原则。"民主集中制的原则在我国人民代表大会制度中体现为,人民代表大会统一行使国家权力,全国人民代表大会是最高国家权力机关,地方各级人民代表大会是地方国家权力机关,行政机关、监察机关、审判机关、检察机关都由人民代表大会产生,对人大负责,受人大监督。邓小平同志曾说:"我们实行的就是全国人民代表大会一院制,这最

---

[1] 习近平:《在庆祝全国人民代表大会成立六十周年大会上的讲话》,《十八大以来重要文献选编》(中),中央文献出版社 2016 年版,第 55 页。

[2] 习近平:《在庆祝全国人民代表大会成立六十周年大会上的讲话》,《十八大以来重要文献选编》(中),中央文献出版社 2016 年版,第 55 页。

符合中国实际。如果政策正确,方向正确,这种体制益处很大,很有助于国家的兴旺发达,避免很多牵扯。"①因此,坚持民主集中制,就必须坚持人民通过人民代表大会行使国家权力,使国家机关实行决策权、执行权、监督权既有合理分工又有相互协调,在中央的统一领导下,充分发挥地方的主动性和积极性,形成统一整体和工作合力,保证各项事业顺利推进。

概括我国人民代表大会的特点和优势,习近平总书记指出:"人民代表大会制度是符合中国国情和实际、体现社会主义国家性质、保证人民当家作主、保障实现中华民族伟大复兴的好制度。"②人民代表大会制度是好制度,但也并不是说,这个政治制度就完美无缺了,就不需要完善和发展了。习近平总书记指出:"制度自信不是自视清高、自我满足,更不是裹足不前、固步自封,而是要把坚定制度自信和不断改革创新统一起来,在坚持根本政治制度、基本政治制度的基础上,不断推进制度体系完善和发展。"③中国特色社会主义进入新时代,人民代表大会制度也要适应我国社会主要矛盾的变化实现创新发展。要把坚定制度自信和不断改革创新统一起来,毫不动摇坚持、与时俱进完善人民代表大会制度。

三、发挥人大及其常委会在立法工作中的主导作用

我国是统一的、多民族的、单一制的社会主义国家,实行统一的、分层次的立法体制。全国人大及其常委会统一行使国家立法权的同时,赋予国务院制定行政法规的权限,赋予设区的市级以上地方人大及其常委会制定地方性法规的权限,还赋予民族自治地方制订自治条例和单行条例的权限,以及经济特区制定经济特区法规的权限。这个立法体制是符合

① 《会见香港特别行政区基本法起草委员会委员时的讲话》,《邓小平文选》第三卷,人民出版社1993年版,第220页。

② 习近平:《在庆祝全国人民代表大会成立六十周年大会上的讲话》,《十八大以来重要文献选编》(中),中央文献出版社2016年版,第53页。

③ 习近平:《在庆祝全国人民代表大会成立六十周年大会上的讲话》,《十八大以来重要文献选编》(中),中央文献出版社2016年版,第62页。

国情和实际、行之有效的,决定了人大及其常委会在立法工作中起主导作用。

改革开放以来,经过长期努力,我们国家和社会生活各方面总体上实现了有法可依,形成了中国特色社会主义法律体系。这个法律体系以宪法为核心,以宪法相关法、民法商法、行政法、经济法、社会法、刑法、诉讼与非诉讼程序法等多个法律部门的法律为主干,由法律、行政法规、地方性法规等多个层次的法律规范所构成。截至 2018 年 11 月,我国现行有效法律 269 件,行政法规 750 多件,地方性法规、自治条例和单行条例 10000 多件。中国特色社会主义法律体系的形成和完善,是我国社会主义法治建设取得的重大成就,为新形势下全面推进依法治国奠定了重要基础。

针对这种新情况,习近平总书记及时提出提高立法质量的问题。他说:"人民群众对立法的期盼,已经不是有没有,而是好不好、管用不管用、能不能解决实际问题;不是什么法都能治国,不是什么法都能治好国;越是强调法治,越是要提高立法质量。"①他明确要求人大立法工作,"要抓住提高立法质量这个关键,深入推进科学立法、民主立法,完善立法体制和程序,努力使每一项立法都符合宪法精神、反映人民意愿、得到人民拥护"②。

发挥人大及其常委会在立法工作中的主导作用,是提高立法质量和效率的必然要求。主要体现在:一是编制立法规划、计划,加强对立法工作的统筹安排,增强立法工作计划性、指导性。二是做好法律、地方性法规的牵头起草和组织协调工作。综合性、全局性、基础性的重要法律、地方性法规草案,由人大有关专门委员会或常委会工作机构组织起草。由有关部门负责起草的草案,人大有关专门委员会或常委会工作机构也要提前介入,把握进展和动态。三是发挥人大及其常委会的审议把关作用。发挥各专门委员会"专"的优势,做好草案提请审议的准备工作;发挥宪

---

① 《习近平关于全面依法治国论述摘编》,中央文献出版社 2015 年版,第 43 页。
② 习近平:《在庆祝全国人民代表大会成立六十周年大会上的讲话》,《十八大以来重要文献选编》(中),中央文献出版社 2016 年版,第 56 页。

法法律委或有关负责统一审议的机构"统"的作用,做好统一审议和修改完善草案的工作;发挥人大代表及其常委会组成人员的主体作用,提高审议质量。四是加强立法监督。各级人大常委会通过开展执法检查、规范性文件备案审查、法律法规清理工作等,发现法律法规实施中的问题,及时纠正、修改和完善,切实维护社会主义法制统一。

为了发挥好人大及其常委会在立法工作中的主导作用,需要坚持和完善党对立法工作的领导。2016年2月,中共中央印发《关于加强党领导立法工作的意见》,全国人大及其常委会认真贯彻落实,主要是:及时将党的路线方针政策和重大决策部署贯彻落实到立法中,使党的主张通过法定程序成为国家意志,成为全社会一体遵循的行为规范和活动准则。落实党中央确定的立法工作目标任务,科学研究制定立法规划计划,加强和改进立法工作。坚持健全重大立法项目和立法中的重大问题向党中央请示报告制度,重要法律的起草修改和立法工作中的其他重大事项,都及时向党中央请示报告,并将党中央的指示要求认真贯彻落实到立法工作中。

习近平总书记在党的十九大报告中指出:"推进科学立法、民主立法、依法立法,以良法促进发展、保障善治。"①科学立法、民主立法、依法立法是提高立法质量的根本途径。坚持科学立法,就是要立足我国国情和实际,遵循和体现立法规律,增强立法工作针对性、及时性、系统性、可操作性。坚持民主立法,就是要坚持立法为了人民、依靠人民,拓宽人大代表和人民群众参与立法的途径,使每一项立法都反映人民意志、得到人民拥护。坚持依法立法,就是要遵循宪法确立的制度和原则,严格依照法定权限和程序行使立法权,维护国家法制统一。

提高立法质量,需要深入开展立法协商。2015年《中共中央关于加强社会主义协商民主建设的意见》,就人大协商提出"深入开展立法工作中的协商"。2015年3月15日,第十二届全国人民代表大会第三次会议

---

① 习近平:《决胜全面建成小康社会　夺取新时代中国特色社会主义伟大胜利——在中国共产党第十九次全国代表大会上的报告》,人民出版社2017年版,第38—39页。

修改的《中华人民共和国立法法》规范了人大立法协商的五个环节。一是制定立法规划、立法工作计划环节的协商。编制立法规划和年度立法计划,应当认真研究代表议案和建议,广泛征集意见,科学论证评估,根据经济社会发展和民主法治建设的需要,确定立法项目。二是法律法规起草环节的协商。加强人大专门委员会、工作委员会与相关方面的沟通协商。专门委员会审议法律案,可以邀请提案人列席会议,发表意见;根据需要,可以要求有关机关、组织派有关负责人说明情况。有关的专门委员会、常务委员会工作机构应当提前参与有关方面的法律草案起草工作。三是法律法规形成过程中的协商。健全立法论证、听证、评估机制,探索建立有关国家机关、社会团体、专家学者等对立法中涉及的重大利益调整论证咨询机制。四是法律法规草案公开环节的协商。拓宽人民有序参与立法途径,健全法律法规草案公开征求意见和公众意见采纳情况反馈机制。列入人大常务委员会会议议程的法律案,应当在常务委员会会议后将法律草案及其起草、修改的说明等向社会公布,征求意见。向社会公布征求意见的时间一般不少于三十日。征求意见的情况应当向社会通报。五是法律法规表决前的协商。对于法律关系复杂、意见分歧较大的法律法规草案,要进行广泛深入的调研、论证、协商,在各方面基本取得共识基础上再依法提请表决。法律案有关问题专业性较强,需要进行可行性评价的,应当召开论证会,听取有关专家、部门和全国人民代表大会代表等方面的意见。法律案有关问题存在重大意见分歧或者涉及利益关系重大调整,需要进行听证的,应当召开听证会,听取有关基层和群体代表、部门、人民团体、专家、全国人民代表大会代表和社会有关方面的意见。

在党中央加强社会主义协商民主建设精神指导下,按照《中华人民共和国立法法》的规定,我国人大立法协商工作稳步有序地开展起来,取得了良好效果。如十二届全国人大常委会公布 2017 年度立法计划,十三届全国人大常委会公布 2018 年度立法计划。十三届全国人大常委会公布五年立法规划,各类立法项目共 116 件。如 2017 年 12 月全国人大常委会办公厅印发《关于立法中涉及的重大利益调整论证咨询的工作规范》规定,开展论证咨询工作,根据法律草案所涉事项的具体情况,可以采取论证会、听证会、委托研究、咨询等形式进行。以此为指导,全国人大和地方人大的论证工作普遍开展起来。如就法律草案向社会公布征求意见已经成为常规性协商实践。截至 2017 年 10 月,十二届全国人大常委会已 74 次就法律草案公开征求意见。以民法总则草案为例,进行 3 次审议、3 次向社会公开征求意见,组织数十场专家咨询会,共收到 15422 人次提出的 70227 条建议。十三届全国人大常委会先后就个人所得税法修正案草案、药品管理法修正草案、农村土地承包法修正案草案二次审议稿、基本医疗卫生与健康促进法草案二次审议稿、公务员法修订草案、外商投资法草案,向全社会公开征求意见。全国人大常委会副秘书长乔晓阳说,现在当一部热门法律草案公开征求意见,一天收到上万条意见是常有的事情。"许多意见相当有水平,有很专业的见解,对人大立法很有参考价值"。我国现行有效法律 269 件,行政法规 750 多件,地方性法规、自治条例和单行条例 10000 多件。这些立法成绩的取得,与积极开展立法协商是密不可分的。实践证明,立法协商工作做好,就能使立法反映人民意志,得到人民拥护,切实提高立法质量。党的十九届四中全会《决定》提出"完善论证、评估、评议、听证制度"①的新要求,对进一步完善人大立法协商具有重要指导意义。

四、使各级人大及其常委会成为全面担负起宪法法律赋予的各项职责的工作机关

习近平总书记在党的十九大报告中提出"使各级人大及其常委会成为全面担负起宪法法律赋予的各项职责的工作机关"②。这是新时代党对人大工作提出的一个新要求。党的十九届四中全会《决定》也提出:"支持和保证人大及其常委会依法行使职权,健全人大对'一府一委两

---

　　① 《〈中共中央关于坚持和完善中国特色社会主义制度、推进国家治理体系和治理能力现代化若干重大问题的决定〉辅导读本》,人民出版社 2019 年版,第 11 页。

　　② 习近平:《决胜全面建成小康社会　夺取新时代中国特色社会主义伟大胜利——在中国共产党第十九次全国代表大会上的报告》,人民出版社 2017 年版,第 37 页。

院’监督制度。”①我国宪法赋予人大及其常委会的职权,概括起来主要是立法权、监督权、重大事项决定权和人事任免权。全国人大及其常委会还承担着宪法实施和监督的神圣职责。

(一)加强宪法实施和监督

我国现行宪法是 1982 年 12 月 4 日五届全国人大五次会议通过的,并历经 1988 年、1993 年、1999 年、2004 年、2018 年五次修正。宪法是改革开放以来党和国家的中心工作、基本原则、重大方针、重要政策在国家法制上的最高体现,是党和人民共同意志的最高体现。全面贯彻实施宪法,是建设社会主义法治国家的首要任务和基础性工作。宪法的生命在于实施,宪法的权威也在于实施。习近平总书记指出:“维护宪法权威,就是维护党和人民共同意志的权威。捍卫宪法尊严,就是捍卫党和人民共同意志的尊严。保证宪法实施,就是保证人民根本利益的实现。只要我们切实尊重和有效实施宪法,人民当家作主就有保证,党和国家事业就能顺利发展。反之,如果宪法受到漠视、削弱甚至破坏,人民权利和自由就无法保证,党和国家事业就会遭受挫折。这些从长期实践中得出的宝贵启示,必须倍加珍惜。我们要更加自觉地恪守宪法原则、弘扬宪法精神、履行宪法使命。”②

党的十九届四中全会《决定》明确要求:“加强宪法实施和监督,落实宪法解释程序机制,推进合宪性审查工作,加强备案审查制度和能力建设,依法撤销和纠正违宪违法的规范性文件。”③在宪法实施上,人民代表大会发挥着非常重要的作用。主要是:坚持国家一切权力属于人民的宪法理念,最广泛地动员和组织人民依照宪法和法律规定,通过各级人民代

---

① 《〈中共中央关于坚持和完善中国特色社会主义制度、推进国家治理体系和治理能力现代化若干重大问题的决定〉辅导读本》,人民出版社 2019 年版,第 11 页。

② 习近平:《在首都各界纪念现行宪法公布施行三十周年大会上的讲话》,《十八大以来重要文献选编》(上),中央文献出版社 2014 年版,第 87 页。

③ 《〈中共中央关于坚持和完善中国特色社会主义制度、推进国家治理体系和治理能力现代化若干重大问题的决定〉辅导读本》,人民出版社 2019 年版,第 14—15 页。

表大会行使国家权力,通过各种途径和形式管理国家和社会事务、管理经济和文化事业。按照宪法确立的民主集中制原则、国家政权体制和活动准则,实行人民代表大会统一行使国家权力,实行决策权、执行权、监督权既有合理分工又有相互协调,保证国家机关依照法定权限和程序行使职权、履行职责,保证国家机关统一有效组织各项事业。全国人大及其常委会加强重点领域立法,拓展人民有序参与立法途径,通过完备的法律推动宪法实施。加强宪法宣传教育,弘扬宪法精神。全国人大常委会以立法形式把每年 12 月 4 日设立为国家宪法日,为推动宪法宣传教育机制常态化提供了法律保障;制定并实行宪法宣誓制度,进一步彰显宪法权威。

宪法实施离不开宪法监督,宪法监督是保证宪法实施、维护宪法权威的重要形式。习近平总书记指出:"全国人大及其常委会和国家有关监督机关要担负起宪法和法律监督职责,加强对宪法和法律实施情况的监督检查,健全监督机制和程序,坚决纠正违宪违法行为。地方各级人大及其常委会要依法行使职权,保证宪法和法律在本行政区域内得到遵守和执行。"①全国人大及其常委会担负着监督宪法实施的重要职责,对行政法规、地方性法规、司法解释等规范性文件开展备案审查是一项重要工作。党的十八届三中全会提出,健全法规、规章、规范性文件备案审查制度。党的十八届四中全会提出,完善全国人大及其常委会宪法监督制度,加强备案审查制度和能力建设,把所有规范性文件纳入备案审查范围,依法撤销和纠正违宪违法的规范性文件。贯彻落实党中央的要求,全国人大常委会不断加强备案审查制度和能力建设,加快建设全国统一的备案审查信息平台,努力做到"有件必备、有备必审、有错必纠",不断加大监督纠正力度,取得明显成效。党的十九大提出"加强宪法实施和监督,推进合宪性审查工作,维护宪法权威"。按照这一要求,十三届全国人大一次会议决定将"全国人大法律委员会"更名为"全国人大宪法和法律委员会"。十三届全国人大常委会第三次会议通过关于全国人民代表大会宪

---

① 习近平:《在首都各界纪念现行宪法公布施行三十周年大会上的讲话》,《十八大以来重要文献选编》(上),中央文献出版社 2014 年版,第 90 页。

法和法律委员会职责问题的决定,明确宪法和法律委员会增加推动宪法实施、开展宪法解释、推进合宪性审查、加强宪法监督、配合宪法宣传等职责。全国人大及其常委会抓紧建立健全合宪性审查机制,在党中央领导下积极稳妥地推进合宪性审查工作,做好规范性文件出台后的合宪性审查,依法撤销和纠正违宪违法的规范性文件;积极开展重大决策、重要规定出台前的合宪性咨询、确认等工作,为党中央决策和重大改革提供有力的宪法支撑。

(二)加强和改进监督工作

习近平总书记指出:"人民代表大会制度的重要原则和制度设计的基本要求,就是任何国家机关及其工作人员的权力都要受到制约和监督。"[①]依据我国宪法规定,国家行政机关、监察机关、审判机关、检察机关都由人民代表大会产生,对它负责,受它监督。人大及其常委会的监督,是在党的领导下,代表国家和人民进行的具有法律效力的监督。监督的目的,是贯彻落实党中央决策部署,确保宪法法律全面有效实施,确保行政权、监察权、审判权、检察权得到正确行使,确保人民利益得到维护和实现。人大监督坚持党的领导的政治原则、依法行使职权的法治原则、集体行使职权的组织原则,坚持正确监督、有效监督,既敢于监督又善于监督,正确处理监督与支持的关系,紧紧围绕党和国家工作大局,完善监督机制,做到有权必有责、用权受监督、失职要问责、违法要追究,保证人民赋予的权力始终用来为人民谋利益。

根据我国宪法、各级人大常委会监督法等规定,人民代表大会的监督形式主要是听取审议有关国家机关工作报告,审查批准国民经济和社会发展计划与计划执行情况的报告、预算与预算执行情况的报告。有关经常性监督由人大常委会来开展,主要有四种形式:一是听取审议有关国家机关专项工作报告,选择关系改革发展稳定大局和群众切身利益、社会普

---

① 习近平:《在庆祝全国人民代表大会成立六十周年大会上的讲话》,《十八大以来重要文献选编》(中),中央文献出版社 2016 年版,第 57 页。

遍关注的重点问题,对行政机关、监督机关、审判机关、检察机关专项工作进行监督。二是审查批准决算,听取审议国民经济和社会发展计划、预算的执行情况报告,听取审议审计工作报告,审查批准计划、预算在执行中所必须作的部分调整方案,对五年发展规划情况进行中期评估。三是开展执法检查,有计划地对有关法律实施情况组织执法检查,并听取和审议执法检查报告。四是对规范性文件进行备案审查,对行政法规、地方性法规、自治条例和单行条例,以及最高人民法院、最高人民检察院制定的司法解释进行备案审查。此外,还有询问和质询、特定问题调查、撤职等其他的法定监督形式。

党的十八大以来,人大监督工作取得重大进展。概括起来,一是健全执法检查工作机制,改进和完善专题询问。出台改进完善专题询问的若干意见,形成包括选题、组织、报告、审议、整改、反馈6个环节的执法检查"全链条"工作流程,专题询问工作实现常态化、规范化和制度化。二是创新预算决算审查监督机制。修改预算法,推动建立全面规范透明、标准科学、约束有力的预算制度;改进审计查出的突出问题整改情况向全国人大常委会报告机制,建立国务院向全国人大常委会报告国有资产管理情况制度,完善预算审查前听取人大代表和社会各界意见建议机制,推动预算审查监督重点向支出预算和政策拓展,推进人大预算联网监督等。三是综合运用多种监督形式。把专项监督与综合监督结合起来,既在分别进行专项监督的基础上把有内在联系的若干问题集中起来,进行全面的综合监督,也在综合监督的基础上,抓住突出问题深入进行专项监督。探索将专题调研、执法检查、听取审议专项工作报告、专题询问等多种方式相结合开展监督,打出人大监督的有力"组合拳"。

(三)依法行使讨论决定重大事项权

讨论决定重大事项是人大及其常委会的一项重要职权。根据我国宪法、地方组织法等有关法律规定,全国人大及其常委会、地方各级人大及其常委会,有讨论决定全国和本行政区域内经济建设、政治建设、文化建设、社会建设、生态文明建设各方面的重大事项的职权。如全国人民代表大会审查和批准国民经济和社会发展计划和计划执行情况的报告,审查和批准国家的预算和预算执行情况的报告,批准省、自治区和直辖市的建置,决定特别行政区的设立及其制度,决定战争和和平的问题等;全国人大常委会在全国人民代表大会闭会期间,审查和批准国民经济和社会发展计划、国家预算在执行过程中所必须作的部分调整方案,规定和决定授予国家的勋章和荣誉称号,决定特赦、战争状态的宣布、全国总动员或者局部动员等。习近平总书记明确要求:"各级党委要加强和改善党对人大工作的领导,支持和保证人大及其常委会依法行使职权、开展工作。"①

改革开放以来,各级人大及其常委会在党的领导下,紧紧围绕国家经济社会发展和民主法治建设大局,就带有全局性、根本性、长远性的重大问题和人民群众普遍关心的问题,认真依法行使重大事项决定权,取得了积极成效。党的十八届三中全会通过的《中共中央关于全面深化改革若干重大问题的决定》(以下简称党的十八届三中全会《决定》)明确提出:"健全人大讨论、决定重大事项制度,各级政府重大决策出台前向本级人大报告。"②2017 年,党中央又出台了有关实施意见。这是新形势下坚持和完善人民代表大会制度、发展社会主义民主政治的重要举措,对于支持人大依法行使职权,推进科学决策、民主决策、依法决策,具有重要意义。

贯彻落实党中央的要求,各级人大及其常委会要依法推进、积极改进行使讨论决定重大事项权工作。要把听取审议本级有关国家机关工作报告、审查批准本级国民经济和社会发展规划计划、预算作为行使重大事项决定权的重点,依法认真负责地进行审议并作出决定决议。要健全讨论决定重大事项协调机制,完善讨论决定重大事项程序机制。要发挥人大代表和常委会组成人员的作用,提高讨论决定重大事项的科学化民主化法治化水平。有关国家机关要认真贯彻实施人大及其常委会作出的决定决议,及时向人大及其常委会报告决定决议的贯彻实施情况,人大及其常委会要加强对决定决议贯彻实施情况的监督。

---

① 习近平:《在庆祝全国人民代表大会成立六十周年大会上的讲话》,《十八大以来重要文献选编》(中),中央文献出版社 2016 年版,第 59 页。

② 《十八大以来重要文献选编》(上),中央文献出版社 2014 年版,第 527 页。

五、使各级人大及其常委会成为同人民群众保持密切联系的代表机关

使各级人大及其常委会成为"同人民群众保持密切联系的代表机关"的新要求,是党的十九大提出的又一个新要求。习近平总书记指出:"人民代表大会制度之所以具有强大生命力和显著优越性,关键在于它深深植根于人民之中。"①党的十九届四中全会《决定》提出:"密切人大代表同人民群众的联系,健全代表联络机制,更好发挥人大代表作用。健全人大组织制度、选举制度和议事规则"②。为此,就需要完善人大代表选举制度,加强同人大代表的联系、加强同人民群众的联系,支持和保障人大代表履行宪法法律赋予的职责。

(一)人大代表肩负人民重托,责任重大,使命光荣

人大代表是国家权力机关的组成人员,代表人民的利益和意志,依法执行代表职务,参加行使国家权力。人大工作能否取得积极成效,国家权力机关作用能否得到充分发挥,同人大代表履职尽责、发挥作用密不可分。因此,习近平总书记指出:"人大代表肩负人民重托,责任重大,使命光荣。"③具体来说,主要是三个方面。

一是增强政治责任感。人大代表依法参加行使国家权力,是很严肃的政治任务。习近平总书记明确要求:"每一位人大代表都要站稳政治立场,严格遵守政治纪律,做政治上的明白人。"④具体来说,就是要旗帜鲜明讲政治,不断增强"四个意识",坚定"四个自信",做到"两个维护",提高政治站位和政治能力,坚决维护党中央权威和集中统一领导,自觉在

---

① 习近平:《在庆祝全国人民代表大会成立六十周年大会上的讲话》,《十八大以来重要文献选编》(中),中央文献出版社 2016 年版,第 58 页。
② 《〈中共中央关于坚持和完善中国特色社会主义制度、推进国家治理体系和治理能力现代化若干重大问题的决定〉辅导读本》,人民出版社 2019 年版,第 11 页。
③ 《习近平关于社会主义政治建设论述摘编》,中央文献出版社 2017 年版,第 49 页。
④ 《习近平关于社会主义政治建设论述摘编》,中央文献出版社 2017 年版,第 49 页。

思想上政治上行动上同党中央保持高度一致,确保党的路线方针政策和决策部署在国家权力机关工作中得到全面贯彻和有效执行。

二是密切联系人民群众。人大代表由人民选举产生,对人民负责,受人民监督。习近平总书记要求人大代表增强群众观念,"发挥来自人民、植根人民的特点,接地气、察民情、聚民智,努力做到民有所呼、我有所应"①。要深入基层一线,广泛听取群众的意见建议,真实反映群众的愿望要求,不断推动解决人民群众最关心最直接最现实的利益问题。要采取多种方式经常听取人民群众对自己履职的意见,回答所在选区选民或者所在选举单位对代表工作和代表活动的询问,接受监督。无论是审议还是提出议案建议,都要提高站位、着眼大局,讲真话、讲实情,不做表面文章,使人大通过的法律、决定决议经得起历史和人民的检验。

三是严格要求自己。人大代表是代表人民群众行使国家权力,应该自觉遵守社会公德、廉洁自律,为人民群众作出表率。习近平总书记要求人大代表:"要严格要求自己,自觉弘扬和践行社会主义核心价值观,加强道德修养,清清白白做人、干干净净做事。"②有少数非公有制经济人士成为人大代表,不是为党和政府分忧、为人民幸福出力,而是拉大旗作虎皮,变本加厉谋取自己的利益。因此,要教育引导非公有制经济人士明白,成为人大代表,不是打通关节的钥匙,不是获取利益的通道,而是为人民服务、为国家发展建言出力的责任状。同时也要从制度上规定,人大代表要正确处理从事个人职业活动与履行代表职务的关系,不得利用人大代表身份,通过干预执法、干涉具体司法案件或插手招标投标等,牟取个人、小团体和特定关系人的利益;在参加会议期间、开展代表活动时,不得拉关系、办私事、变相从事商业活动。

(二)支持和保障人大代表履行宪法法律赋予的职责

根据宪法和有关法律规定,人大代表在出席人大会议期间依法行使

---

① 《习近平关于社会主义政治建设论述摘编》,中央文献出版社 2017 年版,第 49 页。

② 《习近平关于社会主义政治建设论述摘编》,中央文献出版社 2017 年版,第 49—50 页。

代表职权,审议和表决各项议案和报告,选举和决定国家机关组成人员,提出议案建议等。在闭会期间,通过代表小组活动、代表接待日、走访选民等多种形式,与原选举单位和选民保持密切联系,充分了解社情民意;通过列席常委会会议,参与常委会组织的立法调研和执法检查等,监督和推动人大常委会的工作。在每次人大会议召开前,本级人大常委会还组织代表,在本行政区域内对本级国家机关和有关单位的工作进行视察或专题调研,提出改进工作的意见和建议等。

为支持和保障人大代表依法履职,防止各种干扰,免受各种非法侵害,宪法和代表法等规定了保障人大代表依法履职的具体措施。主要有:人大代表在本级人民代表大会各种会议上的发言和表决,不受法律追究,在会议期间非经本级人民代表大会主席团许可、在闭会期间非经本级人大常委会许可,不受逮捕或者刑事审判,也不得对其采取其他限制人身自由措施。人大代表执行职务,依法享受时间保障和物质保障,其所在单位应当按正常出勤对待,享受所在单位的工资和其他待遇。无固定工资收入的人大代表执行代表职务,根据实际情况由本级财政给予适当补贴。人大代表的活动经费,应当列入本级财政预算予以保障,专款专用。人大代表在会议期间的工作和闭会期间的活动都是执行代表职务,一切组织和个人必须尊重代表的权利,支持代表执行职务。

党的十八大以来,各级人大及其常委会坚持尊重人大代表主体地位、充分发挥人大代表作用,把充分发挥代表作用作为坚持和完善人民代表大会制度的重要内容,不断推进代表工作制度化取得新进展。如完善人大常委会联系人大代表、人大代表联系人民群众制度,畅通社情民意表达和反映渠道;拓展人大代表参与人大常委会、专门委员会工作的广度和深度,提高人大工作质量和水平。特别是认真审议人大代表议案、办理人大代表建议,努力做到件件有着落、事事有回音。如十二届全国人大期间,代表共提出 2366 件议案,其中 514 件议案涉及的 59 个立法项目已经审议通过,153 件议案涉及的 12 个立法项目正在审议,37 件议案涉及的 22 个监督项目已经组织实施。共提出建议 41353 件,将代表反映比较集中的 860 件建议合并归类为 91 项,交由有关专门委员会重点督办,推动解决了一批关系群众切身利益的重点难点问题。如 2018 年 3 月十三届全国人大一次会议期间,代表们共提出 7139 件建议,集中在打好三大攻坚战、实施乡村振兴战略、推动经济高质量发展以及保障和改善民生等方面。在广泛征求各方面意见的基础上,全国人大常委会办公厅确定了 20 项重点督办建议,涉及代表建议 192 件。到 2018 年底,会议期间代表提出的建议已经全部办理完毕并答复代表。从办理结果看,代表建议所提问题得到解决或计划逐步解决的占建议总数的 75.8%。

为保障人大代表知情知政,各级人大及其常委会组织代表履职学习和专题调研,为代表依法履职提供了有力的服务、保障和支持。通过系统学习宪法和相关法律,使代表进一步增强法治观念,不断提升运用法治思维和法治方式开展工作、解决问题的能力。通过拓展专业领域,优化知识结构,使代表全面了解和把握国家经济和社会的重大情况,为依法履职打下坚实基础。

第四章　加强中国特色社会主义政党制度建设

　　中国共产党领导的多党合作和政治协商制度,是我国的一项基本政治制度。习近平总书记指出:"讲我们党、我们国家的制度优势和特点,中国共产党领导的多党合作和政治协商制度是很重要的一个方面。几十年的实践证明,这个制度是适合我国国情的,已植根于我国土壤,构成了中国特色社会主义制度的一个鲜明特色。"[①]中国共产党领导的多党合作和政治协商制度,既是我国作为实行政党政治的国家而具有的社会主义政党制度,也是人民政协作为发扬社会主义民主重要形式的制度载体。党的十九届四中全会通过的《中共中央关于坚持和完善中国特色社会主义制度　推进国家治理体系和治理能力现代化若干重大问题的决定》,就坚持和完善中国共产党领导的多党合作和政治协商制度首先指出:"贯彻长期共存、互相监督、肝胆相照、荣辱与共的方针,加强中国特色社会主义政党制度建设"。[②]

一、我国新型政党制度的产生及其同旧式政党制度的区别

　　2018年3月4日,习近平总书记在看望参加政协会议的民盟、致公党、无党派人士、侨联界委员时发表重要讲话,明确把中国共产党领导的

―――――――――

　　① 《习近平关于社会主义政治建设论述摘编》,中央文献出版社2017年版,第74页。
　　② 《〈中共中央关于坚持和完善中国特色社会主义制度、推进国家治理体系和治理能力现代化若干重大问题的决定〉辅导读本》,人民出版社2019年版,第11页。

多党合作和政治协商制度称作"新型政党制度",指出:"中国共产党领导的多党合作和政治协商制度作为我国一项基本政治制度,是中国共产党、中国人民和各民主党派、无党派人士的伟大政治创造,是从中国土壤中生长出来的新型政党制度。"并且要求:"我们应该不忘多党合作建立之初心,坚定不移走中国特色社会主义政治发展道路,把我国社会主义政党制度坚持好、发展好、完善好。"①

1948 年,中共中央发布"五一口号",得到了民主党派、无党派民主人士的热烈响应,开始筹备召开中国人民政治协商会议,孕育出中国共产党领导的多党合作和政治协商制度。1949 年 9 月中国人民政治协商会议第一届全体会议,通过协商方式将各方力量凝聚在一起并建立新国家,标志着中国共产党领导的多党合作和政治协商制度正式形成。回顾这一历史过程,习近平总书记用"三个新就新在""三个有效避免",揭示我国新型政党制度同旧式政党制度的区别、实现的深刻变革,使我们对我国政党制度的认识提到了新的科学水平。

(一)实现了从利益纷争向利益整合的深刻变革

习近平总书记从政党制度的利益表达功能揭示我国新型政党制度同旧式政党制度的区别,指出新型政党制度"新就新在它是马克思主义政党理论同中国实际相结合的产物,能够真实、广泛、持久代表和实现最广大人民根本利益、全国各族各界根本利益,有效避免了旧式政党制度代表少数人、少数利益集团的弊端"②。

按照马克思主义政党理论,政党总是阶级的组织,总是一定阶级利益的代表。中国共产党从来不回避自己的阶级属性,始终认为自己是中国工人阶级利益的忠实代表。但中国共产党也清醒地认识到,在中国这样的一个贫苦农民占绝对多数的国度里,农民阶级是工人阶级的天然同盟

---

① 习近平:《中国共产党领导的多党合作和政治协商制度是从中国土壤中生长出来的新型政党制度》,《论坚持党对一切工作的领导》,中央文献出版社 2019 年版,第 242、243 页。

② 习近平:《中国共产党领导的多党合作和政治协商制度是从中国土壤中生长出来的新型政党制度》,《论坚持党对一切工作的领导》,中央文献出版社 2019 年版,第 242 页。

军,必须同时代表农民阶级的利益。无产阶级只有解放全人类,才能最终解放自己。中国共产党也认识到,在中国民族资产阶级、小资产阶级也受到帝国主义、封建主义、官僚资产阶级的压迫,具有革命和进步的性质,是需要争取的同盟者。因此,中国共产党始终主张代表最广大人民根本利益,兼顾包括民族资产阶级、小资产阶级在内的全国各族各界利益。这一点从中共中央发布的"五一口号"中可以看得出来。"五一口号"号召解放区"坚定不移地贯彻发展生产、繁荣经济、公私兼顾、劳资两利的工运政策和工业政策","与资本家建立劳资两利的合理关系,为共同发展国民经济而努力"。蒋管区的职工"在解放军占领城市的时候,自动维持城市秩序,保护公私企业","联合被压迫的民族工商业者,打倒官僚资本家的统治,反对美帝国主义者的侵略"。特别是第四条:"全国劳动人民团结起来,联合全国知识分子、自由资产阶级、各民主党派、社会贤达和其他爱国分子,巩固与扩大反对帝国主义、反对封建主义、反对官僚资本主义的统一战线,为着打倒蒋介石,建立新中国而共同奋斗。"①明确表明了中国共产党联合民族资产阶级、小资产阶级知识分子,结成统一战线,推翻"三座大山",建立新中国的政治主张。中国共产党的这种具有巨大利益包容性的政治立场,理所当然地得到了当时作为民族资产阶级和城市小资产阶级政党的各民主党派的热烈响应和衷心拥护。

我国新型政党制度为什么能够真实、广泛、持久代表和实现最广大人民根本利益,具有巨大的利益包容性和兼顾性,有效避免旧式政党制度中各种不同政治力量为自己的利益而固执己见、排斥异己的弊端,根本原因在于构成这一政党制度的各主体中国共产党和各民主党派都秉持了中华民族一贯倡导的"天下为公"的政治理念。中国共产党成立之初,就把为中国人民谋幸福、为中华民族谋复兴作为自己的初心和使命,党的十九大报告依然响亮喊出"大道之行,天下为公"。各民主党派之所以放弃"第三条道路"的幻想,选择同共产党团结合作,一起推翻国民党独裁政权,

---

① 《人民政协重要文献选编》(上),中央文献出版社、中国文史出版社 2009 年版,第1—3页。

也在于要回归和信守孙中山先生倡导的"天下为公"。早在抗日战争时期，毛泽东同志就指出："国事是国家的公事，不是一党一派的私事。因此，共产党员只有对党外人士实行民主合作的义务，而无排斥别人、垄断一切的权利。"①正是这种天下为公的情怀、立党为公的境界，成为中国共产党与各民主党派长期团结合作的首要政治理念。中国特色社会主义进入新时代，新型政党制度要发挥最大限度地代表最广大人民根本利益，统筹兼顾社会各阶层各方面具体利益的作用，最重要的就是要弘扬天下为公的政治理念。无论是中国共产党执政施政，还是民主党派参政监督，都必须秉持公心，坚持以人民为中心的发展思想，牢固树立人民利益至上原则，坚持真理、敢于担当，找到最大公约数，画出最大同心圆。

（二）实现了从政党恶斗向团结合作的深刻变革

习近平总书记从政党制度的运作方式揭示我国新型政党制度同旧式政党制度的区别，指出新型政党制度"新就新在它把各个政党和无党派人士紧密团结起来、为着共同目标而奋斗，有效避免了一党缺乏监督或者多党轮流坐庄、恶性竞争的弊端"②。

中共中央发布"五一口号"之时，正值解放战争进入决战阶段。人民解放军转入战略进攻，在各个战场上相继取得胜利，夺取全国政权已成定局。国民党的战事虽是强弩之末，仍然负隅顽抗。国民党在南京召开伪国大，选举蒋介石为总统。此举目的在于表明国民党政权的正统性，抵制共产党即将建立的民主联合政府新政权。是要蒋介石的国民党一党专制的政府，还是要共产党历来倡导和致力于的民主联合政府，成了各民主党派面临的重大选择。毛泽东同志重新拟定的第五条号召："各民主党派、各人民团体、各社会贤达，迅速召开政治协商会议，讨论并实现召集人民代表大会、成立民主联合政府！"这一口号迅即得到各民主党派、无党派

---

① 《在陕甘宁边区参议会的演说》，《毛泽东选集》第三卷，人民出版社1991年版，第809页。

② 习近平：《中国共产党领导的多党合作和政治协商制度是从中国土壤中生长出来的新型政党制度》，《论坚持党对一切工作的领导》，中央文献出版社2019年版，第242页。

民主人士热烈响应,是因为这一号召说出了他们的心声和共同愿望:建立一个独立、民主、和平、统一的新中国。李济深、沈钧儒、马叙伦、郭沫若等55名各民主党派负责人和民主人士,在 1949 年 1 月 22 日联合发表的《我们对时局的意见》中明确表示了在中国共产党领导下早日实现"独立、自由、和平、幸福的新中国"的愿望。

新中国的成立,是中国共产党同各民主党派团结合作的伟大成果,由此也形成我国新型政党制度的鲜明特点:共产党领导、多党派合作;共产党执政、多党派参政。只有坚持中国共产党的领导,巩固党的长期执政地位,才能避免多党轮流坐庄、相互竞争甚至相互倾轧的弊端。只有支持民主党派按照中国特色社会主义参政党要求更好履行职能,做中国共产党的挚友和诤友,才能避免一党缺乏监督犯了错误也浑然不知的弊端。中国特色社会主义进入新时代,坚持和完善我国新型政党制度,中国共产党担负着首要责任,要加强对政党协商的领导,营造宽松民主的协商环境,完善政党协商的内容和形式,建立健全知情和反馈机制。民主党派担负起参与者、实践者、推动者的政治责任,要认真搞好调查研究,努力提高政党协商能力,紧扣党和国家中心工作履职尽责。

(三)实现了从专制政治向人民民主的深刻变革

习近平总书记从政党制度的决策机制揭示我国新型政党制度同旧式政党制度的区别,指出新型政党制度"新就新在它通过制度化、程序化、规范化的安排集中各种意见和建议、推动决策科学化民主化,有效避免了旧式政党制度囿于党派利益、阶级利益、区域和集团利益决策施政导致社会撕裂的弊端"①。

人民民主是中国共产党始终高扬的旗帜,实现人民当家作主是中国共产党历来追求的目的。毛泽东同志曾坦言,缺乏民主是中国很大的缺点,认为只有通过民主,才能取得抗战的胜利,才能建设一个好的国家。

---

① 习近平:《中国共产党领导的多党合作和政治协商制度是从中国土壤中生长出来的新型政党制度》,《论坚持党对一切工作的领导》,中央文献出版社 2019 年版,第 242 页。

中国特色社会主义政治制度的伟大创造

我国各民主党派之所以叫作"民主"党派,也在于实现民主政治是其永恒不变的主题,曾不约而同地提出"民治实为其中心,必须政治民主,才是贯彻民有,才能实现民享","以发扬民主精神推进中国民主政治之实现为宗旨","实行民族革命,建立真正的民主共和国","促进民主政治之实现,争取人民之基本自由","建立独立、民主、幸福之新中国为最高理想"等主张。正是中国共产党实行人民民主的决心和诚意,与各民主党派追求和向往民主政治的愿望高度契合,使得各民主党派由衷地响应中共中央"五一口号",共同创造了我国新型政党制度,推动实现了中国从几千年封建专制政治向人民民主的伟大飞跃。

实现人民民主,需要有适合中国国情的民主形式,这就是中国共产党在抗日民主根据地"三三制"政权建设中实行的协商民主。在发布"五一口号"过程中,中国共产党自觉地运用了这种协商议事的精神,十分注意听取和尊重民主党派的意见。在发布"五一口号"前后,毛泽东同志都同民革和民盟负责人进行了充分协商。正是由于中国共产党同各民主党派的事先充分协商,才有了中国人民政治协商会议第一届全体会议的成功召开,完成建立新中国大业,同时也使得协商民主这一在中国有根有源有生命力的民主形式彰显出具有中国智慧的独特优势。我国新型政党制度及其组织载体人民政协,是具有中国特色的制度安排,其显著优势就在于通过制度化、程序化、规范化,形成决策科学化民主化的机制,广开言路,博采众谋,集思广益,增强合力。中国特色社会主义进入新时代,多党合作要有新气象,对坚持和完善我国新型政党制度提出新要求。习近平总书记指出:"中国共产党领导的多党合作和政治协商制度,既强调中国共产党的领导,也强调发扬社会主义民主。政治协商、民主监督、参政议政,就是这种民主最基本的体现。坚持中国共产党的领导,不是不要民主了,而是要形成更广泛、更有效的民主。"①中国特色社会主义进入新时代,要

---

① 习近平:《中国共产党领导的多党合作和政治协商制度是从中国土壤中生长出来的新型政党制度》,《论坚持党对一切工作的领导》,中央文献出版社2019年版,第243页。

像党的十九届四中全会《决定》所要求的"展现我国新型政党制度优势"①,努力把中国共产党和各民主党派、无党派人士共同创造的新型政党制度坚持好、发展好、完善好,进一步开创多党合作新局面。

二、对我国民主党派性质认识的深化过程

我国是实行政党政治的国家,在我国政党格局中,除了唯一执政党中国共产党,还有八个民主党派是参政党。对民主党派性质的认识,始终是搞好多党合作、充分发挥民主党派作用的大问题。在这个问题上,我们既有成功的经验,也有失误的教训。2013 年 2 月 6 日,习近平总书记在同党外人士共迎新春时指出:"实现我们的奋斗目标,需要全国上下共同努力,需要加强中国共产党同各民主党派和无党派人士的团结合作。各民主党派是同中国共产党通力合作的中国特色社会主义参政党,无党派人士是我国政治生活中的一支重要力量。"②这是中共中央总书记第一次明确我国民主党派是中国特色社会主义政党,实现了对民主党派性质认识的新飞跃。

(一)我国民主党派性质变化的过程

我国民主党派的性质不是一成不变的,而是随着其社会基础的变化而变化的。社会基础是政党存在的前提和条件,我国的民主党派作为政党也不例外。我国民主党派的性质变化大体有三个阶段。

一是作为阶级联盟的政党。在新民主主义革命时期,我国民主党派是民族资产阶级、小资产阶级的政党,这些阶级都是当时的进步阶级、革命阶级。新中国成立后建立的人民民主专政,就是工人阶级、农民阶级、小资产阶级和民族资产阶级四个革命阶级的联合专政。针对当时有人认为民主党派对于新中国的建立只是"一根头发的功劳",一根头发拔去不

---

① 《〈中共中央关于坚持和完善中国特色社会主义制度、推进国家治理体系和治理能力现代化若干重大问题的决定〉辅导读本》,人民出版社 2019 年版,第 12 页。

② 《习近平关于社会主义政治建设论述摘编》,中央文献出版社 2017 年版,第 53 页。

拔去都一样的说法,毛泽东同志说:要向大家说清楚,从长远和整体看,必须要民主党派。民主党派是联系小资产阶级和资产阶级的,政权中要有他们的代表才行。认为民主党派是"一根头发的功劳"的说法是不对的。从民主党派背后联系的人们看,就不是一根头发,而是一把头发,不可藐视。刘少奇同志更明确地说:"中国各民主党派的社会基础是民族资产阶级、上层小资产阶级和它们的知识分子。"①

关于新中国成立初期作为民族资产阶级、小资产阶级政治代表的民主党派,毛泽东同志认为其仍然具有两面性。当时的中国既然还有阶级和阶级斗争,就不会没有各种形式的反对派。民主党派和无党派人士中的许多人,实际上就是程度不同的反对派。在一些重大问题上,他们都是又反对又不反对。但他们也是会变的,常常是由反对走到不反对。为此,就要通过学习进行思想改造。

1956年,我国社会主义生产资料所有制改造基本完成,我国社会结构发生了很大变化,剩下了两大阶级,即工人阶级和农民阶级;还有一个阶层,即知识分子阶层。相应地,民主党派的性质也就发生了变化。刘少奇同志在党的八大政治报告中指出:"在社会主义改造完成以后,民族资产阶级和上层小资产阶级的成员将变成社会主义劳动者的一部分。各民主党派就将变成这部分劳动者的政党。"②应当说,这是一个正确的判断。但是,1957年反右派斗争的扩大化,导致重新认为民主党派"过去和现在都是资产阶级政党",对其实行团结教育改造的方针。当然,进行自我改造的不单是民主党派,所有人包括共产党员在内都要自我改造。周恩来同志指出:"改造要互相帮助,互相学习。没有人是专门改造别人的。自居于领导,自居于改造别人的人,其实自己首先需要改造。"因此,民主党派、知识分子的"自我改造是为了进步,是光荣的事情。"③

---

① 刘少奇:《共产党员必须同党外人士团结合作》,《人民政协重要文献选编》(上),中央文献出版社、文史出版社2009年版,第282页。

② 刘少奇:《共产党员必须同党外人士团结合作》,《人民政协重要文献选编》(上),中央文献出版社、文史出版社2009年版,第282页。

③ 周恩来:《论知识分子问题》,《人民政协重要文献选编》(上),中央文献出版社、文史出版社2009年版,第329页。

　　二是作为政治联盟的政党。改革开放后，邓小平同志根据我国社会阶级结构的深刻变化，将民主党派性质明确表述为"各自所联系的一部分社会主义劳动者和一部分拥护社会主义的爱国者的政治联盟，都是在中国共产党领导下为社会主义服务的政治力量"①。他认为，各民主党派同我们党有过长期合作、共同战斗的历史，是我们党的亲密朋友。在争取新民主主义革命胜利和建立中华人民共和国的斗争中，各民主党派都发挥了重要的作用。新中国成立以后，各民主党派和工商联推动和帮助各自的成员以及所联系的人们，接受社会主义改造，参加社会主义建设，参加反对国内外敌人的斗争，也都作出了宝贵的贡献。在"文化大革命"中，各民主党派绝大多数人经受住了严峻的政治考验，仍然坚信共产党的领导，没有动摇走社会主义道路的决心。各民主党派已经成为进一步为社会主义服务的政治力量。他指出："在中国共产党的领导下，实行多党派的合作，这是我国具体历史条件和现实条件所决定的，也是我国政治制度中的一个特点和优点。"②根据邓小平同志的指示，1989 年颁发的《中共中央关于坚持和完善中国共产党领导的多党合作和政治协商制度的意见》，提出各民主党派"是接受中国共产党领导的，同中共通力合作、共同致力于社会主义事业的亲密友党，是参政党"③。

　　三是具有中国特色社会主义性质的政党。2005 年《中共中央关于进一步加强中国共产党领导的多党合作和政治协商制度建设的意见》，将民主党派的性质表述为："是接受中国共产党领导、同中国共产党通力合作的亲密友党，是进步性与广泛性相统一、致力于中国特色社会主义事业的参政党。"④朝着认定民主党派是中国特色社会主义的参政党迈出了重要一步。在此基础上，习近平总书记首次提出"各民主党派是同中国共产党通力合作的中国特色社会主义参政党"的重要论断。前者是做了扫

------

　　①　《新时期的统一战线和人民政协的任务》，《邓小平文选》第二卷，人民出版社 1994 年版，第 186 页。

　　②　《各民主党派和工商联是为社会主义服务的政治力量》，《邓小平文选》第二卷，人民出版社 1994 年版，第 205 页。

　　③　《人民政协重要文献选编》（中），中央文献出版社、文史出版社 2009 年版，第 480 页。

　　④　《人民政协重要文献选编》（下），中央文献出版社、文史出版社 2009 年版，第 761 页。

清外围的工作,后者是突破了核心问题。

(二)提出"中国特色社会主义参政党"的创新性意义

习近平总书记提出"中国特色社会主义参政党"概念,含义深刻,意义重大。

一是揭示了民主党派具有中国特色社会主义性质,进一步打牢共同的政治基础。我们搞的社会主义,是中国特色社会主义。这既是中国共产党在现阶段的基本纲领,也是包括民主党派在内的全体中国人民的共同理想。坚持和发展中国特色社会主义是相当长的一个时期中国共产党和民主党派共同的历史任务。把民主党派定位于"中国特色社会主义参政党",有利于在共同思想政治基础之上加强中国共产党同各民主党派和无党派人士团结合作,共同致力于实现中华民族伟大复兴的中国梦。

二是明确了民主党派独具中国特色的参政党性质,有利于巩固中国共产党的长期执政地位。中国共产党从掌握全国政权后就已经成为事实上的中国执政党,并且周恩来、邓小平、刘少奇同志也先后使用过"执政党"概念,1956 年 9 月中共八大通过的《中国共产党章程》对中国共产党的执政党地位予以确认:"中国共产党已经是执政的党,因此特别应当注意谦虚谨慎,戒骄戒躁。"在社会主义的中国,中国共产党既然是执政党,就需要明确与它相对应的其他类别的政党。民主党派是"参政党"概念的提出,标志着中国存在着一种独具中国特色的新的类型的政党。之所以说它是新的类型的政党,主要在于它无法按现有的政党类别进行归类。它不以执掌政权为目的,不同于执政党,同时又参加国家政权,不同于其他国家的在野党。也就是说,在政不在野,参政不执政。在我国民主党派不是在野党,更不是反对党,而是中国共产党的亲密友党。民主党派这种类型的政党的出现,既是我国民主党派合乎历史逻辑发展的必然结果,也是中国共产党实现长期执政的必然要求。

三是解决了对民主党派更加信任的问题,有利于国家政治格局的稳定。当今世界并不太平,意识形态领域看不见硝烟的战争无处不在,政治领域没有枪炮的较量一直未停。从 21 世纪初开始,以美国为代表的西方国家在独联体国家和中亚地区策划了一系列以颜色命名的政权变更运动,即"颜色革命"。其实质是西方政治制度模式的输出、政治发展道路的改变。习近平总书记指出:"西方国家策划'颜色革命',往往从所针对的国家的政治制度特别是政党制度开始发难,大造舆论,大肆渲染,把不同于他们的政治制度和政党制度打入另类,煽动民众搞街头政治。"①西方敌对势力的这种图谋,对我国也产生了不小的影响。有的人总觉得"自家的肉不香,人家的菜有味",一提到政党制度就"言必称希腊",把西方两党制、多党制奉为圭臬,觉得不搞多党竞选、轮流执政不能算民主制度。事实上,我国有民主党派这样的跟执政党通力合作的政治力量,正是我国政党制度的一大特点和优势。习近平总书记指出:"我到一些国家访问时,不少发展中国家领导人羡慕我们的多党合作制度,说他们就缺少像中国民主党派这样跟执政党通力合作的政治力量,各政党相互争斗,不仅很难干成什么事,而且造成社会政治动荡不已。试想一下,如果民主党派等统一战线成员不是同我们党肝胆相照、荣辱与共,而是同我们党唱不一样的调,甚至跑到我们党的对立面去了,那我国政治生活会变成什么样子? 就不会有政局稳定。没有政局稳定,什么事都做不成。"他从中引出了一个通俗的道理:"人们有的时候就是这样,对一些很重要的东西,拥有时不懂得珍惜,失去了方觉可贵。"②现在我们有这样的民主党派,可能不觉得有什么了不起,但到没有民主党派,社会上出现了同中国共产党拼命争斗的反对派,那时我们就会后悔莫及。因此,今天要格外珍惜我国的多党合作,珍惜我们的亲密友党。2018 年 3 月 4 日,习近平总书记在看望参加政协会议的民盟、致公党、无党派人士、侨联界委员时希望,"各民主党派和无党派人士要做中国共产党的好参谋、好帮手、好同事,增强责任和担当,共同把中国的事情办好"③。"三好"的提法,体现了中国共产

①　《习近平关于社会主义政治建设论述摘编》,中央文献出版社 2017 年版,第 18 页。

②　习近平:《深刻认识做好新形势下统战工作的重大意义》,《十八大以来重要文献选编》(中),中央文献出版社 2016 年版,第 557 页。

③　习近平:《中国共产党领导的多党合作和政治协商制度是从中国土壤中生长出来的新型政党制度》,《论坚持党对一切工作的领导》,中央文献出版社 2019 年版,第 243 页。

党对民主党派作为亲密友党的高度信任,把对民主党派性质的认识提到了新的高度。

三、支持民主党派更好履行职能

习近平总书记认为,更好体现我国新型政党制度的效能,着力点在发挥好民主党派和无党派人士的积极作用。为此,就要支持民主党派按照中国特色社会主义参政党要求更好履行职能。党的十九届四中全会《决定》提出"完善支持民主党派和无党派人士履行职能方法"①。《中国共产党统一战线工作条例》规定:民主党派的基本职能是参政议政、民主监督,参加中国共产党领导的政治协商。习近平总书记关于支持民主党派更好履行职能的思想,主要有三点。

(一)开展政党协商,需要中国共产党和各民主党派共同努力

首先,习近平总书记明确了政党协商在政治协商中的首要地位。在我国,政治协商主要有两个范围,一是中国共产党同各民主党派的政治协商,二是中国共产党在人民政协同各民主党派和各界代表人士的协商。从广义来看,两个范围的政治协商都可以是政治协商。但从狭义的政治协商即围绕政治性议题而开展的协商来看,二者又是有区别的。我们不妨从各自的政治协商的主要内容来分析。政党协商的主要内容是:中国共产党全国和地方各级代表大会、中央和地方各级党委的有关重要文件;宪法的修改建议,有关重要法律的制定、修改建议,有关重要地方性法规的制定、修改建议;人大常委会、政府、政协领导班子成员和人民法院院长、人民检察院检察长建议人选;关系统一战线和多党合作的重大问题。政协协商的主要内容是:国家大政方针和地方的重要举措以及政治、经济、文化和社会生活中的重要问题,各党派参加人民政协工作的共同性事

---

① 《〈中共中央关于坚持和完善中国特色社会主义制度、推进国家治理体系和治理能力现代化若干重大问题的决定〉辅导读本》,人民出版社 2019 年版,第 12 页。

务,政协内部的重要事务,以及有关爱国统一战线的其他重要问题等。二者相比较,前者协商的完全是政治性议题,而后者只是有部分的政治性议题。前者是严格意义上的政治协商,后者是广义的政治协商或者说是社会协商。这是强调政治协商主要是政党协商的主要原因。

其次,习近平总书记强调中国共产党和民主党派共同努力搞好政党协商。2015年《中共中央关于加强社会主义协商民主建设的意见》下发后不久,习近平总书记在同党外人士共迎新春时就指出:"要着力推动政党协商深入开展。中共中央制定了《关于加强社会主义协商民主建设的意见》,对指导和推进我国协商民主广泛多层制度化发展具有重要意义。搞好政党协商,需要中国共产党和各民主党派共同努力。民主党派在提高政党协商水平中担负着重要责任,但中国共产党担负着首要责任,因为我们是执政党,应该更加自觉地做到虚怀若谷、集思广益。"[1]2015年12月10日在中共中央召开的党外人士座谈会上,他又一次指出:"开展政党协商,需要中国共产党和各民主党派共同努力。对中国共产党来讲,要加强对政党协商的领导,增强协商意识,更加善于协商。对民主党派而言,要努力提高政党协商能力,担负起政党协商参与者、实践者、推动者的政治责任。"[2]明确各自的责任,发挥好各自的作用,才能把政党协商这一社会主义民主的重要形式坚持好、发展好、运用好。

在政党协商中,中国共产党担负着首要责任。我国的多党合作和政治协商是由中国共产党领导进行的,加强党对政党协商的领导是题中应有之义。党对政党协商的领导主要是政治领导,即政治原则、政治方向、重大方针政策的领导,主要体现为把握正确方向,充分发扬民主,广泛集智聚力,确保政党协商规范有序、务实高效、充满活力。因此,必须坚持平等协商的原则。政党协商不同于一般的征求意见的过程,关键在于协商主体的平等地位。支持民主党派参加政党协商,要做到平等交流、坦诚沟

---

① 《习近平关于社会主义政治建设论述摘编》,中央文献出版社2017年版,第73—74页。

② 《习近平关于社会主义政治建设论述摘编》,中央文献出版社2017年版,第75—76页。

通,关键在于平等。中国共产党在政党协商中的首要作用,还表现为营造良好的协商环境,鼓励不同意见交流和讨论。在政党协商中,民主党派给人的印象多是表态赞成,没有提出多少不同的意见,更少批评性意见。正因为如此,习近平总书记指出:"我们将一如既往营造宽松民主的协商环境,鼓励不同意见交流和讨论,真正形成知无不言、言无不尽的氛围。我们将继续为党外人士搭建更多平台、创造更好条件,帮助大家了解有关情况,支持大家搞好调查研究。"①

在政党协商中,民主党派担负着参与者、实践者、推动者的政治责任。这"三者"的定位有深刻寓意。首先是参与者,也就是说,民主党派在政党协商中是起参与作用而不是主导作用,这个角色要明确,不能喧宾夺主。正因为如此,《中国共产党统一战线工作条例(试行)》把民主党派的第三项职能明确为"参加中国共产党领导的政治协商",而不是简单的"政治协商"。因此,民主党派参加政党协商要紧扣中国共产党和国家中心工作履职尽责,而不能偏离或游离其外。其次是实践者,也就是说,民主党派在政党协商中要发挥具体实施作用,既不是谋划者,也不是旁观者。要把参加政党协商作为重中之重的大事,建真言、谋良策、出实招,对凝聚共识、优化决策起到积极作用。再次是推动者,也就是说,民主党派在政党协商中要起积极的促进作用,而不是消极的被动作用。政党协商的效能能不能体现出来,在很大程度上取决于民主党派作用的发挥。因此,民主党派要更加积极主动地参加政党协商,以高质量的协商成果推动政党协商不断完善和发展。

再次,习近平总书记强调建立健全政党协商体制机制。他指出:"协商就要诚心诚意、认认真真、满腔热情听取意见和建议,有事要商量、多商量,不能想起了、有空了、拖不过去了才协商。要完善政党协商的内容和形式,建立健全知情和反馈机制,增加讨论交流的平台和机会。协商前,党委和政府有关部门要向民主党派和无党派人士通报有关情况,让他们知情,知情才能真协商。协商中不要各说各话、流于形式,要有互动、有商

---

① 《习近平关于社会主义政治建设论述摘编》,中央文献出版社2017年版,第74页。

量,使协商对凝聚共识、优化决策起到作用。"①习近平总书记这里强调了三个问题。一是要有协商的诚意,不能把协商当作应景之作,当作中共党委主要领导同志个人随意行为,为此必须加强协商的计划性。每年年初中共党委要在广泛听取民主党派意见建议的基础上,研究提出全年会议协商计划,确定议题、时间、参加范围等,并严格组织实施,不得因个别领导同志而任意调整甚至取消。二是协商就要真协商,知情才能真协商,为此必须建立健全知情机制。知情才能出力,明政才能参政。知情明政关系到对民主党派的信任问题。民主党派是中国共产党的亲密友党,是自己人,没有什么不好讲的。有些重要文件,可以在一定范围内向民主党派负责同志通报,让他们及时了解党中央和地方党委的精神;相关部门要定期围绕重大问题举行通报会、报告会等,介绍情况、回应具体问题。三是要注意克服协商中的形式主义问题,为此必须加强协商活动的互动性。习近平总书记指出:"完善政党协商制度决不是搞花架子,要做到言之有据、言之有理、言之有度、言之有物,真诚协商、务实协商,道实情、建良言,参政参到要点上,议政议到关键处,努力在会协商、善议政上取得实效。"②

(二)探索开展民主监督的有效形式

2015年5月18日在中央统战工作会议上的讲话中,习近平总书记再次提及毛泽东和黄炎培先生在延安的"窑洞对"时指出:"当年'窑洞对'的问题已经彻底解决了吗?恐怕还没有。一些领导干部怕监督、不愿意被监督,觉得老是有人监督不自在、干事不方便。古人说:'距谏者塞,专己者孤。'如果把监督当成挑刺儿,或者当成摆设,就听不到真话、看不到真相,有了失误、犯了错误也浑然不知,那是十分危险的。"③他要求,要从制度上保障和完善民主监督,探索开展民主监督的有效形式。纪

① 《习近平关于社会主义政治建设论述摘编》,中央文献出版社2017年版,第75页。
② 习近平:《中国共产党领导的多党合作和政治协商制度是从中国土壤中生长出来的新型政党制度》,《论坚持党对一切工作的领导》,中央文献出版社2019年版,第243页。
③ 《习近平关于全面从严治党论述摘编》,中央文献出版社2016年版,第204页。

检监察机关要多听取民主党派和无党派人士对我们党、对党员干部的意见建议。党的十九届四中全会《决定》明确要求："健全相互监督特别是中国共产党自觉接受监督、对重大决策部署贯彻落实情况实施专项监督等机制"。①

"只有让人民来监督政府，政府才不敢松懈"，是毛泽东同志在"窑洞对"中提出的一个非常重要的思想。新中国成立后，"让人民来监督政府"全面付之于实践。与过去不同的是，由于中国共产党所处的执政地位以及党对人民政府的领导地位，最需要受监督的是中国共产党。邓小平同志指出："在中国来说，谁有资格犯大错误？就是中国共产党。犯了错误影响也最大。因此，我们党应该特别警惕。宪法上规定了党的领导，党要领导得好，就要不断地克服主观主义、官僚主义、宗派主义，就要受监督，就要扩大党和国家的民主生活。"②由于新中国建立的政权是统一战线的政权，中国共产党和民主党派之间的相互监督就非常必要。毛泽东同志提出"长期共存，互相监督"的"八字方针"，目的是让民主党派监督共产党，因为一个党耳边很需要听到不同的声音。民主党派参加了革命和建设，有一份功劳，是人民的一分子，有权来说话，来监督。邓小平同志也说："有监督比没有监督好，一部分人出主意不如大家出主意。共产党总是从一个角度看问题，民主党派就可以从另一个角度看问题，出主意。这样，反映的问题更多，处理问题会更全面，对下决心会更有利，制定的方针政策会比较恰当，即使发生了问题也比较容易纠正。"③

习近平总书记对"窑洞对"提出的监督问题高度重视。他指出："早在延安时期，毛泽东同志就提出跳出'历史周期率'的课题，党的八大规定任何党员和党的组织都必须受到自上而下的和自下而上的监督，现在我们不断完善党内监督体系，目的都是形成科学管用的防错纠错机制，不

---

① 《〈中共中央关于坚持和完善中国特色社会主义制度、推进国家治理体系和治理能力现代化若干重大问题的决定〉辅导读本》，人民出版社2019年版，第11页。
② 《共产党要接受监督》，《邓小平文选》第一卷，人民出版社1994年版，第270页。
③ 《共产党要接受监督》，《邓小平文选》第一卷，人民出版社1994年版，第273页。

断增强党自我净化、自我完善、自我革新、自我提高能力。"①经过长期努力，我国形成了由党内监督、人大监督、民主监督、行政监督、司法监督、审计监督、社会监督、舆论监督构成的社会主义监督体系。在这个监督体系中，最重要的是党内监督。党的执政地位，决定了党内监督在党和国家各种监督形式中是最基本的、第一位的。只有以党内监督带动其他监督、完善监督体系，才能为全面从严治党提供有力制度保障。执政党的自我监督堪称是一道世界性难题，是国家治理的"哥德巴赫猜想"。我们要通过加强党内监督的实际行动回答当年的"窑洞之问"，练就中国共产党人自我净化的"绝世武功"。为此就要建立健全党中央统一领导，党委（党组）全面监督，纪律检查机关专责监督，党的工作部门职能监督，党的基层组织日常监督，党员民主监督的党内监督体系，织密党内监督之网，使积极开展监督、主动接受监督成为全党的自觉行动。

一个篱笆三个桩，一个好汉三个帮。单有党内监督是远远不够的。党内监督如果不同有关国家机关监督、民主党派监督、群众监督、舆论监督等结合起来，就不能形成监督合力。因此，党的十八届六中全会通过的新修订的《中国共产党党内监督条例》，专设第六章"党内监督和外部监督相结合"，把人大、政府、监察机关、司法机关监督，人民政协民主监督，审计机关监督，民主党派监督，社会监督和舆论监督都纳入进来，对各级党委提出了支持和保证、接受和加强这些监督的要求，特别是就支持民主党派履行监督职能还单设一条，提出："各级党组织应当支持民主党派履行监督职能，重视民主党派和无党派人士提出的意见、批评、建议，完善知情、沟通、反馈、落实等机制。"

中国共产党的第一部关于统一战线的党内法规《中国共产党统一战线工作条例（试行）》，规定民主党派和无党派人士的民主监督主要有 10 种形式：在政治协商中提出意见和建议；在党委主要负责人召开的专门会议上对党委领导班子及其成员提出意见和建议；对党委党风廉政建设和反腐败工作提出意见和建议；向党委及其职能部门提出书面意见和建议；参加党

---

① 《习近平关于全面从严治党论述摘编》，中央文献出版社 2016 年版，第 214 页。

委有关方针政策、重大决策部署执行和实施情况的检查,参加廉政建设情况检查、其他专项检查和执法监督工作;受党委委托就有关重大问题进行专项监督;民主党派成员、无党派人士中的人大代表在人大会议中提出意见和建议,参加人大及其常委会和各专门委员会组织的有关调查研究;在政协召开的各种会议、组织的视察调研中提出意见,或者以提案等形式提出批评和建议;对人民法院、人民检察院工作提出意见和建议;担任司法机关和政府部门的特约人员参加相关监督检查工作。在这些监督形式中,受党委委托就有关重大问题进行专项监督是一种新形式,为此党的十九届四中全会特意强调健全对重大决策部署贯彻落实情况实施专项监督机制。

加强民主监督的关键是理解和把握民主监督是"协商式监督"这一新定位。"协商式监督"不仅是以协商方式进行的监督,而且还是成事性监督,而不是败事性监督,因而不同于多党制、两党制条件下的对抗性监督。党的十九大报告提出"协商民主是实现党的领导的重要方式",这是着眼于坚持和巩固党的领导地位和执政地位,把民主监督定位为"协商式监督"的重要考虑。习近平总书记多次表示,希望各民主党派、无党派人士发挥好民主监督职能,继承和发扬优良作风,做中国共产党的诤友挚友。但是我们也必须清楚,我国民主党派是中国特色社会主义参政党,不是在野党,更不是反对党。民主党派对执政的中国共产党的监督,是亲密友党之间的监督,是善意的监督,是帮助中国共产党集中力量办大事、成大事的监督,是补台的监督,而不是拆台的监督。在某种意义上讲,真正的批评、善意的批评是建设性的,有利于团结的,而不是破坏性的,不利于团结的。正是在这种意义上,中国共产党把批评和自我批评作为党的优良传统和作风之一,把"团结—批评—团结"作为解决人民内部矛盾的基本原则同时也作为统一战线工作的基本方针。民主党派的民主监督要用好批评这个有力武器,发言说到点子上、批评点到关键处,设身处地多提建设性意见,真正显示出实效来。

(三)履职尽责要有新作为

2018年2月6日,习近平总书记在同党外人士座谈并共迎新春时强调民主党派"履职尽责要有新作为"。首先,充分肯定民主党派和无党派人士履职尽责有所作为。他说,过去的一年,大家围绕深入推进"一带一路"建设和"大力振兴和提升实体经济"等关系国计民生的重大问题,深入考察调研,踊跃建言献策,提出意见和建议150多件,为中共中央科学决策和有效施策提供了重要参考。同志们深入开展脱贫攻坚民主监督,为打赢脱贫攻坚战作出了积极贡献。如此翔实的数据、如此之高的评价,是对民主党派和无党派人士的巨大鼓舞和鞭策。同时他也对民主党派和无党派人士履职尽责寄予厚望,主要是三点。

一是把履职思路和重点统一到新时代中国特色社会主义战略部署上来,在服务大局中找准履职尽责的切入点。统一战线服务大局,是党对统一战线的一贯要求。大局是指整体,整个局势。服务大局,首先要理解大局、把握大局。大局体现在工作层面,就是布局。中国特色社会主义事业总体布局是"五位一体"。"坚持稳中求进工作总基调,统筹推进'五位一体'总体布局",是新时代坚持和发展中国特色社会主义的基本方略的第一条。统一战线服务大局,首先要服务于统筹推进"五位一体"总体布局。我国各民主党派一直都有自己的重点界别,经过不断调整已经大体覆盖经济、政治、文化、社会、生态等领域,并且汇聚了这些领域大量的专业性精英人才,如果根据自身特点和优势找准履职尽责的切入点,就能够为我国物质文明、政治文明、精神文明、社会文明、生态文明的全面提升发挥不可或缺的重要作用。统一战线服务大局,还要紧紧围绕党和国家的重点难点问题建言献策。党的十九大报告指出,在全面建成小康社会决胜期,突出抓重点、补短板、强弱项,特别是要坚决打好防范化解重大风险、精准脱贫、污染防治的攻坚战。这"三大攻坚战"就是当前一个时期民主党派和无党派人士履职尽责的重点,要按照习近平总书记的要求,深入一线开展调查研究,提出真知灼见,为中共中央决策提出参考。

二是要着力搞好脱贫攻坚民主监督,把民主监督这一弱项强起来。在民主党派的三项职能中,民主监督是个明显的弱项。习近平总书记非常重视民主党派的民主监督,要求从制度上保障和完善民主监督,探索开展民主监督的有效形式。2015年底中央扶贫开发工作会议后,中共中央明确 8 个民主党派中央分别对口 8 个中西部省区,重点就贫困人口精准识别、精准脱贫等情况开展民主监督。这是中共中央赋予各民主党派的一项新任务,是民主党派履行民主监督职能的新领域。民主党派及统一战线广大成员,要牢牢把握这一重要契机,按照民主监督是协商监督的新定位,深入开展调查研究,重点查找问题,积极反映新情况,向中共中央、国务院提出高质量的意见建议,在为打赢脱贫攻坚战作出贡献的过程中使民主党派的民主监督彰显出应有作用。

三是协助党的政府做好矛盾化解工作。社会是在矛盾运动中前进的,社会矛盾和问题交织叠加仍然是我国面临的困难和挑战。习近平总书记在党的十九大报告中指出:"中国特色社会主义进入新时代,我国社会主要矛盾已经转化为人民日益增长的美好生活需要和不平衡不充分的发展之间的矛盾。"同时也指出:"加强预防和化解社会矛盾机制建设,正确处理人民内部矛盾。""增强驾驭风险本领,健全各方面风险防控机制,善于处理各种复杂矛盾"。[1] 统一战线化解矛盾,首先是要认识到我国社会主要矛盾的变化是关系全局的历史性变化,履职尽责地助推解决新时代我国社会主要矛盾,同时清醒地观察和把握社会矛盾的全局,通过行之有效的思想政治工作,引导广大成员正确认识改革发展中遇到的各种困难和问题,协助党和政府促进各种社会矛盾的解决,为决胜全面建成小康社会营造良好社会环境。

四、加强中国特色社会主义参政党建设

搞好多党合作,要支持民主党派加强自身建设。2013 年 2 月 6 日在同党外人士座谈并共迎新春时,习近平总书记明确要求"把中国特色社会主义参政党建设提高到新水平"。2017 年 1 月 22 日在同党外人士共迎新春时,他又说:"越是任务艰巨,越要全国上下团结一心、砥砺前行。

---

① 习近平:《决胜全面建成小康社会　夺取新时代中国特色社会主义伟大胜利——在中国共产党第十九次全国代表大会上的报告》,人民出版社 2017 年版,第 11、49、69 页。

中共各级党委要为民主党派、工商联和无党派人士履行职能提供支持,认真听取和积极采纳党外人士意见和建议,协助民主党派加强自身建设。"[1]2018年2月6日,他在同党外人士座谈并共迎新春时提出了"四个新"总要求:多党合作要有新气象、思想共识要有新提高、履职尽责要有新作为、参政党要有新面貌,为加强中国特色社会主义参政党建设提供了根本遵循。

在我国政党政治的格局中,中国共产党是执政党,各民主党派是参政党。中共中央历来主张,坚持执政党建设和参政党建设互相促进。不仅执政党建设要搞好,参政党建设也要搞好。只有执政党建设和参政党建设在互相促进中都搞好,才能充分发挥我国社会主义政党制度的特点和优势。执政党建设与参政党建设,既有共性也有个性。共性的是有共同的思想政治基础,即坚持和发展中国特色社会主义,这是执政党和参政党思想建设共同的主题。个性的是各有各的突出问题。如果说执政党的问题主要是党要管党、从严治党,那么参政党的问题则主要是党要像党、树立形象。民主党派不是俱乐部,不能不加甄别、来者不拒。民主党派既然是政党,就要按照中国特色社会主义参政党的要求加强自身建设,切实履行起同中国共产党通力合作的挚友和诤友的政治责任。这是习近平总书记提出"参政党要有新面貌"的深刻寓意。

参政党如何展现新面貌,按照习近平总书记的新要求,主要加强两个方面的建设。一是加强参政本领建设。习近平总书记强调:"领导13亿多人的社会主义大国,中国共产党既要政治过硬,也要本领高强。执政本领建设是中国共产党自身建设的重要方面。同志们要把参政工作做好,也要不断提高本领。"[2]"全面增强执政本领",是党的十九大报告提出的执政党建设的新要求,并且概括了学习本领、政治领导本领、改革创新本领、科学发展本领、依法执政本领、群众工作本领、狠抓落实本领、驾驭风险本领八个方面。这不仅是中国共产党的执政本领,也是参政党应当具

①　《习近平关于社会主义政治建设论述摘编》,中央文献出版社2017年版,第76页。

②　习近平:《多党合作要有新气象　思想共识要有新提高　履职尽责要有新作为　参政党要有新面貌》,《人民日报》2018年2月7日。

备的参政本领。如果说"本领恐慌"是执政党的自觉的忧患意识，那么对于参政党来说更是尤其需要大力提升的方面。二是加强参政党领导班子建设。在中共中央亲切关怀和大力支持下，各民主党派圆满完成换届工作，选举产生了新一届领导班子和领导机构，为多党合作事业长远发展注入了新的活力。但也要清醒地认识到，组织交接相对容易，实现政治交接尚需做出更大努力。特别是一大批专业技术干部、业务干部转移到民主党派的领导岗位上来，需要有一个重新学习新岗位历练的过程。因此，习近平总书记强调，"要加强民主党派思想、组织、制度特别是领导班子建设，建立健全民主集中制、民主生活会制度以及各项议事决策制度，增进班子成员团结"①。制度建设更带有根本性、全局性、稳定性和长期性。有了以民主集中制为根本组织原则的健全的各项制度并且得到严格遵守，就能够集思广益、群策群力，形成又有集中又有民主，又有纪律又有自由，又有统一意志又有个人心情舒畅、生动活泼的政治局面，提高各级领导班子成员的政治把握能力、参政议政能力、组织领导能力、合作共事能力、解决自身问题能力，把中国特色社会主义参政党建设提高到新水平。

2019 年 5 月，中共中央出台《关于加强中国特色社会主义参政党建设的意见》，指出了加强中国特色社会主义参政党建设的"三个有利于"的重要意义：有利于坚持和完善我国基本政治制度，有利于推进国家治理体系和治理能力现代化，有利于实现社会主义现代化强国的目标。提出了加强中国特色社会主义参政党建设目标：高举中国特色社会主义伟大旗帜，以习近平新时代中国特色社会主义思想为指导，以思想政治建设为核心、组织建设为基础、履职能力建设为支撑、作风建设为抓手、制度建设为保障，建设政治坚定、组织坚实、履职有力、作风优良、制度健全的中国特色社会主义参政党，做自觉接受中国共产党领导、同中国共产党通力合作的亲密友党和好参谋、好帮手、好同事。提出了加强中国特色社会主义参政党建设的"四个坚持"的原则：坚持中国共产党领导，准确把握中国

---

① 习近平：《多党合作要有新气象思想共识要有新提高 履职尽责要有新作为参政党要有新面貌》，《人民日报》2018 年 2 月 7 日。

特色社会主义参政党定位,贯彻长期共存、互相监督、肝胆相照、荣辱与共方针,确保坚定正确政治方向;坚持民主党派自觉自主自为,尊重民主党派参政党地位,发挥民主党派主体作用;坚持问题导向,聚焦突出问题和薄弱环节,精准施策、讲求实效,注重自我教育、自我约束、自我提高;坚持照顾同盟者利益,帮助民主党派解决实际问题,提供支持保障。阐明了思想政治建设、组织建设、作风建设、履职能力建设和制度建设的工作重点,以及坚持和加强中国共产党对民主党派的领导的具体要求。这个文件,是对习近平总书记关于多党合作和参政党建设重要论述的贯彻落实,为新时代中国特色社会主义参政党建设指明了方向,是我国多党合作事业的又一个里程碑。

第五章　把人民政协制度坚持好、把人民政协事业发展好

　　2019 年 9 月 20 日,习近平总书记在中央政协工作会议暨庆祝中国人民政治协商会议成立 70 周年大会上的讲话中指出:"实现民主政治的形式是丰富多彩的,不能拘泥于刻板的模式。实践充分证明,中国式民主在中国行得通、很管用。新形势下,我们必须把人民政协制度坚持好、把人民政协事业发展好,增强开展统一战线工作的责任担当,把更多的人团结在党的周围。"①这里,习近平总书记不仅明确提出了"人民政协制度"概念,而且阐明了人民政协作为我国专门协商机构在发展社会主义民主政治中的重要作用。随后下发的《中共中央关于新时代加强和改进人民政协工作的意见》明确提出:"人民政协制度是中国特色社会主义制度的重要组成部分。"党的十九届四中全会通过的《中共中央关于坚持和完善中国特色社会主义制度推进国家治理体系和治理能力现代化若干重大问题的决定》,提出"完善人民政协专门协商机构制度"②,表明了人民政协制度在中国特色社会主义制度和国家治理体系中的重要地位,为充分发挥人民政协专门协商机构作用、推进国家治理体系和治理能力现代化,指明了工作重点和努力方向。

一、人民政协是具有鲜明中国特色的制度安排

　　习近平总书记指出:"中国特色社会主义制度的生命力,就在于这一

---

　　①　《把人民政协制度坚持好,把人民政协事业发展好》,《习近平谈治国理政》第三卷,外文出版社 2020 年版,第 294 页。
　　②　《〈中共中央关于坚持和完善中国特色社会主义制度、推进国家治理体系和治理能力现代化若干重大问题的决定〉辅导读本》,人民出版社 2019 年版,第 12 页。

制度是在中国的社会土壤中生长起来的，人民政协就是适合中国国情、具有鲜明中国特色的制度安排。"①制度安排，又叫制度设计，就是制度的创制。一个国家走什么样的政治发展道路，核心的问题是对国家政治制度进行设计，作出安排。习近平总书记指出："设计和发展国家政治制度，必须注重历史和现实、理论和实践、形式和内容有机统一。要坚持从国情出发、从实际出发，既要把握长期形成的历史传承，又要把握走过的发展道路、积累的政治经验、形成的政治原则，还要把握现实要求、着眼解决现实问题，不能割断历史，不能想象突然就搬来一座政治制度上的'飞来峰'。"②这里明确概括了国家政治制度设计和安排的基本规律，就是走内生性制度建构的道路。人民政协制度就是中国共产党适应中国国情创造出来的独具中国特色的政治制度。

（一）人民政协制度的产生

中国共产党最早的国家政治制度设计是人民代表大会制度，曾叫人民代表会议制度，属于苏维埃制度模式，但又与之有区别。毛泽东同志指出："我们不采取资产阶级共和国的国会制度，而采取无产阶级共和国的苏维埃制度。代表会议就是苏维埃。自然，在内容上我们和苏联的无产阶级专政的苏维埃是有区别的，我们是以工农联盟为基础的人民苏维埃，'苏维埃'这个外来语我们不用，而叫做人民代表会议。"③我国人民代表大会制度与苏联苏维埃制度的不同，主要是在内容上和原则上的不同。苏联是无产阶级专政和一党制，我们是各革命阶级联盟的人民民主专政和中国共产党领导的多党合作制。正是中国共产党人对人民代表大会制度作出这样的适合中国国情的设计，为后来人民政治协商会议代行全国人民代表大会职权奠定了理论政治基础。

① 习近平：《在庆祝中国人民政治协商会议成立六十五周年大会上的讲话》，《十八大以来重要文献选编》（中），中央文献出版社 2016 年版，第 69 页。
② 《习近平关于社会主义政治建设论述摘编》，中央文献出版社 2017 年版，第 10 页。
③ 《在中共七届二中全会上的总结》，《毛泽东文集》第五卷，人民出版社 1996 年版，第 265 页。

　　"政治协商"一词,源于1944年9月中国共产党关于召开各党派紧急国事会议,建立民主联合政府的号召。但这一主张遭到了国民党的拒绝。蒋介石认为,要联合政府就是要推翻政府,开党派会议就是分赃会议。1945年8月底,毛泽东应蒋介石邀请到重庆谈判,继续提出迅速召开有各党各派和无党派人士代表参加的政治会议问题。经过双方代表多次谈判,国民党方面同意召开政治会议,邀集各党派代表及社会贤达协商国是,讨论和平建国方案及召开国民大会各项问题,但反对使用党派会议或政治会议的名称。国民党代表王世杰提议使用"政治协商会议"作为即将召开的会议名称,得到了包括中国共产党在内的各民主党派的赞同。于是,"政治协商会议"这一概念正式产生,并被写进了《国共双方代表会谈纪要》(即"双十协定")。虽然《双十协定》后来被国民党撕毁,但"政治协商"这一概念却成为重要政治遗产保留了下来,并对中国的政治发展道路产生了深远的影响。

　　1946年1月,政治协商会议(史称"旧政协")在重庆召开,这是中国共产党和各民主党派共同努力的结果,也是继国民参政会之后的又一重要政党合作平台,是各种政治力量协商解决关系国家前途等重大政治问题的一次尝试,开启了各党派协商国是的民主先例,也形成了政治协商的新范式。尽管后来国民党方面破坏民主协议,并对民主党派实施分化、打压和破坏的政策,但是政治协商会议在政治上的开创意义是不可否认的,中国共产党需要再次举起政治协商会议这面民主大旗。毛泽东同志后来在中国人民政治协商会议第一届全体会议上的开幕词中指出:"我们的会议之所以称为政治协商会议,是因为三年以前我们曾和蒋介石国民党一道开过一次政治协商会议。那次会议的结果是被蒋介石国民党及其帮凶们破坏了,但是已在人民中留下了不可磨灭的印象。"①

　　1948年随着人民解放战争的顺利推进,毛泽东同志认为,在目前形势下召集人民代表大会,成立民主联合政府,业已成为必要,时机亦已成

---

　　① 毛泽东:《中国人从此站立起来了》,《人民政协重要文献选编》(上),中央文献出版社、中国文史出版社2009年版,第42—43页。

熟。"但欲实现这一步骤,必须先邀集各民主党派、各人民团体的代表开一个会议。在这个会议上,讨论并决定上述问题。此项会议似宜定名为政治协商会议。"①于是中共中央发布"五一口号",号召:"各民主党派、各人民团体、各社会贤达迅速召开政治协商会议,讨论并实现召集人民代表大会、成立民主联合政府!"②中国共产党的提议得到了各民主党派和民主人士的响应。按照毛泽东同志的设想,新政协只是起过渡性的作用,新中国还是要通过人民代表大会来建立政府。1948 年 9 月 8 日,毛泽东同志在中共中央政治局会议上的报告中指出:"人民民主专政的国家,是以人民代表会议产生的政府来代表它的。"③

　　1948 年 10 月初,新政协的筹备工作开始。在起草共同纲领性的文件的过程中,民主人士章伯钧、蔡廷锴认为,按照当时国内形势,尚有未解放的地区,此时召集人民代表大会不现实。因此提出:"新政协即等于临时人民代表会议,即可产生临时中央政府"④。中共接受了这个建议,在1948 年 11 月形成的《中国人民民主革命纲领草稿》第二稿中规定:"由新政协直接选举临时中央政府。"

　　但中共领导人并不是简单地接受党外人士的建议,而是有更深远的考虑,不是把新政协当作临时人民代表会议,而是使其代行全国人民代表大会职权,不是产生临时中央政府,而是产生正式的中央政府。1949 年 1月 8 日,毛泽东同志提出:"一九四九年必须召集没有反动派代表参加的以完成中国人民革命任务为目标的各民主党派各人民团体的政治协商会议,宣告中华人民民主共和国的成立,组成共和国的中央政府,并通过共同纲领。"⑤3 月 5 日,中共中央召开党的七届二中全会,批准关于召开没

---

　　①　《给李济深、沈钧儒的信》,《毛泽东文集》第五卷,人民出版社 1996 年版,第 90 页。

　　②　《人民政协重要文献选编》(上),中央文献出版社、中国文史出版社 2009 年版,第
1 页。

　　③　《在中共中央政治局会议上的报告和结论》,《毛泽东文集》第五卷,人民出版社 1996
年版,第 136 页。

　　④　《胡乔木回忆毛泽东》,人民出版社 1994 年版,第 548 页。

　　⑤　《目前形势和党在一九四九年的任务》,《毛泽东文集》第五卷,人民出版社 1996 年版,
第 234 页。

有反动分子参加的新的政治协商会议及成立民主联合政府的建议。1949年9月21日至30日,中国人民政治协商会议第一届全体会议在北京召开。毛泽东同志宣布:"现在的中国人民政治协商会议是在完全新的基础之上召开的,它具有代表全国人民的性质,它获得全国人民的信任和拥护。因此,中国人民政治协商会议宣布自己执行全国人民代表大会的职权。"①

人民政协之所以代行全国人民代表大会职权,直接原因是迅速建立新中国政权的需要。是以普选方式建政还是以协商方式建政,是当时面临的一种重大选择。普选方式建政,其路径是自下而上推进,先由地方逐级召开人民代表大会通过选举建立地方政权,然后通过全国性普选召开全国人民代表大会建立中央政权,这不仅需要很长时间,而且还可能出现地方政权形成后进行统一的困难,甚至会出现联邦制国家的局面。而协商方式建政,其路径是自上而下的推进,先通过在国家最高层次进行政治协商建立中央政权,然后在中央集中统一的领导下有序推进地方政权建设,不仅简便易行,而且符合我国历史上形成的中央集权的政治文化传统,能够保证国家的团结统一。因此,中国共产党选择运用"通过协商方式产生的"人民政治协商会议来建立新中国的政权,不仅是简便宜行的,而且是具有鲜明中国特色的,是具有高度政治智慧的伟大创造。

习近平总书记总结人民政协协商建国的伟业,明确指出:"中国人民政治协商会议第一届全体会议,代行全国人民代表大会职权,为新中国诞生作了全面准备。会议通过了具有临时宪法性质的中国人民政治协商会议共同纲领和中国人民政治协商会议组织法、中华人民共和国中央人民政府组织法,作出关于国都、国旗、国歌、纪年的决议,选举产生政协全国委员会和中央人民政府委员会。这也标志着人民政协制度正式确立。"②

---

① 《中国人民从此站立起来了》,《毛泽东文集》第五卷,人民出版社1996年版,第343页。

② 习近平:《把人民政协制度坚持好,把人民政协事业发展好》,《习近平谈治国理政》第三卷,外文出版社2020年版,第291—292页。

（二）人民政协的性质定位

人民政协的产生并在国家政治生活中发挥巨大作用，也就意味着人民政协制度的形成。而且这一制度初步具备了国家政治制度的性质，主要体现在人民政协性质的三个定位上：

一是人民政协是人民民主统一战线的组织形式，体现了人民民主专政的政权性质。新中国建立的国家制度是人民民主专政的国家制度。毛泽东同志指出："一切事实都证明：我们的人民民主专政的制度，较之资本主义国家的政治制度具有极大的优越性。"[①]而人民民主专政又是统一战线的政权。具有临时宪法性质的《中国人民政治协商会议共同纲领》指出："中国人民民主专政是中国工人阶级、农民阶级、小资产阶级、民族资产阶级及其他爱国民主分子的人民民主统一战线的政权，而以工农联盟为基础，以工人阶级为领导。"[②]并且规定："中国人民政治协商会议为人民民主统一战线的组织形式。"[③]只要统一战线存在，就需要人民政协的组织形式。周恩来同志指出："我们的政权是人民民主专政，是以工人阶级为领导的工农联盟为基础的人民民主专政。这样的专政，包括了各民主阶级，统一战线也反映了我们政权的这一种性质。从开国以来，我们就决定了人民民主专政这样的性质，现在还是这个性质。这就是说，我们这个统一战线以及我们的政权，经过人大通过的宪法也还是这样的性质。"[④]只要中国仍然实行人民民主专政的政权，我国人民民主统一战线及其组织形式——人民政协就将继续发挥它的作用。

二是人民政协是各党派的协商机关，是我国新型政党制度的载体。

---

① 《在全国政协一届三次会议上的讲话》，《毛泽东文集》第六卷，人民出版社 1996 年版，第 184 页。

② 《人民政协重要文献选编》（上），中央文献出版社、中国文史出版社 2009 年版，第 80 页。

③ 《人民政协重要文献选编》（上），中央文献出版社、中国文史出版社 2009 年版，第 82 页。

④ 周恩来：《关于人民民主统一战线的性质》，《人民政协重要文献选编》（上），中央文献出版社、中国文史出版社 2009 年版，第 264 页。

中国人民政治协商会议第一届全体会议的成功召开,标志着中国共产党领导的多党合作和政治协商制度的确立。人民政协也因此而成为我国新型政党制度的载体,成为政党协商的基本组织形式。在一届政协期间,政党协商的重要事项大都是在政协进行协商的。如中华人民共和国宪法草案、婚姻法,以及中央人民政府委员会历次会议的重要议案,在正式通过前都经过人民政协协商。这就使得人民政协成为各民主党派发表本党政治主张的平台。这是一届全国人大召开后人民政协继续发挥重要作用的一个重要原因。毛泽东同志指出:"人民代表大会是国家权力机关,有了人大,并不妨碍政协进行政治协商。""政协不仅是人民团体,而且是各党派的协商机关,是党派性的机关"。① "各党派的协商机关"是人民政协在国家政治制度中一个重要定位,为后来把人民政协明确为中国共产党领导的多党合作和政治协商的重要机构,奠定了坚实的组织基础。

三是人民政协对政府的工作起协商、参谋和推动作用,体现了新民主主义的议事精神。中央人民政府是由全国政协代行全国人民代表大会职权而产生的,由此引出了一个问题:政协全国委员会同中央人民政府是什么样的关系?周恩来同志在第一届全体会议召开前向政协代表所作报告中指出:"人民政协全国委员会,便是同中央人民政府协议事情的机构。一切大政方针,都先要经过全国委员会协议,然后建议政府施行。"②也就是说,人民政协对人民政府具有建议权。这种建议权是人民政协的特殊性权利,虽然不具有刚性约束力,但却是非常重要的。毛泽东同志在一届全国政协二次会议闭幕词中指出:"我们的会议在暂时还是建议性质的会议。但是在实际上,我们在这种会议上所做的决定,中央人民政府是当然会采纳并见之实行的,是应当采纳并见之实行的。"③人民政协的这种建议权,不单是在一届政协代行全国人民代表大会期间具有,而且在不再

---

① 《建国以来毛泽东文稿》第四册,中央文献出版社 1990 年版,第 633、634 页。
② 周恩来:《关于人民政协的几个问题》,《人民政协重要文献选编》(上),中央文献出版社、中国文史出版社 2009 年版,第 36 页。
③ 毛泽东:《中国人民政治协商会议第一届全国委员会第二次会议闭幕词》,《人民政协重要文献选编》(上),中央文献出版社、中国文史出版社 2009 年版,第 121 页。

代行全国人大职权之后仍然存在。"国家大政方针,仍要经过人民政协进行协商"①,这是因为,中国共产党在创制人民政协之初,就不是把它当作一个临时性的组织,而是作为一个长期存在下去并发挥特殊作用的政治组织。周恩来同志针对当时出现的一个想法,即等到人民代表大会召开之后就不再需要人民政协这样的组织了,明确指出:"就是在普选的全国人民代表大会召开以后,政协会议还将对中央政府的工作起协商、参谋和推动的作用。"②事实上,人民政协对中央人民政府确实起到了这样的作用。新中国进行的一切重大运动,颁布的重要政策法令都经过全国政协全体会议或常务委员会扩大会议协商。政府有关部门也经常把政策、法令、条例送到政协全国委员会有关各组进行研究讨论。甚至中央人民政府关于部门的变更增减也预先提到政协常委会协商。人民政协之所以能够对人民政府起这样的作用,其中一个重要原因是它体现了中国共产党一贯倡导的协商民主精神。周恩来同志指出:"凡是重大的议案提出来总是事先有协商的,协商这两个字非常好,就包括这个新民主的精神。"③"新民主主义的议事精神不在于最后的表决,而在于事前的协商和反复的讨论。"④毛泽东同志也说:"我们政府的性格,你们也都摸熟了,是跟人民商量办事的,是跟工人、农民、资本家、民主党派商量办事的,可以叫它是个商量政府。"⑤商量政府要有专门的商量机构来配合,这就是人民政协。

中国特色社会主义进入新时代,在继续坚持人民政协性质的这三个定位的基础上,习近平总书记进一步丰富了人民政协的性质定位。在中央政协工作会议暨庆祝中国人民政治协商会议成立 70 周年大会上的讲

　　① 周恩来:《关于人民政协的几个问题》,《人民政协重要文献选编》(上),中央文献出版社、中国文史出版社 2009 年版,第 36 页。
　　② 周恩来:《人民政协共同纲领草案的特点》,《人民政协重要文献选编》(上),中央文献出版社、中国文史出版社 2009 年版,第 52 页。
　　③ 政协全国委员会研究室编:《老一代革命家论人民政协》,中央文献出版社 1997 年版,第 17 页。
　　④ 政协全国委员会研究室编:《老一代革命家论人民政协》,中央文献出版社 1997 年版,第 50 页。
　　⑤ 《同工商界人士的谈话》,《毛泽东文集》第七卷,人民出版社 1999 年版,第 178 页。

话中,习近平总书记指出:"准确把握人民政协性质定位。人民政协作为统一战线的组织、多党合作和政治协商的机构、人民民主的重要实现形式,是社会主义协商民主的重要渠道和专门协商机构,是国家治理体系的重要组成部分,是具有中国特色的制度安排。人民政协要坚持性质定位,坚定不移走中国特色社会主义政治发展道路。"①

(三)充分发挥我国"两会"制的特点和优势

在我国的政治架构中,人民代表大会和人民政治协商会议被统称为"两会"。"两会"的形成,是从 1954 年一届全国人大召开后保留人民政协就开始的。自 1978 年 2 月全国政协五届一次会议开始,政协全国委员会全体会议与全国人大全体会议同期举行,并列席全国人大会议的一些重要议程,便简称为"两会"。"两会"即人民代表大会和人民政治协商会议,是我国两项重要的政治制度的组织载体。一个是根本政治制度,即人民代表大会制度,另一个是基本政治制度,即中国共产党领导的多党合作和政治协商制度。我国政治协商有两个范围,一是中国共产党同民主党派直接的政治协商,二是中国共产党在人民政协同各民主党派和社会各界人士的政治协商。后者的范围更广。为了突出人民政协的政治协商这一特点,习近平总书记在中央政协工作会议暨庆祝中国人民政治协商会议成立 70 周年大会上的讲话中正式提出"人民政协制度"概念,使得我国"两会"的政治制度基础更为明晰,这就是人民代表大会制度和人民政协制度。人民代表大会和人民政协都是我国政治体制的重要组成部分,在我国的政治生活中都具有不可替代的作用。正如周恩来同志所说,"两会"只有权力之分,没有高低之别,在政治地位上是平等的。发展社会主义民主政治,建设社会主义政治文明,既需要推进人民代表大会制度与时俱进,也需要坚持和完善人民政协制度。

"两会"作为我国社会主义民主政治的制度安排,经过 60 多年的发

---

① 《把人民政协制度坚持好,把人民政协事业发展好》,《习近平谈治国理政》第三卷,外文出版社 2020 年版,第 293 页。

展,不断实现制度化、规范化、程序化,已经成"制"。在这种意义上说,我国的确存在着中国特色社会主义的"两会"制。尽管我国的"两会"像西方的"两院"一样都属于国家的政治组织,但我国的"两会"完全是适应我国国情和社会主义民主政治的需要自然形成的,根本不是刻意模仿别国政治模式的结果,功能不同,作用更不同。在看待我国"两会"制同其他国家的关系问题上,要始终坚持一个重要原则,就是既要借鉴人类政治文明的有益成果,但又绝不照搬别国政治制度和政党制度的模式,绝不搞西方式的多党制和议会制。我国的"两会"制是中国共产党和中国人民选择并坚持的政治发展道路的组成部分,具有鲜明的中国特色,是适合我国国情的,具有强大的生命力和巨大优越性。当然,也是体现了人类政治文明的发展规律的。从政治文明发展规律的层面说,我国的"两会"制具有以下三方面的特点和优势。

一是"两会"制体现了选举民主与协商民主有机结合的政治形式。

民主的实质只有一个,就是人民当家作主。而民主的形式则因国情的不同和民主进程的不同而呈多样化。就我国社会主义民主而言,大体有两种基本形式。2006 年《中共中央关于加强人民政协工作的意见》明确指出:"人民通过选举、投票行使权利和人民内部各方面在重大决策之前进行充分协商,尽可能就共同性问题取得一致意见,是我国社会主义民主的两种重要形式。"[①]前者是选举民主,后者是协商民主。民主的这两种形式分别由人民代表大会和人民政治协商会议来体现。人民代表大会虽然也进行协商民主,如代表审议,但主要是承担选举民主的功能;人民政治协商会议虽然也进行选举民主,但主要是承担协商民主的功能。因此,我国的"两会"制也就体现了选举民主与协商民主的有机结合。习近平总书记在中央政协工作会议暨庆祝中国人民政治协商会议成立 70 周年大会上的讲话中指出:"协商民主是党领导人民有效治理国家、保证人

---

① 《人民政协重要文献选编》(下),中央文献出版社、中国文史出版社 2009 年版,第793 页。

民当家作主的重要制度设计,同选举民主相互补充、相得益彰。"①为我们用好这两种民主形式指明了努力方向。

选举民主,即人民通过选举、投票行使民主权利,最能体现人民当家作主的地位,是最根本的民主形式。因此,我们把人民代表大会制度称之为我国的根本政治制度,坚持人民代表大会作为人民行使国家权力的机关的地位。但是,我们也必须认识到,选举民主不是社会主义民主的唯一形式,这种民主形式的运作仍有难以周全之处。首先,我国是一个幅员辽阔、人口众多的大国,实行全国性的直接选举有相当大的难度。目前我国是在县乡两级实行人民代表的直接选举,地市、省和全国性人民代表的产生仍然是间接选举。其次,选举民主并不能解决所有问题,其客观效果未必符合人民的根本利益。从长远来看,人民群众能够作出符合自己根本利益的正确选择。但在一定历史条件下,在纷繁复杂的竞选活动中,群众被欺骗蒙蔽的事情时常发生,绝大多数民众通过投票使并不能代表自身根本利益的政客上台执政,从而把国家带入灾难深重的深渊。由此可见,选举民主只是民主的一种形式,在特定的历史条件下仍然具有一定的局限性。我们提倡这种民主形式,但不可迷信其万能。总结世界发展民主的经验,习近平总书记指出:"古今中外的实践都表明,保证和支持人民当家作主,通过依法选举、让人民的代表来参与国家生活和社会生活的管理是十分重要的,通过选举以外的制度和方式让人民参与国家生活和社会生活的管理也是十分重要的。"②

在中国,这种选举以外的制度和方式主要是协商民主。协商民主是人民内部各方面在重大决策之前进行充分协商,尽可能就共同性问题取得一致意见。协商民主可以弥补选举民主或代议民主之不足。选举民主,是一个二者择一的过程,要么赞成、要么反对,要么通过、要么否决,容不得中性的结果。而协商民主,广泛听取各方面意见,博采众长、广纳贤

---

① 《把人民政协制度坚持好,把人民政协事业发展好》,《习近平谈治国理政》第三卷,外文出版社 2020 年版,第 295 页。

② 习近平:《在庆祝中国人民政治协商会议成立六十五周年大会上的讲话》,《十八大以来重要文献选编》(中),中央文献出版社 2016 年版,第 74 页。

言,呈现你中有我、我中有你的局面,促成的决策能够达到多赢的效果。选举民主是人民通过选举出自己代表进行授权委托参与国家和社会生活的管理,是间接性的而非直接性的政治参与。而且选举民主具有阶段性的特点,用政治学的术语讲是一种起点民主或断点民主。由此就会产生在投票之后或非选举期间人民如何行使权利的问题,也就是习近平总书记所指出的"人民只有在投票时被唤醒、投票后就进入休眠期"[①]的问题。为了解决这种形式主义的问题,就很有必要引入协商民主这种能够使人民持续而直接地进行政治参与的形式。正是有鉴于此,毛泽东同志曾说:人大的代表性当然很大,但不能包括所有方面,政协仍有存在的必要。协商民主,是人民参政议政的过程,论域广泛,不限于立法的主题,虽属各家之言,但对于决策仍不失重要的参考价值。正是由于协商民主对选举民主或代议民主的不可缺少的补充作用,所以,两种形式比一种形式好,更能真实地体现社会主义社会里人民当家作主的权利。党的十九大报告将人民的民主权利由过去的四项(民主选举、民主决策、民主管理、民主监督)丰富为五项,即民主选举、民主协商、民主决策、民主管理、民主监督。

对于政治文明来说,协商民主的深刻意义还在于它体现着政治行为的文明。所谓政治行为文明,其根本要求是政治协商化,也就是不同政治主体之间就涉及大政方针的重大政治理论或实践问题,或者是有关具体的政策问题,进行沟通、协商和讨论,尽可能形成共识。在我国,协商民主有着深厚的文化根基,这就是中华民族五千多年来积淀的和而不同、兼容并蓄的优秀文化传统。在新的历史条件下,我们应当传承中华文明这种传统,通过人民政协的形式,坚持和发扬具有鲜明中国特色的协商民主,使协商民主与选举民主有机地结合起来,推进社会主义政治文明建设的进程。我们不仅有主要体现选举民主的人民代表大会,而且有主要体现协商民主的人民政协,我国的人民民主就是全面的、完善的,就能有力地驳斥西方敌对势力那种认为"中国不民主或者中国没有民主"的论点。

---

① 习近平:《在庆祝中国人民政治协商会议成立六十五周年大会上的讲话》,《十八大以来重要文献选编》(中),中央文献出版社 2016 年版,第 74 页。

二是"两会"制形成了区域利益与界别利益纵横交错的表达机制。

改革开放以来,我国社会利益结构从原来整体性利益结构向多元性利益结构转型,出现了所有制经济和经济利益的多样化、社会生活方式的多样化、社会组织形式的多样化、就业岗位和就业形式的多样化。社会的这些变化提出了整合社会利益的新课题。作为执政党的中国共产党不仅要建立多渠道的利益表达和信息反馈机制,及时了解各方面群众的利益要求和代表这些利益的政治诉求,还要在掌握社会主义国家政权和坚持社会主义方向的前提下,以制度化、法治化的途径,扩大公民的有序参与,用主导的意识形态整合日益多样的思想观念,引导和推动不同社会阶层朝着相互理解的方向发展,从而建立起新的意见整合机制,拓宽社会利益表达渠道。习近平总书记指出:"涉及人民利益的事情,要在人民内部商量好怎么办,不商量或者商量不够,要想把事情办成办好是很难的。我们要坚持有事多商量,遇事多商量,做事多商量,商量得越多越深入越好。涉及全国各族人民利益的事情,要在全体人民和全社会中广泛商量;涉及一个地方人民群众利益的事情,要在这个地方的人民群众中广泛商量;涉及一部分群众利益、特定群众利益的事情,要在这部分群众中广泛商量;涉及基层群众利益的事情,要在基层群众中广泛商量。"①我国的"两会"制就是能够很好地表达并整合不同社会利益的渠道和机制。

从制度设计的层面上说,人民代表大会具有表达区域利益要求的作用。老一辈无产阶级革命家在设计人民代表大会时考虑到了这种区域性结构。周恩来同志说:"区域和军队不再作为参加政协的单位。因为全国人民代表已经由地区产生,可参加全国人民代表大会。"②人民代表主要是按行政区域由选民直接或间接选举出来的,并在全体会议期间组成区域性的代表团,审议政府工作报告、发展规划及其他重要议程,并进行投票表决。人民代表大会的这种结构能够很好地表达各区域(即"块

---

① 习近平:《在庆祝中国人民政治协商会议成立六十五周年大会上的讲话》,《十八大以来重要文献选编》(中),中央文献出版社 2016 年版,第 73 页。

② 周恩来:《关于政协章程和政协第二届全国委员会委员名单问题》,《人民政协重要文献选编》(上),中央文献出版社、中国文史出版社 2009 年版,第 197 页。

块")的利益诉求。改革开放以来,我国先后实行了东部沿海地区开放战略,西部大开发战略,振兴东北地区等老工业基地战略,促进中部地区崛起战略等,最终形成合理的区域发展格局,即东中西互动、优势互补、相互促进、共同发展的格局。这些战略的实施既是党中央从全国全局出发统筹谋划各区域发展进程的结果,也是与人民代表大会的区域利益表达机制有密切关系的。我国是一个因历史和地理原因地区发展差距较大的大国,保证领土完整而不致分裂,是事关中华民族根本利益的头等大事。充分发挥人民代表大会表达和整合区域性利益的作用是十分必要的。

从制度设计的层面上说,人民政协具有表达界别利益的功能。由界别组成是人民政协组织的显著特色。人民政协现有的34个界别大体上可以分为5类,每一类都可表达不同方面的利益。第一类是政党类界别,包括中国共产党、中国国民党革命委员会、中国民主同盟、中国民主建国会、中国民主促进会、中国农工民主党、中国致公党、九三学社、台湾民主自治同盟、无党派人士等界别。在我国,民主党派是中国特色社会主义参政党,主张立党为公、参政为民,但也是有自己联系的重点社会群体,发展成员主要侧重于自己的重点界别。江泽民同志曾指出:"各民主党派,成员来自不同的社会阶层和群体,负有更多地反映和代表他们所联系的各部分群众的具体利益和要求的责任。"[1]第二类是人民团体类界别,包括中国共产主义青年团、中国全国总工会、中华全国妇女联合会、中华全国青年联合会、中华全国工商业联合会、中国科学技术协会、中华全国台湾同胞联谊会、中华全国归国华侨联合会等界别。第三类是行业类界别,包括文化艺术界、科学技术界、社会科学界、经济界、农业界、教育界、体育界、新闻出版界、医药卫生界、对外友好界、社会福利和社会保障界等界别。第四类是民族宗教界别,包括少数民族界、宗教界。第五类是特殊界别,如特邀香港人士、特邀澳门人士、特别邀请人士界别。不管是哪类界别,都是特定社会群体的具体利益的代表,都负有维护特定社会

---

① 江泽民:《进一步开创统一战线工作的新局面》,《人民政协重要文献选编》(下),中央文献出版社、中国文史出版社2009年版,第636页。

群体权益的责任。人民政协的这种界别设置有利于纵向表达社会各阶层、各行业、各方面(即"条条")的利益诉求,体现了代表社会利益的广泛性。人民政协的界别作用之一就是形成社会利益的纵向表达机制。因此,习近平总书记要求人民政协:"要适应经济社会发展和统一战线内部结构变化,深入研究更好发挥政协界别作用的思路和办法,扩大团结面、增强包容性,拓展有序政治参与空间。"[①]"要鼓励和支持委员深入基层、深入界别群众,及时反映群众意见和建议,深入宣传党和国家方针政策。"[②]

任何一个国家,要最大限度地整合多样化的社会利益,都需要构建纵横交错的利益表达机制。我国的"两会",客观上也已经分别具有了区域利益与界别利益的表达结构,只要实现二者的有机结合,充分发挥其作用,就能显示出反映和整合社会利益、从而实现社会和谐的优越性。

三是"两会"制意味着主权在民与精英参政内在统一的运作方式。

我国是工人阶级领导的、以工农联盟为基础的人民民主专政的社会主义国家。我国宪法规定:"中华人民共和国的一切权力属于人民。人民行使国家权力的机关是全国人民代表大会和地方各级人民代表大会。"人民代表大会制度体现了主权在民的原则。人民代表大会是权力机关,这种权力是不可分割的,因此不能再设人民行使国家权力的其他机关。在这一点上,我国的"两会"制与西方的"两院"制有根本的区别。

而人民政协则不同,委员由各政党、各人民团体、各少数民族和各界的代表以及港澳台同胞和归国侨胞的特邀人士所构成。按照人民政协《章程》规定,政协委员应"在本界别有代表性,有社会影响和参政议政能力",特别是"社会影响"这一条至关重要,用周恩来同志的话说就是,"每个方面都有带头的著名人物"。关于人大代表和政协委员的这种不同构成,老一辈无产阶级革命家有过设计。周恩来同志曾举例说:"如工会方

① 习近平:《在庆祝中国人民政治协商会议成立六十五周年大会上的讲话》,《十八大以来重要文献选编》(中),中央文献出版社 2016 年版,第 72 页。

② 《把人民政协制度坚持好,把人民政协事业发展好》,《习近平谈治国理政》第三卷,外文出版社 2020 年版,第 297 页。

面,因劳动模范当人大代表的很多,政协委员就着重于新老工会工作者。农民也不都是生产合作社的社长或劳动模范,他们当人大代表的也很多,政协就着重吸收农村工作者。"①由于政协委员由社会各界的知名人士所构成,因此便体现出精英性的特点。对于"精英",我们要给予正面的理解。政协委员以知识分子为主体,具有广泛的社会影响力,因此是社会各界的精英人士。发展社会主义民主政治,扩大有序的政治参与,很重要的是要把社会精英人士纳入政治协商和参政议政的体制内。人民政协作为爱国统一战线的组织,必须最广泛地凝聚和发挥各党派、各团体、各民族、各阶层和各界人士的智慧和力量,团结一切可以团结的力量,调动一切可以调动的积极因素,为实现共同的目标而奋斗。政协委员的这种精英参政的特点,决定了它在我国政治体制内独特的作用。胡锦涛同志曾指出:"各级人民政协组织中人才荟萃,汇聚了各个领域的专家学者,要充分运用自己的有利条件,围绕政治、经济、文化和社会生活中的重要问题及人民群众普遍关心的问题,选择一些具有综合性、全局性、前瞻性的课题,深入开展调查研究,反映社情民意,进行协商讨论,提出有见解、有分量的意见和建议,为党和政府决策提供依据和参考。"②习近平总书记也指出:"政协委员社会知名度大、关注度高,一言一行都具有影响力和示范性。"③"政协委员作为各党派团体和各族各界代表人士,由各方面郑重协商产生,代表各界群众参与国是、履行职责。这是荣誉,更是责任。广大政协委员要坚持为国履职、为民尽责的情怀,把事业放在心上,把责任扛在肩上,认真履行委员职责。"④

我国的"两会"制由于实现了主权在民与精英参政的内在统一,也就

---

① 周恩来:《关于政协章程和政协第二届全国委员会委员名单问题》,《人民政协重要文献选编》(上),中央文献出版社、中国文史出版社 2009 年版,第 198 页。

② 胡锦涛:《在庆祝中国人民政治协商会议成立五十五周年大会上的讲话》,《人民政协重要文献选编》(下),中央文献出版社、中国文史出版社 2009 年版,第 754 页。

③ 习近平:《在庆祝中国人民政治协商会议成立六十五周年大会上的讲话》,《十八大以来重要文献选编》(中),中央文献出版社 2016 年版,第 72 页。

④ 《把人民政协制度坚持好,把人民政协事业发展好》,《习近平谈治国理政》第三卷,外文出版社 2020 年版,第 297—298 页。

能够体现出尊重多数、照顾少数这一政治学的重要原则,既能够反映多数人的普遍愿望,又便于吸纳少数人的合理意见。如果说,人民代表大会以运用选举民主为主因而体现尊重多数原则的话,那么人民政协则以运用协商民主为主而体现照顾少数的原则。政协委员的实际构成情况充分说明了这一点。中国共产党党员人数是八个民主党派的百倍之多,照理说在政协委员中中共委员应当占多数。但实际情况是非中共委员比例在60%以上。《中共中央关于加强人民政协工作的意见》明确要求:"保证民主党派成员和无党派人士在政协委员、常务委员和政协领导成员中占有较大比例"。少数民族人口和信仰宗教的群众在我国属于少数,但在人民政协中都有单独的界别,其委员比例大大高于其人口所占全国比例。这样的制度设计,有利于吸收各民主党派、各团体、各阶层、各方面人士参与国是,广开言路,集思广益,促进社会的和谐。

总之,我国的人民代表大会和人民政协是发扬社会主义民主的两种重要组织形式,二者互为补充、相辅相成,共同构成了我国政治体制基本架构的重要内容。我国的"两会"制在发展实现人民当家作主、拓宽社会利益表达渠道、广泛凝聚社会力量等方面,都具有自己鲜明的特色和巨大的优越性。坚持走中国特色社会主义政治发展道路,很重要的一点就是坚持和完善我国的"两会"制,善于运用人民代表大会和人民政协这两种政治组织和民主形式,推进社会主义政治文明建设。

二、人民政协是国家治理体系的重要组成部分

国家治理体系,就是国家的制度体系。习近平总书记指出:"国家治理体系是在党领导下管理国家的制度体系,包括经济、政治、文化、社会、生态文明和党的建设等各领域体制机制、法律法规安排,也就是一整套紧密相连、相互协调的国家制度"。[1] 党的十八届三中全会提出的"国家治

---

[1] 习近平:《切实把思想统一到党的十八届三中全会精神上来》,《十八大以来重要文献选编》(上),中央文献出版社2014年版,第548页。

理体系和治理能力现代化",也就是国家制度和制度执行力的现代化。党的十九届四中全会《决定》进一步明确:"中国特色社会主义制度是党和人民在长期实践探索中形成的科学制度体系,我国国家治理一切工作和活动都依照中国特色社会主义制度展开,我国国家治理体系和治理能力是中国特色社会主义制度及其执行能力的集中体现。"[1]

　　人民政协与国家治理体系是什么关系呢? 习近平总书记指出:"人民政协是国家治理体系的重要组成部分,要适应全面深化改革的要求,以改革思维、创新理念、务实举措大力推进履职能力建设,努力在推进国家治理体系和治理能力现代化中发挥更大作用。"[2]从这一重要论断中我们可以形成三点重要的认识。

(一)把人民政协制度摆在国家治理体系的大系统中来认识其地位

　　习近平总书记指出:"我们说要推进国家治理体系和治理能力现代化,国家治理体系是由众多子系统构成的复杂系统,这个系统的核心是中国共产党,人大、政府、政协、法院、检察院、军队,各民主党派和无党派人士,各企事业单位,工会、共青团、妇联等群团组织,都要坚持中国共产党领导。"[3]系统,是指一定范围内的相关事物按照一定的秩序和内部联系组合而成的整体,是不同子系统组成的有机统一体。系统的构建,涉及系统内部要素的整合,涉及各子系统的协调。在系统中能够起到统筹协商作用的是系统的核心,在中国国家治理体系这个大系统中能够起这样作用的是中国共产党。因此,习近平总书记指出:"在国家治理体系的大棋局中,党中央是坐镇中军帐的'帅',车马炮各展其长,一盘棋大局分明。"[4]各个子系统都要坚持和维护中国共产党的集中统一领导。如果没

---

　　[1]　《〈中共中央关于坚持和完善中国特色社会主义制度、推进国家治理体系和治理能力现代化若干重大问题的决定〉辅导读本》,人民出版社 2019 年版,第 1—2 页。

　　[2]　习近平:《在庆祝中国人民政治协商会议成立六十五周年大会上的讲话》,《十八大以来重要文献选编》(中),中央文献出版社 2016 年版,第 71 页。

　　[3]　《习近平关于社会主义政治建设论述摘编》,中央文献出版社 2017 年版,第 34 页。

　　[4]　《习近平关于社会主义政治建设论述摘编》,中央文献出版社 2017 年版,第 31 页。

有中国共产党这个领导核心，就会出现子系统各自为政、政出多门、自行其是的问题，国家治理体系的大系统就形成不起来，即便形成也不能很好地运行起来，就会出现子系统相互掣肘、互相扯皮、内耗不断的严重低效率问题。同样，在国家治理体系的大系统中，子系统也不是可有可无的，也都是必不可少的，否则也就不成其为系统。因此，既要加强党的集中统一领导，又要支持人大、政府、政协等依法依章程履行职能、开展工作、发挥作用。各子系统发挥作用也不是杂乱无章的，而是各有各的职能，各有各的特殊作用。"坚持一类事项原则上由一个部门统筹、一件事情原则上由一个部门负责"，是党的十九届三中全会为加强相关机构配合联动，避免政出多门、责任不明、推诿扯皮，而提出的一个重要原则，也是国家治理体系中各个子系统职能科学合理分工的基本思路。在我国国家治理层面，主要涉及在党中央领导下人大、政府、政协三者的职能分工和协调。在这个问题上，改革开放以来已经形成了明确的思路：关系国计民生的重大问题，通过人民政协进行协商，由人民代表大会行使国家权力进行决策，由人民政府执行实施。江泽民同志指出："这样一种政治体制，集中体现了我国广泛的人民民主。它对于我们实现决策的民主化、科学化，避免或减少决策失误，保证各项方针政策的贯彻执行，都具有十分重要的意义。"[①]习近平总书记进一步强调，各级党委要重视和支持人民政协事业发展，把人民政协政治协商作为重要环节纳入决策程序，对明确规定需要协商的事项必须经协商后提交决策实施。

在国家治理体系的大系统中，人民政协是其中的一个子系统。但就专职从事协商民主来说，它又不是一个一般性的子系统，相对于其他子系统而言，它具有运行比较成熟、发育比较完善的特点，具有拓展并影响和决定大系统的可能性。中国的协商民主体系，由国家政权机关、政协组织、党派团体、基层组织、社会组织等协商渠道所构成，而人民政协以界别组成为特色，有比较完备的组织系统，实际上已经涉及各协商渠道的组织

---

① 《人民政协重要文献选编》(中)，中央文献出版社、中国文史出版社 2009 年版，第489 页。

或个人,如作为协商主体的中国共产党和各民主党派、无党派人士、人民团体,在不同层级上同时是人大代表的政协委员,作为个体参加人民政协的政府及其部门官员,作为社会各界代表人士的社会组织负责人,来自基层的代表人士,等等。人民政协的这种具有巨大覆盖面的组织架构,可以为构建中国协商民主体系,提供基础性的组织准备,是可资借鉴的一种体系设计。

（二）从中国特色社会主义制度发展和完善的全过程来理解人民政协制度更加成熟、更加定型

1992 年初在视察南方重要谈话中,邓小平同志提出了一个重大战略构想:“恐怕再有三十年的时间,我们才会在各方面形成一整套更加成熟、更加定型的制度。在这个制度下的方针、政策,也将更加定型化。”①经过长期努力,2011 年胡锦涛同志在“七一”讲话中宣布,我们推进社会主义制度自我完善和发展,在经济、政治、文化、社会等各个领域形成一整套相互衔接、相互联系的制度体系。中国特色社会主义制度体系已经建立起来,并且是特色鲜明、富有效率的,但还不是尽善尽美、成熟定型的。为此,习近平总书记提出了“两个半程”的顶层设计,认为后半程我们的主要历史任务是完善和发展中国特色社会主义制度,为党和国家事业发展、为人民幸福安康、为社会和谐稳定、为国家长治久安提供一整套更完备、更稳定、更管用的制度体系。更加成熟、更加定型是对整个中国特色社会主义制度体系的要求,当然也是对作为国家制度重要方面的人民政协制度的要求。

就发展社会主义协商民主来说,人民政协有比较成熟的协商议事规则,有比较完备的制度体系,可以为构建程序合理、环节完整的协商民主体系提供坚实的制度基础。经过 70 年的发展,人民政协已经形成了比较完备的政治协商制度体系、工作规程,概括起来说,主要有我国宪法中关

---

① 《在武昌、深圳、珠海、上海等地的谈话要点》,《邓小平文选》第三卷,人民出版社 1993年版,第 372 页。

于人民政协地位和作用的规定,中共中央《关于加强人民政协工作的意见》等重要文件,中国人民政治协商会议章程关于履行政治协商职能的规定,人民政协的主要会议制度,工作规程性的制度如关于政治协商、民主监督、参政议政的规定,提案工作条例、委员视察工作条例、反映社情民意工作条例等。党的十八届三中全会《决定》提出"完善人民政协制度体系,规范协商内容、协商程序",一方面肯定了人民政协制度体系已经形成的基本事实,另一方面也指出了完善人民政协协商民主的重点在于程序性制度建设。构建中国协商民主体系,可在人民政协制度建设成果的基础上,总结各地党委加强人民政协制度建设的新鲜经验,尽快形成全国性的协商民主规程,进一步明确协商什么、与谁协商、怎样协商、协商成果如何运用等具体要求,不断提高人民政协协商民主制度化、规范化、程序化水平。只有这样,人民政协制度才能更加成熟、更加定型。

(三)通过大力推进履职能力建设在促进国家治理体系和治理能力现代化中发挥重要作用

改革开放以来,人民政协职能不断丰富。随着政治协商职能得到恢复,也把民主监督作用提了出来。1982年12月11日,五届全国政协五次会议修改政协章程,新增一段话:"中国人民政治协商会议是我国政治生活中发扬社会主义民主的一种重要形式,根据中国共产党同各民主党派和无党派人士'长期共存、互相监督','肝胆相照、荣辱与共'的方针,对国家的大政方针和群众生活的重要问题进行政治协商,并通过建议和批评发挥民主监督作用。"初步明确了人民政协的两大主要职能即政治协商和民主监督。

1989年1月,七届全国政协常务委员会第四次会议通过《政协全国委员会关于政治协商、民主监督的暂行规定》,开始把政治协商、民主监督明确为人民政协的主要职能,并对政治协商、民主监督的主要内容和主要形式分别作出了规定。1994年3月,八届全国政协二次会议修改政协章程,正式明确政协"主要职能是政治协商和民主监督",并对政治协商和民主监督的主要内容、形式和程序作了规定,同时在政治协商和民主监督的主要职能后面加上"组织参加本会的各党派、团体和各族各界人士参政议政"。为后来把参政议政纳入人民政协的主要职能作了准备和铺垫。

1995年1月13日，中共中央转发政协全国委员会党组提出的，并经八届全国政协常委会第九次会议通过的《政协全国委员会关于政治协商、民主监督、参政议政的规定》，正式将参政议政作为人民政协的第三项职能，并明确："参政议政是政治协商和民主监督的拓展和延伸。"2004年3月7日，全国政协十届二次会议修订政协章程，在人民政协主要职能中增写一款关于参政议政内容的表述："参政议政是对政治、经济、文化和社会生活中的重要问题以及人民群众普遍关心的问题，开展调查研究，反映社情民意，进行协商讨论。通过调研报告、提案、建议案或其他形式，向中国共产党和国家机关提出意见和建议。"从而使参政议政职能有了实质性的规定。

党的十八大以来，习近平总书记重点解决人民政协如何更好履行职能问题。他要求："人民政协要认真履行政治协商、民主监督、参政议政职能，把坚持和发展中国特色社会主义作为巩固共同思想政治基础的主轴，把围绕'十三五'规划实施建言献策作为工作主线，坚持问题导向，深入调查研究，有效协商议政，多进诤言、多谋良策、多出实招，努力寻求全社会意愿和要求的最大公约数，画出民心民愿的最大同心圆，广泛凝聚实现中华民族伟大复兴的正能量。"[1]人民政协要坚持议大事、抓大事，自觉立足大局，紧紧围绕大局，聚焦"五位一体"总体布局、协调推进"四个全面"战略布局，紧扣党和国家中心工作履职尽责，做到政治协商聚焦大事、参政议政关注实事、民主监督紧盯难事。

特别是针对民主监督这一弱项，习近平总书记提出："要加强人民政协民主监督，完善民主监督的组织领导、权益保障、知情反馈、沟通协调机制。"[2]并且强调："加强人民政协民主监督，重点监督党和国家重大方针

① 习近平:《在全国政协新年茶话会上的讲话》,《人民日报》2016年12月31日。
② 习近平:《在庆祝中国人民政治协商会议成立六十五周年大会上的讲话》,《十八大以来重要文献选编》(中),中央文献出版社2016年版,第71页。

政策和重要决策部署的贯彻落实。"①政协开展监督是以提出意见、批评、建议的方式进行的,不具有强制约束力,是一种协商式监督。党抓什么,政协就可以配合抓什么,目的是协助党和政府解决问题、改进工作、增进团结、凝心聚力。

以习近平总书记的这些重要论述为指导,2018 年 3 月,十三届全国政协一次会议修改政协章程,对人民政协的三项职能进行充实和完善。在政治协商方面,将协商内容覆盖"经济建设、政治建设、文化建设、社会建设、生态文明建设中的重要问题",体现了聚焦"五位一体"总体布局新要求。在民主监督方面,将监督内容扩展到包括"重大方针政策、重大改革举措、重要决策部署的贯彻执行情况,涉及人民群众切身利益的实际问题解决落实情况",突出了民主监督的重点,并将民主监督明确为"协商式监督",体现了民主监督的新定位。在参政议政方面,将参政议政内容充实为"政治、经济、文化、社会生活和生态环境等方面的重要问题",体现了参政议政关注实事的新要求。

三、人民政协要发挥作为专门协商机构的作用

一般说来,国家制度是实体性制度,要有特定的实体性组织来支撑。人民政协制度也不例外。人民政协是什么样的实体性政治组织呢?习近平总书记指出:"人民政协要发挥作为专门协商机构的作用,把协商民主贯穿履行职能全过程,推进政治协商、民主监督、参政议政制度建设,不断提高人民政协协商民主制度化、规范化、程序化水平,更好协调关系、汇聚力量、建言献策、服务大局。"②这一具有高度政治智慧的重要论断,深刻揭示了人民政协的实体性政治组织的性质,为明确人民政协制度作为国家制度奠定了组织基础,在中国国家制度发展史上具有开创性意义。党

---

① 习近平:《决胜全面建成小康社会 夺取新时代中国特色社会主义伟大胜利——在中国共产党第十九次全国代表大会上的报告》,人民出版社 2017 年版,第 38 页。
② 习近平:《在庆祝中国人民政治协商会议成立六十五周年大会上的讲话》,《十八大以来重要文献选编》(中),中央文献出版社 2016 年版,第 70 页。

的十九届四中全会《决定》提出："完善人民政协专门协商机构制度，丰富协商形式，健全协商规则，优化界别设置，健全发扬民主和增进团结相互贯通、建言资政和凝聚共识双向发力的程序机制。"①明确了人民政协制度的制度主干是人民政协专门协商机构制度，为新时代坚持和完善人民政协制度指明了努力方向和工作重点。

（一）以人民政协为组织形式而形成的人民政协制度及其与其他国家机构的关系

我国宪法序言中表明："中国人民政治协商会议是有广泛代表性的统一战线组织，过去发挥了重要的历史作用，今后在国家政治生活、社会生活和对外友好活动中，在进行社会主义现代化建设、维护国家的统一和团结的斗争中，将进一步发挥它的重要作用。"这是人民政协制度存在的宪法依据。但由于人民政协不是作为国家权力机关而存在的特殊性，在宪法中没有以条款形式作出规定，而主要通过政协章程来体现。2018 年 3 月 15 日新修订的《中国人民政治协商会议章程》，依据宪法规定而明确："中国人民政治协商会议是中国人民爱国统一战线的组织，是中国共产党领导的多党合作和政治协商的重要机构，是我国政治生活中发扬社会主义民主的重要形式，是国家治理体系的重要组成部分，是具有中国特色的制度安排。""中国人民政治协商会议是社会主义协商民主的重要渠道和专门协商机构"。这实际上是确立了人民政协制度作为国家制度的地位。

人民政协作为国家专门协商机构，必然要对国家其他机构形成一定的关系，从而显示出人民政协制度作为国家制度的作用。具体说来，主要是以下三种关系。

一是对实现中国共产党的领导起凝聚共识的作用。习近平总书记指出："民主和协商是实现党的领导的重要方式。通过发扬民主、广泛协商，可以使统一战线广大成员更加普遍地认同党的主张，更加自觉地团结

---

① 《〈中共中央关于坚持和完善中国特色社会主义制度、推进国家治理体系和治理能力现代化若干重大问题的决定〉辅导读本》，人民出版社 2019 年版，第 12 页。

在党的周围、跟党走。"①人民政协的政治协商是一个双向发力的过程,既是把中国共产党的政治主张转化为各民主党派、无党派人士、社会各界人士的共识的过程,也是听取各方面政协委员意见建议丰富和完善中国共产党政治主张的过程。通过协商巩固已有共识并不断形成新的共识,是人民政协政治协商的基础和前提,目的是画出最大同心圆。习近平总书记指出:"什么是同心圆? 就是在党的领导下,动员全国各族人民,调动各方面积极性,共同为实现中华民族伟大复兴的中国梦而奋斗。"②政协协商的基本形式是行使建议权。毛泽东同志曾就政协的性质和任务指出:"政协的性质有别于国家权力机关——全国人民代表大会,它也不是国家的行政机关。有人说,政协全国委员会的职权要相等或大体相等于国家机关,才说明它是被重视的。如果这样说,那末共产党没有制宪之权,不能制定法律,不能下命令,只能提建议,是否也就不重要了呢? 不能这样看。如果把政协全国委员会也搞成国家机关,那就会一国二公,是不行的。要区别各有各的职权。"③这里清楚地表明政协的职权同中国共产党一样,就是提建议,也就是毛泽东同志所提出的政协五项任务的第三项"提意见"。"宪法的实施问题,巩固人民民主制度问题,政协可以向人大常委会和国务院提意见。政协委员提意见,特别是发议论,说闲话,只要不是破坏性的意见,只要是建设性的意见,即使是错误的,提了也有好处。提意见是合乎章程的。"④在新时代,人民政协要发挥作为专门协商机构作用,就要进一步明确人民政协的建议权,将其纳入中国共产党对国家权力机关提出立法、规划等建议的大布局中统盘考虑,并且强化人民政协建议案的重要地位和作用,通过人民政协凝聚广泛共识,为巩固中国共产党

---

① 《习近平关于社会主义政治建设论述摘编》,中央文献出版社 2017 年版,第 129—130 页。

② 《习近平关于社会主义政治建设论述摘编》,中央文献出版社 2017 年版,第 140—141 页。

③ 毛泽东:《关于政协的性质和任务》,《人民政协重要文献选编》(上),中央文献出版社、中国文史出版社 2009 年版,第 200 页。

④ 毛泽东:《关于政协的性质和任务》,《人民政协重要文献选编》(上),中央文献出版社、中国文史出版社 2009 年版,第 202 页。

总揽全局、协调各方的领导核心地位发挥应有的作用。

二是对人民代表大会行使国家权力起决策支持作用。我国"两会"的形成是中国共产党自觉的制度设计的结果。在人民政协成立之初，周恩来同志就指出："现在凡是通过普选方式产生出来的会，我们叫做大会，例如人民代表大会。凡是通过协商方式产生的会，我们就叫做会议，例如人民政协协商会议。"①这里清楚地表明了"两会"所重点运用的人民民主的形式不同，一个是选举，一个是协商。我国实行的是人民代表大会的一院制。邓小平同志指出："我们实行的就是全国人民代表大会一院制，这最符合中国实际。如果政策正确，方向正确，这种体制益处很大，很有助于国家的兴旺发达，避免很多牵扯。当然，如果政策搞错了，不管你什么院制也没有用。"②邓小平同志讲得很清楚，我们坚持人民代表大会一院制的前提是政策正确、方向正确。而为了做到这一点，就必须实行协商民主。习近平总书记指出："我们发展社会主义民主政治、加强社会主义协商民主建设，就是为了发扬民主、集思广益，避免发生大的失误。"③因此，就需要发挥人民政协这一最能体现社会主义协商民主的组织形式的作用，使其与人民代表大会相互补充、相得益彰。人民代表大会统一行使国家权力，其职权主要包括立法权、监督权、重大事项决定权、选举和决定任免权。人民政协能够为人民代表大会行使其职权起支持配合作用，如政协委员参与人大主导的立法协商，人民政协对全国人大常委会、国务院及其有关部门委托政协讨论的法律、法规和有关问题进行研究讨论，提出修改意见和建议；人民政协履行民主监督职能，对人大的权力监督、法律监督起有力配合作用；人民政协就人大的重大事项的决定，经过协商向全国人民代表大会及其常务委员会提交重要建议案，等等。事实证明，人民政协发挥这些重要作用，对人民代表大会行使国家权力只能是有好处，而不

---

① 《人民政协重要文献选编》（上），中央文献出版社、中国文史出版社 2009 年版，第38 页。

② 《会见香港特别行政区基本法起草委员会委员时的讲话》，《邓小平文选》第三卷，人民出版社 1993 年版，第 220 页。

③ 习近平：《深刻认识做好新形势下统战工作的重大意义》，《十八大以来重要文献选编》（中），中央文献出版社 2016 年版，第 558 页。

会是有坏处,从而共同体现中国社会主义民主政治的制度特点和优势。

三是对人民政府行政管理起建言资政作用。各级人民政府是国家的行政机关。行政决策是国家行政机关依照法定职权,对国家和地方关系、经济社会发展全局、社会涉及面广、与公民法人和其他组织利益密切相关的事项作出的决定。行政决策之前需要在人民政协进行协商。从政府的角度看,主要形式有:参与制定政协年度协商计划,提出政府协商议题;起草的一些重要法律法规视情在政协听取意见;政府领导同志出席政协有关会议,通报情况,听取意见,参加讨论,与委员互动交流;委托政协开展重大课题调研和邀请委员参与重大项目研究论证;政府及其部门召开的重要会议,视情邀请政协有关领导同志列席或参加。从政协角度看,主要形式有:通过调研报告、提案、建议案或其他形式,向人民政府提出意见和建议;政协各专门委员会与对口联系的政府有关部门以议题为纽带建立健全对口联系工作机制,开展对口协商;在政府重大决策形成过程中政协及时召开专题座谈会,政府有关方面负责同志到会听取意见建议等。人民政府和人民政协的这种双向互动,不仅有助于人民政府转变职能,建设服务型政府,而且有助于人民政协的协商扩大覆盖面,真正发挥出作为专门协商机构的作用。

(二)人民政协作为专门协商机构的特点和优势

人民政协既然是专门协商机构,那么就必然具有相对于其他协商渠道的特点和优势。概括起来说,主要是专业性、常态化、高质量三个方面。

一是专业性。这是指人民政协专门从事协商活动的业务水平。专业性是任何一门科学都具有的。早在1945年5月党的七大时,毛泽东同志就提出"统一战线是一门专门科学"。习近平总书记在中央统战工作会议上也指出:"统战工作是一门科学,没有很强的业务水平和工作能力是做不好的。统战干部要深入学习党的统一战线理论和方针政策,精通统一战线历史,做到心明眼亮,同时还要广泛学习各方面知识,掌握统战工作的个中门道,善于处理各种复杂敏感问题,努力成为行家里手。"[1]协商

---

[1] 《习近平关于社会主义政治建设论述摘编》,中央文献出版社2017年版,第139页。

民主作为统一战线实现党的领导的重要方式,人民政协作为专门协商机构,也同样要成为一门专门科学,同样需要很强的业务水平和工作能力。人民政协之所以是专门协商机构,乃在于集协商、监督、参与、合作于一体,将协商民主贯穿于履行全部职能的全过程。政治协商是协商,民主监督是协商式监督,参政议政是协商议政。只有抓住协商这个关键环节,使之成为履行职能的基本方式,才能做好人民政协的各项工作。人民政协要发挥作为专门协商机构作用,就要在把握协商规律的基础上,切实加强制度建设,不断提高人民政协协商民主制度化、规范化、程序化水平,建立健全协商议题提出、活动组织、成果采纳落实和反馈等机制,显示出自己的专业性特点。"天下难事,必作于易;天下大事,必作于细。"协商活动是一种充满政治智慧的复杂活动,不是容易做好的,需要有高超的专业化水平。为此,就要发扬习近平总书记所倡导的"钉钉子"精神,在精细化上下功夫,认认真真、扎扎实实搞好每一项协商活动,以实实在在的协商成果显示出人民政协作为专门协商机构应有的水平来,同时也为其他协商渠道开展协商活动起到典型引路的示范效应。

二是常态化。这是指人民政协专门从事协商活动的频繁程度和密度。与其他协商渠道不同,政协协商不是阶段性的,而是长期性的;不是临时性的,而是经常性的。人民政协作为专门协商机构的这一特点,决定了人民政协要加强协商的计划性、避免协商的随意性。习近平总书记指出:"有事要商量、多商量,不能想起了、有空了、拖不过去了才协商。"①这实际上是指出了协商活动中存在的一个突出问题,往往取决于主要领导人的兴趣和空闲,成了随意性的应景运作。解决这一问题的根本之策在于加强协商的计划性和协商计划实施的刚性。政协年度协商计划是党委会同政府、政协制定的,由党委常委会议专题讨论并列入党委年度工作要点,特别是"对明确规定需要协商的事项必须经协商后提交决策实施"的规定,强化了政协年度协商计划的重要作用。政协协商的常态化,也意味着协商活动的频繁程度加大,也就是党的十八届三中全会《中共中央关

① 《习近平关于社会主义政治建设论述摘编》,中央文献出版社2017年版,第75页。

于全面深化改革若干重大问题的决定》所要求的"增加协商密度"。政协的协商活动如果每年只搞那么几次，就很难说是专门协商机构。十二届全国政协在继承优良历史传统的基础上创新出"双周协商座谈会"新的协商平台，五年期间共举办76次双周协商座谈会，其深刻意义不仅在于以"小题目作大文章"，选择切口小、内容具体、针对性强、社会关注度高的问题议深议透，而且在于以"高密度显新作为"，破解了"月主席、委常委、年委员"的协商参与度不高、社会影响力不大的难题，开创了政协协商常态化发展新局面。

三是高质量。这是指人民政协从事专门协商活动应有的成效。中国特色社会主义进入新时代，我国经济已由高速增长阶段转向高质量发展阶段。经济基础决定上层建筑，必然对我国上层建筑各方面提出高质量的要求。党的十九大报告提出新时代党的建设总要求，其中就包括"不断提高党的建设质量"。人民政协作为国家治理体系的重要组成部分，其协商工作也要实现高质量发展。在协商活动中，高质量体现为协商实效。习近平总书记多次要求，人民政协要"提高协商实效"，明确要求："协商中不要各说各话、流于形式，要有互动、有商量，使协商对凝聚共识、优化决策起到作用。"[1]政协协商实现高质量发展，就要聚焦党和国家中心任务，坚持以人民为中心的发展思想，就改革发展稳定重大问题，特别是事关人民群众切身利益问题进行广泛协商，做到政治协商聚焦大事、参政议政关注实事、民主监督紧盯难事，建真言、谋良策、出实招。就要把好协商各个环节的质量关。如政协全体会议协商是政协最重要的协商活动，大会发言社会影响大、覆盖面广，要完善大会发言遴选机制，提高发言质量。提案办理协商是政协特色的协商方式，提案质量高低具有决定性意义，要严格立案标准，增加集体提案比重，提高提案质量，防止"雷人"提案发生。做好党委和政府委托政协开展的重大课题调研和邀请委员参与的重大项目研究论证，也是一种协商活动，要集中优势资源，发挥委员主体作用，形成整体合力，提出高质量的意见建议。只有以"工匠精神"

---

① 《习近平关于社会主义政治建设论述摘编》，中央文献出版社2017年版，第75页。

把这些环节的工作做实、做细,人民政协才能不断提升协商质量、提高协商实效,发挥出作为专门协商机构的作用。

(三)人民政协作为专门协商机构对其他协商渠道的支持配合

构建程序合理、环节完整的社会主义协商民主体系,推进协商民主广泛多层制度化发展,是社会主义协商民主建设的战略任务,需要统筹推进政党协商、人大协商、政府协商、政协协商、人民团体协商、基层协商以及社会组织协商。人民政协既然是专门协商机构,不仅自身的协商工作要搞好,而且还要支持和配合其他协商渠道,共同做好发展社会主义协商民主这篇大文章。

政协协商对政党协商的扩展延伸作用。在我国,政治协商有两个范围:一是中国共产党同各民主党派的政党协商,二是中国共产党在人民政协同各民主党派和各界代表人士的政协协商。二者同属于政治协商的范畴。但就协商主要内容而言,政党协商是中共的重要会议决定和重要文件,宪法和重要法律的修改建议,国家领导人的建议人选等,集中于政治性议题;政协协商是国家大政方针和地方的重要举措以及政治、经济、文化和社会生活中的重要问题等,更多的是社会性议题。正是在这个意义上,习近平总书记说:"政治协商,主要是中国共产党同民主党派协商。"①协商民主是中国共产党执政和决策的重要方式,就发挥中国共产党作为执政党的领导核心作用和各民主党派作为参政党的参政作用而言,政党协商不能不在各种协商渠道中居首要地位。但这并不意味着政协协商的地位降低,恰恰相反,正是在协商内容上与政党协商有所区别,政协协商也才有了新的更大的用武之地。政党协商的特点是小规模、高层次、专题性,而政协协商的特点则是大规模、广范围、综合性。两种方式既互不代替,又互为补充。有些协商议题,如经济社会发展的长期战略,重大利益关系的调整,人民群众普遍关心的重大社会问题等,不是在小范围的政党协商就可以解决的,需要在更大范围征求意见并形成共识,这就需要发挥

---

① 《习近平关于社会主义政治建设论述摘编》,中央文献出版社 2017 年版,第 75 页。

更广泛的政协协商作用。中共各级党委可以就这些问题委托人民政协继续进行更深入的承接协商,条件允许并且无保密性要求时亦可直接将政党协商议题在政协的政党界别中进行更大范围的继续协商,从而使得政协协商对政党协商起到拓展延伸的作用。

政协协商对人大协商的配合完善作用。人大协商是各级人大在依法行使职权的同时在重大决策之前根据需要进行的协商,重点是立法协商。人民政协不是参议院,没有立法职能,更不是权力机关,不是西方那样的分权机构。但这并不妨碍人民政协通过协商议政方式支持和保证人民通过人民代表大会行使国家权力。只要我们坚持一院制的方向,更多地考虑人民政协对人民代表大会的支持配合作用,就能够避免"两院制"的问题。立法协商是人大主导的协商,并且要由人大来组织,这一点是必须明确和坚持的。但人民政协在立法协商上绝不是无事可做。从历史上看,人民政协参与立法协商有非常成功的先例。毛泽东同志曾评价说"宪法草案就是经过协商讨论使得它更为完备的"。一届全国政协对宪法草案的讨论,共进行 40 天,参加者 500 多人,开会 260 次,提出意见和疑问除重复者外,达 3900 多条。[1] 民主党派领导人李济深说:"这个宪法草案是由中共中央提出初稿。经过政协全国委员会和各地方的详细讨论,充分地吸收了各方面代表人物的意见,公布后还要在全国人民中展开广泛讨论;经全国人民代表大会通过,就要成为我国有史以来的第一个宪法。从这一个宪法的产生过程,也说明了它深刻的民主性。"[2] 从现实上看,近些年来,一些地方党委制定的政治协商规程或意见明确把拟提请地方人民代表大会和常务委员会审议的重要地方性法规(草案),列入党委在政协同各民主党派和各界代表人士政治协商的主要内容,并且在人民政协开展了一些地方性法规立法协商工作,为在国家层面人民政协开展立法协商积累了实践经验。党的十八届四中全会《中共中央关于全面推进依法治国若干重大问题的决定》(以下简称"十八届四中全会《决定》")要求

---

[1] 参见《政协全国委员会和各大区、省、市宪法草案初稿座谈圆满结束》,《人民日报》1954 年 5 月 30 日。

[2] 《拥护中华人民共和国宪法草案》,《人民日报》1954 年 6 月 15 日。

"充分发挥政协委员、民主党派、工商联、无党派人士、人民团体、社会组织在立法协商中的作用",应该得到认真贯彻执行。具体到政协立法协商,主要把握三点。一是政协一切立法协商活动都经过中共党委领导核心来实施。由中共党委责成人大党组就立法事项在政协进行协商,政协立法协商意见经中共党委批转人大党组研究,政协不与人大发生直接的横向关系。这既能保证党对立法工作的统一领导,又能对人大和政协关系进行有力协调,使政协在立法协商中发挥应有作用。二是把重点放在法律法规起草环节中的协商。人民政协的立法协商不是法律法规通过和批准环节中的协商,而主要是法律法规起草环节中的协商。许多法律法规的起草是由政府部门负责的,政府起草一些重要法律法规的过程中,视情可在政协听取意见。三是加强政协立法协商队伍建设,充分发挥社会和法制委员会作用,对全国人大常委会、国务院及其有关部门委托政协讨论的法律、法规和有关问题进行研究讨论,提出修改意见和建议。人民政协虽不立法,但要议法,为全面推进依法治国作出应有的贡献。

政协协商对政府协商的支持辅助作用。政府协商是围绕有效推进科学民主依法决策而开展的行政协商。政府开展行政协商,如重大行政决策听证、与社会协商对话等,近些年有一些新的创造,取得了一定的成效。但政府单独开展行政协商又有一定的局限性,如协商机制的缺乏,协商范围的偏狭,协商对象的难确定,协商形式的简单化等。政府毕竟不是专门协商机构,独立开展行政协商难免力不从心。其实,最好的方式就是充分利用人民政协协商平台,合作甚至委托人民政协开展政府协商事宜,形成政府协商和政协协商双赢的局面。具体来说,一是将政府参与政协年度协商计划制定,提出政府协商议题,重点议题可由政府交办,也可由政协与政府及有关部门沟通后提出。对政府来说,对明确规定需要协商的事项必须经协商后提交决策实施。对政协来说,要在政府重大决策形成过程中及时组织协商活动,并将协商成果报送政府及有关部门。二是政府领导及部门负责人参加政协协商活动,包括出席政协全体会议,参加界别联组和委员小组讨论,应邀出席议政性常务委员会会议、专题协商会,参加双周协商座谈会,直接听取协商意见。三是完善政协协商成果采纳、落实和反馈机制。对政协协商形成的视察报告、调研报告、政协信息、大会发言专报、重要提案摘报等成果，政府领导要作出批示。建立和完善台账制度，把提案办理纳入政府年度督查计划，办理结果逐步向社会公开。四是做好政府委托政协开展的重大课题调研和邀请委员参与的重大项目研究论证工作，向政府提供政协委员高质量的意见建议。

政协协商对人民团体协商的组织指导作用。人民团体协商是围绕做好新形势下党的群众工作而开展的协商，目的是更好组织和代表所联系群众参与公共事务，有效反映群众意愿和利益诉求。2016年《中共中央关于加强和改进党的群团工作的意见》明确要求："按照协商于民、协商为民的要求，拓宽人民团体参与政治协商的渠道，规范人民团体参与协商民主的内容、程序、形式。"人民团体与人民政协有着十分密切的联系，人民团体是人民政协的组成单位，有的群团是统一战线的组织形式，政协委员中也有相当大比例是人民团体的代表人士。因此，《中共中央关于加强社会主义协商民主建设的意见》明确要求："政协要充分发挥人民团体及界别委员的作用，积极组织人民团体参与协商、视察、调研等活动，密切各专门委员会和人民团体的联系。"具体来说，一是将人民团体提出的协商议题列入政协年度协商计划，政协认真落实安排相关协商活动。二是重视发挥人民团体界别作用，密切政协各专门委员会与人民团体等界别的联系，积极组织人民团体界别委员参与协商活动，及时向有关部门反映其提供的相关信息和意见建议。三是支持人民团体围绕涉及所联系群众切身利益的问题独立开展协商活动，人民政协给予业务上的指导。另外，按照《中共中央关于加强社会主义协商民主建设的意见》关于人民团体"积极发挥对相关领域社会组织的联系服务引领作用"的要求，人民政协可进行界别范围性调整，让人民团体类界别尽可能多地覆盖各类社会组织，积极开展社会协商活动。

政协协商对基层协商的促进推动作用。基层协商是基层组织为更好解决人民群众的实际困难和问题，及时化解矛盾纠纷，促进社会和谐稳定而开展的民主协商。协商民主大发展，基层协商是重点。习近平总书记指出："涉及人民群众利益的大量决策和工作，主要发生在基层。要按照协商于民、协商为民的要求,大力发展基层协商民主,重点在基层群众中开展协商。"①开展基层协商,党的基层组织和群众自治组织的作用很重要,但也需要人民政协必要的指导,而且人民政协本身也有反映社情民意、协调利益关系而工作向基层下沉的需要。这种双向需求的聚合,既为提升基层协商水平创造了有利的条件,也为人民政协解决"下不着地"问题提供了重要契机。政协协商对基层协商的促进推动作用,主要表现为两种方式。一是组织化方式。适应基层统战工作的需要和基层协商民主发展的需要,鼓励和支持人民政协建立街道乡镇政协组织形式或派出机构,与基层党组织和政府共同组织基层协商活动。二是参与化方式。动员市县政协委员参与和指导基层协商民主工作,镇(街道)级层面以市级及以上政协委员为主,村(社区)级层面包括辖区内的上级政协委员。在基层协商实践中,既要让人民群众感觉到政协离自己很近,也要让人民政协在基层群众中接地气。

政协协商对社会组织协商的引导规范作用。社会组织协商是为发挥社会力量在管理社会事务中的作用而开展的协商。社会组织作为协商渠道,有利于改进社会治理方式,激发包括社会团体、行业组织、中介机构、志愿者团体等在内的各种社会组织活力,建立社会参与机制,协调社会关系,解决社会问题。但社会组织的作用又有一定的复杂性。习近平总书记指出:"我们要发挥社会力量在管理社会事务中的作用,因为有些事情是政府管不了也管不好的,可以让群众依法实行自我管理、自我服务,同时也要加强对各类社会组织的规范和引导,特别是要注意防范一些别有用心的人打着社会组织的旗号干非法勾当。"②因此,《中共中央关于加强社会主义协商民主建设的意见》对社会组织协商的要求是:"探索开展社会组织协商。坚持党的领导和政府依法管理,健全与相关社会组织联系的工作机制和沟通渠道,引导社会组织有序开展协商,更好为社会服务。"在引导和规范社会组织协商方面,人民政协可以发挥重要作用。人

① 《习近平关于社会主义政治建设论述摘编》,中央文献出版社 2017 年版,第 72 页。

② 《习近平关于社会主义政治建设论述摘编》,中央文献出版社 2017 年版,第 111—112 页。

民政协虽然没有社会组织界别,但政协委员中有相当比例是社会组织的代表人士,这是人民政协的独特优势。在十二届全国政协三次会议上,俞正声主席曾提出:"要进一步适应经济社会发展和统一战线内部结构变化,探索新的社会组织等参加政协活动的方法途径。"具体来说,一是在政协的有关界别中充实进社会组织的代表人士,使其将内部协商中反映的社会组织成员的利益诉求带到政协进行协商。二是政协组织的各种协商活动特别是双周协商座谈会注意吸收社会组织的负责人参加,更为全面地反映社会各方面人民群众的意见。三是人民政协的各界别和专委会要加强与相关社会组织的联系,渗透其中并进行一定的协调,引导它们依法开展协商活动,凝聚力量、形成共识。

(四)完善人民政协专门协商机构制度

完善人民政协专门协商机构制度,是党的十九届四中全会对人民政协提出的新任务,是发挥人民专门协商机构作用的制度保障。一般来说,制度建设体系都有宏观、中观、微观三个层面。就人民政协来讲,人民政协制度是宏观性制度,人民政协专门协商机构制度是中观性制度,是人民政协制度的组成部分。但人民政协专门协商机构制度本身又是由微观性的具体制度所组成的。这就要求我们也要把人民政协专门协商机构制度作为一个体系,建立它所包含的各项具体制度,健全政协协商的工作机制。概括起来说,主要有五个方面的具体制度。

一是关于协商内容的制度。关于政协协商的内容,中共中央办公厅《关于加强人民政协协商民主建设的实施意见》已经作出了明确的规定,主要是:国家大政方针和地方的重要举措以及政治、经济、文化和社会生活中的重要问题,各党派参加人民政协工作的共同性事务,政协内部的重要事务,以及有关爱国统一战线的其他重要问题等。这使得开展政协协商有了基本的遵循。但也存在着不够具体的问题,导致该协商的事项不协商,而用不着协商的事项又反复协商。为此就需要制定像《政治协商规程》这样的具体制度,将协商内容明细化为具体事项。《中共中央关于新时代加强和改进人民政协工作的意见》指出:"党委和政府有关部门就有关重要决策、重要法律法规等,在政协听取相关界别委员意见建议。"就是协商内容具体化的一个新要求。应以此为指导,形成协商事项目录,作出制度化规定。在确定协商事项时要加强明显的弱项,如民主监督议题应有一定比例,以便政协三项职能大体平衡。协商内容的具体化,还表现为协商议题的提出环节,为此也需要形成规范协商议题的具体制度,健全党委、人大、政府、民主党派、人民团体等提出议题的工作机制。

二是关于协商形式的制度。《中共中央关于新时代加强和改进人民政协工作的意见》提出:"完善以全体会议为龙头,以专题议政性常务委员会会议和专题协商会、协商座谈会、远程协商等为重点的政协协商议政格局。"这一协商议政格局涉及多种协商形式。其中会议协商是政协协商最常见的形式,尤其全体会议协商是政协履职的最高形式,影响力大、覆盖面广,要作为重点来加强。要形成政协会议协商的制度,统筹安排各类会议协商,使之既突出各自的特点和优势,又能相互配合互为补充,发挥整体效应。除此之外,也要对专题协商(包括全国政协双周协商座谈会)、对口协商、提案办理协商、界别协商、远程协商等形式,作出明确的具体制度规定。

三是关于协商规则的制度。没有规矩,不成方圆。协商规则是协商得以顺利进行并取得成效的重要保证。协商规则是协商原则的体现,首先要坚持协商于决策之前和决策实施之中的原则,坚持和完善党委会同政府、政协制定年度协商计划制度,明确规定需要政协协商的事项必须经政协协商后提交决策实施。而且协商计划的执行要有刚性,避免协商的随意性。协商规则是落实协商成果的保证,为使政协协商成果能够真正运用于党委和政府决策,还要建立协商成果办理、采纳、反馈、督查、考核等环节的制度,做好协商成果转化工作。协商规则是协商程序运行的规范,为使政协协商的各个环节合理有序,需要制定关于政协协商工作规则的制度,对协商的参加范围、议事规则、基本程序、交流方式等作出规定。在这些环节中,特别要抓好协商互动环节。习近平总书记曾指出:"协商中不要各说各话、流于形式,要有互动、有商量,使协商对凝聚共识、优化决策起到作用。"①这一要求需要通过制定关于协商规则的制度来落实。

四是关于协商文化的制度。协商文化是协商活动的精神支柱,是协商氛围的精神动力。长期以来,人民政协传承中华民族天下为公、兼容并蓄、求同存异等优秀政治文化,弘扬我们党"团结—批评—团结"的优良传统,培育出与时代和任务相适应的中国特色社会主义协商文化。概括起来,主要是相互尊重、平等协商,遵循规则、有序协商,体谅包容、真诚协商。为了使这种协商文化在政协协商中得以坚持和弘扬,有必要建立这方面的工作制度,营造既畅所欲言、各抒己见,又理性有度、合法依章的良好协商氛围。

五是关于协商能力的制度。协商能力是人民政协发挥专门协商机构作用的本领基础。要紧紧围绕习近平总书记提出的四种能力建立健全各项制度。政治把握能力的核心问题是坚定理想信念、增进政治共识,学会运用党的创新理论分析判断形势、研究解决问题。为此就需要建立人民政协学习制度体系,重点是习近平新时代中国特色社会主义思想学习座谈会制度。调查研究能力是人民政协行使话语权、提出高质量意见建议的前提。要按照习近平总书记所要求的,不搞"蜻蜓点水"式调研、"钦差"式调研、自主性差的"被调研"、"嫌贫爱富"式调研,而是要真正把功夫下到察实情、出实招、办实事、求实效上。为此就需要建立加强和改进政协调查研究工作制度,加强调研基地建设。联系群众能力,重在发挥人民政协作为党和政府联系各界群众的作用,畅通和拓宽各界群众的利益诉求表达渠道。为此就需要建立政协密切联系各界群众的工作制度,将群众多元化诉求表达纳入理性化程序化轨道。合作共事能力的根本性问题是人民政协的作风建设,是民主协商、平等议事的工作原则的体现。为此就需要建立健全关于加强人民政协作风建设方面的制度,强化党员委员做好党的统战工作和群众工作的责任担当。提高协商能力,还要用好政协内外两种人才资源。为此就需要建立具有政协特色的应用型智库和参政议政人才库制度。

---

① 《习近平关于社会主义政治建设论述摘编》,中央文献出版社2017年版,第75页。

　　人民政协制度还包括政协党的建设、履职工作、组织管理、内部运行等各方面的制度，也需要加强这些制度建设，形成权责清晰、程序规范、运行有效的制度体系，推进人民政协为实现国家治理体系和治理能力现代化作出应有的贡献。

第六章　坚定不移走中国特色解决民族问题的正确道路

　　党的十九届四中全会通过的《中共中央关于坚持和完善中国特色社会主义制度　推进国家治理体系和治理能力现代化若干重大问题的决定》，就坚持和完善民族区域自治制度提出："坚定不移走中国特色解决民族问题的正确道路，坚持各民族一律平等，坚持各民族共同团结奋斗、共同繁荣发展"①。民族问题是当今世界的一大难题。世界上不少多民族国家都因为没有处理好这个问题，导致民族冲突不断、社会动乱不止，甚至民族分裂、国家解体。与其形成鲜明对照，党的十八大以来，我国民族工作创新推进，平等团结互助和谐的社会主义民族关系巩固和发展，全国各族人民在中国共产党的领导下齐心协力决胜全面建成小康社会，共同迈进中国特色社会主义新时代。我国的民族工作之所以在全世界做得最成功，根本原因在于新中国成立以来我们党实行了正确的民族理论和方针政策，改革开放以来走出了中国特色解决民族问题的正确道路。

　　什么是中国特色解决民族问题的正确道路？习近平总书记2014年9月28日在中央民族工作会议上的讲话中作出了全面准确的概括："中国特色解决民族问题的正确道路，就是坚持在中国共产党领导下，坚持中国特色社会主义道路，坚持维护祖国统一，坚持各民族一律平等，坚持和完善民族区域自治制度，坚持各民族共同团结奋斗、共同繁荣发展，坚持打牢中华民族共同体的思想基础，坚持依法治国，加强各民族交往交流交

---

① 《〈中共中央关于坚持和完善中国特色社会主义制度、推进国家治理体系和治理能力现代化若干重大问题的决定〉辅导读本》，人民出版社2019年版，第13页。

融,促进各民族和睦相处、和衷共济、和谐发展,巩固和发展平等团结互助和谐的社会主义民族关系,共同实现中华民族伟大复兴。"①这条道路包含以下几个基本要素。

一、准确把握我国统一的多民族国家的基本国情

我国是一个统一的多民族国家,这也是我国的一个基本国情。对这一基本国情如何认识,是做好民族工作的前提。2014 年 9 月 28 日,习近平总书记在中央民族工作会议上的讲话中明确要求:全党要牢记我国是统一的多民族国家这一基本国情,坚持把维护民族团结和国家统一作为各民族最高利益,把各族人民智慧和力量最大限度凝聚起来,同心同德为实现"两个一百年"奋斗目标、实现中华民族伟大复兴的中国梦而奋斗。习近平总书记对我国多民族国家的基本国情作出深刻分析,着力解决了三个重大的认识问题。

(一)正确认识我国多民族存在的客观性

习近平总书记指出:"我国五十六个民族是历史形成的客观存在,是不以人的意志为转移的存在。我国少数民族有一亿多人,处理好民族关系始终是国家政治生活极为重要的内容。多民族、多文化恰恰是我国的一大特色,也是我国发展的一个重要动力。我们伟大的祖国是五十六个民族共同开发的,中华民族的未来也要靠五十六个民族共同来开创。"②在我国五千多年文明发展史上,曾经有许多民族登上过历史舞台。这些民族经过诞育、分化、交融,最终形成了今天的五十六个民族。在长期的历史发展过程中,各民族频繁迁徙,逐渐形成了大杂居、小聚居的分布格局。汉族作为中国人口最多的民族遍布全国。少数民族人口虽少,主要居住在广大边疆地区,但在内地也有少数民族居住。这种你中有我、我中

---

① 《习近平关于社会主义政治建设论述摘编》,中央文献出版社 2017 年版,第 150 页。
② 《习近平关于社会主义政治建设论述摘编》,中央文献出版社 2017 年版,第 147 页。

有你、相互依存的人口分布状况决定了我国作为统一的多民族国家的基本国情。

几千年来，中华民族始终追求团结统一，把这看作"天地之常经，古今之通义"。早在公元前 221 年，秦朝就实现了国家第一次大统一，随后汉朝进一步发展了统一的局面。秦汉在全国推行郡县制，统一法律、文字、历法、车轨、货币和度量衡，促进了各地区各民族的交流，奠定了中国长达两千多年统一的多民族国家在政治、经济、文化等方面的基本格局。此后，无论哪个民族建鼎称尊，如汉族建立的隋、唐、宋、明等朝代，建立的都是多民族国家，而且越是强盛的王朝吸纳的民族就越多。无论哪个民族入主中原，如少数民族建立的元、清等朝代，都把自己建立的王朝视为统一的多民族国家的正统。存在决定意识，坚持一切从实际出发，首先要坚持从多民族这一基本国情出发。

（二）准确把握多民族存在对我国发展的重要优势

2014 年 9 月 28 日，习近平总书记在中央民族工作会议上的讲话中指出："多民族是我国的一大特色，也是我国发展的一大有利因素。""多民族的大一统，各民族多元一体，是老祖宗留给我们的一笔重要财富，也是我们国家的一个重要优势。"①

从历史上看，各民族共同开发了祖国的锦绣河山、广袤疆域，共同创造了悠久的中国历史、灿烂的中华文化。秦汉雄风、盛唐气象、康乾盛世，都是各民族共同铸就的辉煌。从现实上看，民族地区是我国资源富集区、水系源头区、生态屏障区、文化特色区、边疆地区、贫困地区。习近平总书记说："集这么多的'区'于一身，足以说明民族工作在党和国家工作全局中的重要地位。只有了解了这个'家底'，才能真正了解我国的基本国情，懂得民族工作有多重要，做好民族工作有多不容易。"②我们要实现"两个一百年"奋斗目标、实现中华民族伟大复兴的中国梦，必须坚持把

---

① 《习近平关于社会主义政治建设论述摘编》，中央文献出版社 2017 年版，第 149 页。
② 《习近平关于社会主义政治建设论述摘编》，中央文献出版社 2017 年版，第 149 页。

维护民族团结和国家统一作为各民族最高利益,把各族人民智慧和力量最大限度凝聚起来。

(三)树立维护一统而又重视差别的理念

树立维护一统而又重视差别的理念,这对中华民族的形成和发展至关重要。我国历代中央政府都重视民族事务,在治理理念上,既强调天下一统、五方之民共天下、四海之内皆兄弟,又强调因俗而治,"修其教不易其俗,齐其政不易其宜"。在实现政治统一的前提下,保持民族地区原有的社会制度和文化形态。如汉朝在今天的新疆地区设立的西域都护府,唐朝在这一地区设立的安西和北庭两大都护府,只管理军政要务。如清朝中央政府针对不同民族地区的特点采取了不同的治理措施:蒙古族地区实行盟旗制度;对西藏则派驻藏大臣,通过册封达赖和班禅两大活佛实行政教合一制度;在新疆维吾尔族最集中的地区实行伯克制度;对南方一些少数民族地区则实行土司制度。尽管在封建社会制度下各民族之间不可能形成现代意义上的平等关系,但这种"因俗而治"的政策促进了各民族之间的政治、经济和文化交流,增进了各民族对中央政权和中华文化的向心力和认同感。

因此,在新时代,习近平总书记强调,处理好民族问题、做好民族工作,不能把多民族当作"包袱",不能把民族问题当作"麻烦",不能把少数民族当作"外人",那种企图通过取消民族身份、忽略民族存在来一劳永逸解决民族问题的想法是行不通的。"最根本的是要坚持民族平等,加强民族团结,推动民族互助,促进民族和谐。"[1]

基于对多民族国家基本国情的分析,习近平总书记指出:"处理好民族问题、做好民族工作,是关系祖国统一和边疆巩固的大事,是关系民族团结和社会稳定的大事,是关系国家长治久安和中华民族繁荣昌盛的大事。"他明确要求,"全党要牢记我国是统一的多民族国家这一基本国情,坚持把维护民族团结和国家统一作为各民族最高利益,把各族人民智慧

---

① 《习近平关于社会主义政治建设论述摘编》,中央文献出版社 2017 年版,第 147 页。

和力量最大限度凝聚起来,同心同德为实现'两个一百年'奋斗目标、实现中华民族伟大复兴的中国梦而奋斗"①。

二、铸牢中华民族共同体意识

中华民族共同体是我国各族人民在长期历史发展中形成的政治上团结统一,文化上兼容并蓄,经济上相互依存,情感上相互亲近,你中有我、我中有你、谁也离不开谁的民族共同体,是建立在共同历史条件、共同价值追求、共同物质基础、共同身份认同、共有精神家园基础上的命运共同体。在新中国成立70周年之际,2019年9月27日习近平总书记在全国民族团结进步表彰大会上的重要讲话中强调,"要以铸牢中华民族共同体意识为主线","推动中华民族走向包容性更强、凝聚力更大的命运共同体","共建美好家园,共创美好未来"②。

(一)中华民族多元一体格局

铸牢中华民族共同体意识,首先要深刻领会中华民族多元一体格局。多元是指多民族的客观存在,一体是指中华民族共同体。习近平总书记深刻阐述了多元与一体的辩证关系,指出:"我们讲中华民族多元一体格局,一体包含多元,多元组成一体,一体离不开多元,多元也离不开一体,一体是主线和方向,多元是要素和动力,两者辩证统一。中华民族和各民族的关系,形象地说,是一个大家庭和家庭成员的关系,各民族的关系是一个大家庭里不同成员的关系。"③

"中华民族多元一体格局"是我国著名社会学家和人类学家费孝通先生于1989年提出来的。他认为,所谓"多元",一是指中华民族不是单一的民族,而是由56个兄弟民族所组成的复合民族共同体;二是指中华

---

① 《中央民族工作会议暨国务院第六次全国民族团结进步表彰大会在北京举行》,《人民日报》2014年9月30日。
② 习近平:《在全国民族团结进步表彰大会上的讲话》,《人民日报》2019年9月28日。
③ 《习近平关于社会主义政治建设论述摘编》,中央文献出版社2017年版,第150页。

民族的起源是多元的,早在新石器时代中华大地上就存在着多种文化区。所谓"一体",是指 56 个民族在长期的历史发展过程中已结合成相互依存的统一而不能分割的整体。2005 年中央民族工作会议对这一理论观点给予充分肯定,指出:"在漫长的历史进程中,我国各族人民密切交往、相互依存、休戚与共,形成了中华民族多元一体的格局,共同推动了国家发展和社会进步。"①这一论断深刻揭示了中华各民族"你中有我、我中有你"的不可分离的关系,充分肯定了各民族对中华民族和统一多民族国家形成发展的重大贡献。

在中华民族多元一体的格局中,一体具有决定性意义。我国民族关系结构特点表现出高度的一体性。概括起来说,尽管各民族情况会发生盛衰的变化,但中华民族共同体的长存却是主线,尽管有过民族纷争的情况,但维系中华民族共同体却是方向。具体来说,在长期的多民族国家历史发展中,统一始终是主流,统一时间长,分裂时间短;中央集权的程度高,各民族在心理上对大一统的认同程度高,各民族都对统一的中央集权作出过贡献。在五千多年的文明发展史中,中华文明的发展是以汉族为中心逐渐融合周围各民族文化,这种文化形成过程没有被外力中断过。各民族在长期的历史发展中形成的相互依存、密不可分的整合程度高。因此,弘扬中华民族的优秀传统,我国各民族都要把巩固中华民族共同体作为义不容辞的共同责任。

在中国特色社会主义新时代,巩固中华民族共同体,需要各民族的自觉,为此就要打牢中华民族共同体的思想基础,铸牢中华民族共同体意识,让各族人民增强对伟大祖国的认同、对中华民族的认同、对中华文化的认同、对中国特色社会主义道路的认同。

(二)中华文化认同是民族团结之根、民族和睦之魂

中华民族五千多年文明历史所孕育的中华文化,是维系中华民族共同体的精神纽带。树立中华民族共同体意识,说到底是对中华文化的认

---

① 《中央民族工作会议精神学习辅导读本》,民族出版社 2005 年版,第 157 页。

同问题。习近平总书记指出："加强中华民族大团结，长远和根本的是增强文化认同，建设各民族共有精神家园，积极培养中华民族共同体意识。文化认同是最深层次的认同，是民族团结之根、民族和睦之魂。文化认同问题解决了，对伟大祖国、对中华民族、对中国特色社会主义道路的认同才能巩固。"①

中华文化是各民族文化的集大成者，是各民族、各地区文化在数千年的历史发展中逐步交融、整合而形成的有机的文化整体。我国各民族都对中华文化的形成和发展作出了贡献，各民族文化也都是中华文化的重要组成部分，各民族要相互欣赏、相互学习。各民族、各地区既认同本民族或本地区的文化，也认同中华文化。在这种双重认同中，认同中华文化是最高层次的认同，也是最基本的认同。在文化认同上要处理好汉文化与少数民族文化的关系。中华文化是由各民族文化组成的一个庞大的文化系统。在这个大系统中，以儒家文化为特点的汉文化是中华文化的主流，其他少数民族文化犹如条条支流与主流相汇交融，互相促进，共同发展。汉文化的主导地位是历史上自然形成的，由于汉族地处中原，人数最多，经济也最发达，而且汉文化又是中华民族中最成熟的文化，所以汉文化始终是中华文化的主体。但中华民族不等同于汉族，汉文化不等同于中华文化。儒家文明价值观是中华文化的主体价值观，但少数民族文化绝不是儒家文化的被动受体，各民族文化没有优劣高下之分。事实上各族人民多元的文化也丰富了中华文化的内容。认同中华文化和认同本民族文化并行不悖。各民族强化中华民族一员的意识，都要深化根植于心的中华文化意识。

新时代增强中华文化认同，要抓教育这个基础性工作。要在全社会深入开展爱国主义教育、中华民族共同体教育，大力弘扬和践行社会主义核心价值观，大力弘扬中华民族优秀传统文化，构筑各民族共有精神家园意识，引导各民族群众从祖国的悠久历史、灿烂文化以及中华民族伟大复兴的奋斗历程中汲取精神力量，增强在祖国大家庭团结奋斗的光荣感、自

---

① 《习近平关于社会主义政治建设论述摘编》，中央文献出版社 2017 年版，第 157 页。

豪感、责任感。特别是抓好爱国主义教育这一课,把爱我中华的种子埋在每个孩子的心灵深处,让社会主义核心价值观在祖国下一代的心田生根发芽。习近平总书记指出:"民族地区抓团结、抓发展,都离不开教育这个基础性工作。如果对青少年放任不管,他们就容易受错误思想特别是错误的民族观、宗教观、历史观的影响,有的甚至会走上危害社会、危害国家安全的道路。"①党的十九大报告强调:"引导人们树立正确的历史观、民族观、国家观、文化观。"②党的十九届四中全会《决定》要求:"坚持不懈开展马克思主义祖国观、民族观、文化观、历史观宣传教育,打牢中华民族共同体思想基础。"③这里把"国家观"改为"祖国观",并且摆在第一位,更为准确,更为突出。

(三)积极做好双语教育工作

习近平总书记指出:"语言相通是人与人相通的重要环节。语言不通就难以沟通,不沟通就难以达成理解,就难以形成认同。在一些有关民族地区推行双语教育,既要求少数民族学习国家通用语言,也要鼓励在民族地区生活的汉族群众学习少数民族语言。"④

新中国成立后,国家先后组织两次大规模的少数民族语言调查。据统计,全国有120多种语言,有22个少数民族使用28种本民族文字。国家重视少数民族使用和发展本民族语言文字。我国宪法规定,"各民族都有使用和发展自己的语言文字的自由",并将其作为民族自治地方的自治机关行使的一项自治权。2016年5月国家语委与国家民委办公厅共同发布《关于推进中国语言资源保护工程少数民族语言调查的通知》,并颁布2015—2019年全国少数民族语言保护总体规划。在语言多样化的条件下,如果没有一种全民共同使用的、全社会广泛流通的国家通用语

---

① 《习近平关于社会主义政治建设论述摘编》,中央文献出版社2017年版,第156页。

② 习近平:《决胜全面建成小康社会　夺取新时代中国特色社会主义伟大胜利——在中国共产党第十九次全国代表大会上的报告》,人民出版社2017年版,第43页。

③ 《〈中共中央关于坚持和完善中国特色社会主义制度、推进国家治理体系和治理能力现代化若干重大问题的决定〉辅导读本》,人民出版社2019年版,第13页。

④ 《习近平关于社会主义政治建设论述摘编》,中央文献出版社2017年版,第157页。

言,会影响不同民族区域、不同语言区域的经济文化交流,会淡化各民族之间的情感,割裂各民族之间的纽带。为此,我国宪法规定:"国家推广全国通用的普通话。"《中华人民共和国国家通用语言文字法》规定,普通话是国家通用语言,规范汉字是国家通用文字。普及国家通用语言文字是实现各民族团结平等的重要保障。为将少数民族使用和发展本民族语言文字和普及国家通用语言文字结合起来,国家积极开展双语教学。截至 2016 年底,全国共有 1.2 万多所双语学校,有 800 多万名在校生。

特别是少数民族学好国家通用语言文字,在新时代具有十分重要的意义。这不仅有利于少数民族群众就业、接受现代科学文化知识、融入社会,能够造就更多适应民族地区发展需要的有用人才,加快少数民族地区经济社会发展,而且有利于各民族相互学习、博采众长,不断传承发展各民族文化,丰富中华文化多元一体的内涵,增强各民族的凝聚力、向心力,增强中华民族共同体意识。开展双语教育过程中,要积极推进民汉合校、混合编班,形成共学共进的氛围和条件,避免各民族学生到了学校还是各抱各的团、各走各的圈,真正起到促进民族交流交往交融的作用。

三、坚持和完善民族区域自治制度

中国特色解决民族问题的正确道路,体现在政治制度层面就是坚持和完善民族区域自治制度。习近平总书记指出:"民族区域自治制度是我国的一项基本政治制度,是中国特色解决民族问题的正确道路的重要内容和制度保障。"①

(一)民族区域自治制度符合我国国情

民族区域自治,是在国家统一领导下,各少数民族聚居的地方实行区域自治,设立自治机关,行使自治权。中国采用民族区域自治的办法解决

---

① 《习近平关于社会主义政治建设论述摘编》,中央文献出版社 2017 年版,第 150—151 页。

民族问题,是根据本国的历史发展、文化特点、民族关系和民族分布等具体情况作出的制度安排,符合各族人民的共同利益和发展要求。

实行民族区域自治符合我国历史的政治传统。几千年来,我国历代中央政权经略民族地区,大都是在实现政治统一的前提下,实行有别于内地的治理体制,如秦汉的属邦属国、唐代的羁縻州府、元明清的土司都是这样的设计。中国从秦汉以来就是一个大一统的国家,两千多年的发展过程中,统一占主导地位,虽然发生过一些割据、纷争或者分裂的局面,但是都通过短暂的分裂之后在原来的基础上实现更高的统一,中国历史上从来没有过以民族建立国家的历史。

实行民族区域自治符合我国民族人口分布格局和地区资源条件差异。在长期的历史发展进程中,中国各民族人口不断迁徙、流动,各民族形成了大杂居、小聚居的分布格局。汉族作为中国人口最多的民族遍布全国。少数民族人口虽少,主要居住在广大边疆地区,但在内地县级以上行政区域都有少数民族居住。这种你中有我、我中有你、相互依存的人口分布状况决定了以少数民族聚居的地方为基础,建立不同类型和不同行政级别的民族自治地方,有利于民族关系的和谐稳定和各民族的共同发展。我国少数民族人口虽少,但分布地域占国土面积的50%—60%,虽然自然资源丰富,但与其他地区特别是发达地区相比经济社会发展水平相对落后。实行民族区域自治,可以在充分发挥少数民族地区优势的同时,促进少数民族地区与其他地区之间的交流与合作,实现各地区的共同发展和各民族的共同繁荣。

实行民族区域自治是中国共产党创造的解决民族问题的新办法。中国共产党把马克思主义民族理论同中国民族问题实际相结合,努力探索解决民族问题的道路,形成了实行民族区域自治的思想。早在土地革命时期,我们党就在革命根据地建立壮族、瑶族、苗族、土家族等少数民族革命政权,长征途中在藏族地区建立博巴政府、在回族地区建立豫海县回民自治政府。抗日战争时期我们党在陕甘宁边区政府管辖范围内建立了"回民自治区""蒙民自治区"。1947年我们党领导建立了第一个省级民族自治地方——内蒙古自治区,成为实施民族区域自治政策的一个成功范例。

　　新中国成立时,中国共产党认真总结解决我国民族问题的成功经验,结合我国的具体国情,决定在全国少数民族聚居地区实行民族区域自治。1949 年 9 月 29 日,中国人民政治协商会议第一届全体会议通过的具有临时宪法性质的《中国人民政治协商会议共同纲领》规定:"各少数民族聚居的地区,应实行民族的区域自治,按照民族聚居的人口多少和区域大小,分别建立各种民族自治机关。"周恩来同志在政协第一届全体会议召开前所作报告中曾就此说明:"我们国家的名称,叫中华人民共和国,而不叫联邦。今天到会的许多人是民族代表,我们特地向大家解释,同时也希望大家能同意这个意见。我们虽然不是联邦,但却主张民族区域自治,行使民族自治的权力。"①正是在这一点上,我国与苏联的"社会主义联邦制"国家是不同的。我国的民族结构与苏联的民族结构不同,苏联俄罗斯人占总人口的 43%,其他民族占 57%,而我国汉族占总人口的 92% 左右,少数民族占总人口不到 8%。我国民族关系客观实际与苏联的本质区别,决定了我国的民族区域自治制度安排与苏联的解决民族问题的原则和框架都有着本质的区别。那种认为我国的民族政策承袭苏联民族政策的说法是站不住脚的。

　　新中国成立后,党和国家高度重视实施民族区域自治制度,将其作为建立和巩固人民民主政权的基本政策之一。1952 年,国家颁布的《中华人民共和国民族区域自治制度实施纲要》,是我国第一部有关民族区域自治制度的行政法规。1954 年,民族区域自治被载入我国第一部宪法,以根本大法的形式把这一制度正式确立下来。据此,党和国家在对少数民族进行科学识别的基础上,相继成立了新疆维吾尔自治区、广西壮族自治区、宁夏回族自治区、西藏自治区以及一大批州、县级的民族自治地方。1984 年,《民族区域自治法》正式颁布实施,以基本法的形式把民族区域自治政策固定下来,标志着民族区域自治制度从此纳入法制轨道。

---

　　①　周恩来:《关于人民政协的几个问题》,《人民政协重要文献选编》,中央文献出版社、中国文史出版社 2009 年版,第 38 页。

回顾总结我国民族区域自治的形成和发展的历史,习近平总书记指出:"我们党采取民族区域自治这个新办法,既保证了国家团结统一,又实现了各民族共同当家作主。实践证明,民族区域自治制度符合我国国情,在维护国家统一、领土完整,在加强民族平等团结、促进民族地区发展、增强中华民族凝聚力等方面都起到了重要作用。"①因此,关于民族区域自治制度,首先是要坚持的问题。从理论上看,民族区域自治是党的民族政策的源头,我们的民族政策都是由此而来、依此依存的。只有坚持民族区域自治,才会有正确的民族政策。

(二)以"两个结合"坚持和完善民族区域自治制度

为坚持和完善民族区域自治制度,习近平总书记提出了"两个结合"的重要思想:坚持统一和自治相结合,坚持民族因素和区域因素相结合。"两个结合"深刻分析了关于民族区域制度存在的深层次思想认识问题,为新时代坚持和完善民族区域制度指明了努力方向。

一是坚持统一和自治相结合。

在国家统一领导下实行民族区域自治,是统一与自治的有机结合。从整体上看,中国是一个单一制国家,不是联邦制国家,体现了国家统一领导的特点。但是国家又在单一制政体框架内,在少数民族聚居的地方设立自治机关,行使自治权。因此,中央政府与民族自治地方自治机关之间不是简单的分权关系,而是统一与自治辩证结合的关系。

坚持统一和自治相结合,首先是坚持国家统一。习近平总书记指出:"团结统一是国家最高利益,是各族人民共同利益,是实行民族区域自治的前提和基础。没有国家团结统一,就谈不上民族区域自治。"②国家统一是实行民族区域自治的前提和基础。脱离国家集中统一的自治,不是我们所要实行的民族区域自治。在我们国家民族自治地方与国家的关系是部分与整体的关系,民族自治地方是整个国家的有机组成部分。国家

---

① 《习近平关于社会主义政治建设论述摘编》,中央文献出版社 2017 年版,第 151 页。
② 《习近平关于社会主义政治建设论述摘编》,中央文献出版社 2017 年版,第 151 页。

代表各民族的整体利益和根本利益,在各民族自治地方行使主权,维护国家统一和领土完整。民族自治地方的自治机关是地方国家机关,依照宪法和民族区域自治法规定的原则,必须保证宪法、法律和国家总的方针、政策和规划在本地方的遵守和执行,积极完成中央和上级国家机关下达的各项任务,实现国家的团结统一。要始终把维护国家统一放在首位,上级国家机关和民族自治地方出台各项方针政策,都必须充分考虑国家的整体利益,都必须有利于增强国家意识、公民意识,增强中华民族的凝聚力。只有这样,民族区域自治制度才能充分发挥优越性,民族团结进步事业才能顺利向前发展。

坚持统一和自治相结合,还要切实保障自治地方的自治权。习近平总书记指出:"要在确保国家法律和政令实施的基础上,依法保障自治地方行使自治权,给予自治地方特殊支持,解决好自治地方特殊问题。"①党的十九届四中全会《决定》明确要求:"保证民族自治地方依法行使自治权,保障少数民族合法权益"②。民族自治地方的自治机关依照《宪法》《民族区域自治法》和其他法律的规定行使自治权,包括自主管理本民族、本地区的内部事务,变通执行或者停止执行权,使用和发展本民族语言文字,尊重和保障少数民族宗教信仰自由,保持或者改革本民族风俗习惯,自主安排、管理、发展经济建设事业等。这些自治权要依法得到切实保障,支持民族自治地方根据其具体情况,在政治、经济、文化、教育等方面制定适合民族自治地方的特殊政策和灵活措施,促进民族自治地方的繁荣发展。

二是坚持民族因素和区域因素相结合。

习近平总书记指出:"民族区域自治,既包含了民族因素,又包含了区域因素。民族区域自治不是某个民族独享的自治,民族自治地方更不

---

① 《习近平关于社会主义政治建设论述摘编》,中央文献出版社 2017 年版,第 151 页。
② 《〈中共中央关于坚持和完善中国特色社会主义制度、推进国家治理体系和治理能力现代化若干重大问题的决定〉辅导读本》,人民出版社 2019 年版,第 13 页。

是某个民族独有的地方。这一点必须搞清楚,否则就会走到错误的方向上去。"①习近平总书记的这一重要论述,有着现实的针对性。有人认为,民族自治地方就是实行自治的民族的地方,实行自治的民族是自治地方的主体民族,而其他民族则是客体民族,因而提出自治民族对自治地方的领土权、资源支配权、经济文化发展的决定权等要求。为此就必须明确,我国没有完全单一的民族自治地方,各民族自治地方除实行区域自治的民族外,都有其他民族居住。各民族自治地方内的民族关系,既有联合实行民族区域自治的民族之间的关系,也有实行区域自治的民族与其他少数民族之间的关系,还有各少数民族与汉族的关系。民族自治地方必须高度重视处理本地方内部的民族关系问题,要在保障实行区域自治的民族行使自治权利的同时,保障其他各民族享有平等权利和民主权利。

这一重要论述还解决了民族工作中的一些具体政策问题。如要不要开展新的民族识别和建立新的民族区域自治地方,这个任务已经基本完成,不存在继续推进的问题,不要在这个问题上继续做文章了。又如有的地方少数民族群众相对多一些,但也不比汉族群众多,没有必要强化民族意识,人为制造民族差异。总之,治理国家、治理社会要有政策的稳定性。在民族问题上很多东西就是不能动,一动就会产生连锁反应,越动越乱。

(三)坚持用法律来保障民族团结

依法治国是党领导人民治理国家的基本方略,也是中国特色解决民族问题正确道路的法治保障。关于民族区域自治,还有一种错误认识,认为既然是自治,就可以不按国家统一法律行事,甚至把自治地方当作法外之地、把某个民族当作法外之人。为此,习近平总书记指出:"用法律来保障民族团结。法令行则国治,法令弛则国乱。只有树立对法律的信仰,各族群众自觉按法律办事,民族团结才有保障,民族关系才会牢固。"②

在民族问题上坚持依法治国,推进民族事务治理法治化,首先是把宪

---

① 《习近平关于社会主义政治建设论述摘编》,中央文献出版社2017年版,第151—152页。
② 《习近平关于社会主义政治建设论述摘编》,中央文献出版社2017年版,第154页。

法和民族区域自治法的规定落实好,关键是帮助自治地方发展经济、改善民生。要认真落实民族区域自治法的相关规定,健全完善配套的措施和办法,保障国家各项方针政策和法律法规在民族自治地方得到切实贯彻,保障民族自治地方依法行使自治权,确保民族区域自治法规定的经济、社会、文化等方面的相关内容落到实处,推进各项工作的制度化、规范化、程序化、科学化,使自治法在协调国家与民族自治地方、民族自治地方内部各民族之间的关系上发挥切实效能。要注重保障各民族合法权益,坚决纠正和杜绝歧视或变相歧视少数民族群众、伤害民族感情的言行。

其次是增强各族群众法律意识,坚持法律面前人人平等,谁都没有超越法律的特权。涉及民族因素的矛盾和问题,有不少是由于群众不懂法或者不守法酿成的。这些矛盾和问题,虽然带着"民族"字样,但不都是民族问题。因此,要严格区分两类不同性质的矛盾,是什么问题就按什么问题处置。不能因为当事人身份证上写着"某某民族"就犯嘀咕、绕着走,处理起来进退失据。对极少数蓄意挑拨民族关系、破坏民族团结的犯罪分子,对搞民族分裂和暴恐活动的犯罪分子,不论什么民族出身、信仰哪种宗教,都要坚决依法打击。

四、加强各民族交往交流交融

"加强各民族交往交流交融"最早是习近平总书记在 2014 年 9 月中央民族工作会议上的讲话中作为中国特色解决民族问题的正确道路的重要内容提出的,在党的十九大报告中又再次强调,足见其重要。党的十九届四中全会《决定》明确要求:"全面深入持久开展民族团结进步创建,加强各民族交往交流交融。"[①]

加强各民族交往交流交融,在民族工作中起着方针性的指导作用。我们的民族工作,说到底就是要促进各民族交往交流交融,形成谁也离不

---

① 《〈中共中央关于坚持和完善中国特色社会主义制度、推进国家治理体系和治理能力现代化若干重大问题的决定〉辅导读本》,人民出版社 2019 年版,第 13 页。

开谁的团结局面。交往是形式,交流是手段,而交融则是目的。其中理解交融是关键。有种认识,认为解决我国民族问题要靠民族融合,而不是强化民族差别。这就涉及对交融如何理解。应当看到,交融在我国多民族的形成过程中起了重要作用,有些民族是因民族分化而产生的,也有些民族特别是人口较多的民族是民族交融而形成的。改革开放以来,我国进入了各民族跨区域大流动的活跃期,特别是在城市,各民族交往交流交融趋势显著增强,做好城市民族工作越来越重要。2017 年,少数民族人口城镇化率只有 30%多,比全国平均水平低近 20 个百分点,这意味着将来会有更多少数民族群众进城。对少数民族流动人口,不能采取“关门主义”的态度,也不能采取放任自流的态度,关键是要抓住流入地和流出地的两头对接。要把着力点放在社区,推动建立相互嵌入的社会结构和社区环境。进了城的少数民族群众不宜搞分区聚集而居,这个民族一块,那个民族一伙,甚至国内外相同文化信仰的民族抱团扎堆,久而久之形成城中村。要因势利导,引导流入城市的少数民族群众自觉遵守国家法律和城市管理规定,让城市更好接纳少数民族群众,让少数民族群众更好融入城市。同时也要注意,交融不是要取消民族之间的差异性,更不是要消灭哪个民族,既不能持消极论、无所作为,也不能犯急躁病、胡乱作为,而是要尊重差异、包容多样,让各民族在中华民族大家庭中手足相亲、守望相助。

加强各民族交往交流交融的实质,是民族团结、争取人心。习近平总书记指出:“做好民族工作,最关键的是搞好民族团结,最管用的是争取人心。”①“人心是最大的政治。人心在我,各族人民就能众志成城。民族团结说到底是人与人的团结。船的力量在帆上,人的力量在心上。做民族团结重在交心,要将心比心、以心换心。党政机关、企事业单位、民主党派、人民团体都要行动起来,一起做交流、培养、融洽感情的工作,一起共创共建,民族团结、社会稳定、国家统一的人心防线就一定能筑得牢牢

---

① 《习近平关于社会主义政治建设论述摘编》,中央文献出版社 2017 年版,第 152 页。

的。"①具体来说，要做到以下五点。

一是要正确认识我国民族关系的主流。我国民族关系大局是好的，民族团结的基础是稳固的，这是主流。极个别民族地区发生民族隔阂的现象，这是支流。不能把某个民族区域自治地方局部出事同这个民族区域自治地方整体捆绑在一起，不能把某一少数民族中极少数人闹事同这个民族全体捆绑在一起，不能把发生在少数民族人员身上的事同实践已经证明并长期行之有效的民族政策捆绑在一起。要摆事实、讲道理，引导广大干部群众多看主流，多看民族团结的光明面。

二是深化民族团结进步教育，要创新载体和方式。开展民族团结进步创建活动，端着架子空喊口号是不行的，形式轰轰烈烈，效果未必就好。要在全社会不留死角地搞好民族团结宣传教育，引导各族群众牢固树立正确的祖国观、历史观、民族观。各族干部群众都要像爱护自己的眼睛一样爱护民族团结，像珍视自己的生命一样珍视民族团结，坚决反对一切不利于民族团结的言行。

三是坚持从政治上把握民族关系、看待民族问题，坚决反对大汉族主义和狭隘民族主义。反对"两种主义"的问题，新中国成立时制定的具有临时宪法性质的《共同纲领》就明确规定："反对大民族主义和狭隘民族主义，禁止民族间的歧视、压迫和分裂各民族团结的行为。"我国宪法序言也明确规定："在维护民族团结的斗争中，要反对大民族主义，主要是大汉族主义，也要反对地方民族主义。"习近平总书记指出："大汉族主义要不得，狭隘民族主义也要不得，它们都是民族团结的大敌。大汉族主义错误发展下去容易产生民族歧视，狭隘民族主义错误发展下去容易滋生离心倾向，最终都会造成民族隔阂和对立，严重的还会被敌对势力利用。"②同时，也要注意到，在人民内部、同志之间真正能上升到"两种主义"层面的分歧并不多，也要防止无限上纲上线，把"两种主义"变成内耗工具。要各去其偏、归于一是，引导各族干部群众自觉维护国家最高利益

① 《习近平关于社会主义政治建设论述摘编》，中央文献出版社2017年版，第153页。
② 《习近平关于社会主义政治建设论述摘编》，中央文献出版社2017年版，第155页。

和民族团结大局。

四是正确处理民族工作的宗教问题,积极做好信教群众工作。做信教群众工作是一项特殊的群众工作。在我国一些少数民族中,绝大多数群众信仰某一宗教。在这些少数民族中,许多传统婚丧仪式和群众性节日活动,虽然含有某些宗教色彩和宗教传统,但已经成为民族风俗习惯的组成部分。生活在这些地区的基层党员,如果拒绝参加传统婚丧仪式和群众性节日活动,势必脱离群众,把自己孤立起来。因此,习近平总书记指出:"党员要坚决执行不信仰宗教、不参加宗教活动的规定,在思想上同宗教信仰划清界限,同时尊重和适当随顺民族风俗习惯,以利于更好联系信教群众,把他们紧紧团结在党和政府周围。"①

五是坚决依法打击"三股势力",同时要把握好政策,防止过犹不及。对民族分裂势力、宗教极端势力、暴力恐怖势力,必须坚决依法打击,人人喊打、毫不手软。"三股势力"形成时间长、根子深,既有国内基础,也有国际背景,短期内不可能烟消云散,我们必须做好长期斗争的准备。特别是暴力恐怖势力仍然是我们的心头大患,他们正千方百计策划暴恐袭击事件,并力图向内地渗透,我们必须预防到位、工作到家、震慑有力,筑牢防范暴力恐怖势力的铜墙铁壁,坚决防范发生重大暴力恐怖事件。但在严厉打击的过程中,我们也要注意一种错误的倾向,即不加区别地把特定少数民族群众同民族分裂势力、宗教极端势力、暴力恐怖势力画等号,把信教群众同我们在信仰上的不同看成政治上的对立。在实践上一些地方出现了针对特定少数民族群众的歧视性措施和选择性执法,对广大少数民族群众造成了感情伤害。习近平总书记在中央统战工作会议上指出:"维护民族团结、反对民族分裂,必须依靠包括少数民族群众在内的各族人民。同样,不能因为我们共产党人是无神论者,不能因为有宗教极端势力特别是有境外敌对势力利用宗教进行渗透,就把宗教界人士和信教群众打入另册。敌对势力越是想借民族、宗教问题做文章,我们就越是要让

---

① 《习近平关于社会主义政治建设论述摘编》,中央文献出版社 2017 年版,第 158 页。

各族群众像石榴籽一样紧紧抱在一起,把信教群众紧紧团结在党的周围。"①

五、坚持各民族共同团结奋斗、共同繁荣发展

"共同团结奋斗、共同繁荣发展"是民族团结进步教育的主题,也是做好民族工作的根本目的。高度重视少数民族和民族地区经济社会发展,是我们党和国家的一个好传统。新中国成立后,从"一五"计划开始,国家在民族自治地方安排了一批重点建设项目,使原来一些发展程度较低的少数民族实现了跨越式发展,与其他兄弟民族共同走上社会主义道路,并初步奠定了民族地区现代工业的基础,极大地解放和发展了民族地区的生产力,实现了中华民族发展史上最广泛最深刻的社会变革。改革开放以来,国家进一步加大扶持力度,制定了一系列促进少数民族和民族地区发展的优惠政策,实施了西部大开发、"兴边富民"等重大战略,少数民族和民族地区经济社会进入"跨越式"发展的快车道,民族地区国内生产总值由 1978 年的 324 亿元增加到 2012 年的 58504.5 亿元。"西气东输"、"西电东送"、青藏铁路等一大批重点工程相继建成。同时,国家大力发展少数民族地区的文化、教育、卫生等社会事业,少数民族群众的物质文化生活水平得到了全面提高。

但是我们也要看到,虽然民族地区是我国的资源富集区、水系源头区、生态屏障区,但不少也是贫困地区。虽然改革开放以来民族地区经济呈现加快发展势头,但发展水平低仍然是事实。如民族自治地方地区生产总值占全国的比重,最高年份 2014 年为 10.12%,2016 年为 9.45%;人均地区生产总值占全国平均数的最高年份 2014 年为 73.60%,2016 年为 73.37%;公共财政预算收入占全国比重最高年份 2014 年为 8.74%,2016 年仅为 4.47%;社会消费品零售总额占全国比重最高年份 1990 年为 9.40%,2016 年为 7.49%。特别是一些民族地区群众困难多、困难群众

---

① 《习近平关于社会主义政治建设论述摘编》,中央文献出版社 2017 年版,第 162 页。

多,2015年我国民族八省区农村贫困人口为1813万人,占全国的比重为32.5%,必须加快发展,进一步实现跨越式发展。

习近平总书记指出:"发展是解决民族地区各种问题的总钥匙。关键是实现什么样的发展?"[1]民族地区的发展,单靠民族地区自身的力量是远远不够的。要发挥好中央、发达地区、民族地区三个积极性,要加大对民族地区的发展扶持力度,对边疆地区、贫困地区、生态保护区实行差别化的区域政策,优化转移支付和对口支援体制机制,把政策动力和内生潜力有机结合起来。要发挥民族地区的资源优势,重点抓好惠及当地和保护生态。要搞好扶贫开发,重点抓好特困地区和特困群体脱贫。要加强边疆建设,重点抓好基础设施和对外开放。习近平总书记特别强调,要紧扣民生抓发展,重点抓好就业。他指出:"要多办一些顺民意、惠民生的实事,多解决一些各族群众牵肠挂肚的问题。对口支援的项目和资金,不能用钱砸形象,而是要着力提供基本公共服务和改善民生。就业是社会稳定的重要保障。一个人没有就业,就无法融入社会,也难以增强对国家和社会的认同。失业的人多了,社会稳定就面临很大危险。有的民族地区就业问题突出,必须坚持就业第一,增强就业能力,拓宽就业渠道,扩大就业容量,切实把这个民生头等大事抓好。民族地区发展二、三产业,开发项目、建设重点工程,无论谁投资,都要注重增加当地群众就业、促进当地群众增收。"[2]

支持民族地区加快经济社会发展,是党中央的一项基本方针。党的十九大报告提出:"加大力度支持革命老区、民族地区、边疆地区、贫困地区加快发展","鼓励引导人才向边远贫困地区、边疆民族地区、革命老区和基层一线流动"。[3] 习近平总书记多次强调,全面建成小康社会,一个民族都不能少。他说:"中央这么重视民族工作,这么重视脱贫工作,就

---

① 《习近平关于社会主义政治建设论述摘编》,中央文献出版社2017年版,第155页。

② 《习近平关于社会主义政治建设论述摘编》,中央文献出版社2017年版,第155—156页。

③ 习近平:《决胜全面建成小康社会　夺取新时代中国特色社会主义伟大胜利——在中国共产党第十九次全国代表大会上的报告》,人民出版社2017年版,第32—33、65页。

是要更好维护民族地区团结稳定,更好加快民族地区发展,更好凝聚各民族智慧和力量,各民族一起来实现中华民族伟大复兴的中国梦。"①

六、做好民族工作关键在党、关键在人

习近平总书记指出:"民族工作能不能做好,最根本的一条是党的领导是不是坚强有力。中国共产党的领导是民族工作成功的根本保证,也是各民族大团结的根本保证。没有坚强有力的政治领导,一个多民族国家要实现团结统一是不可想象的。只要我们牢牢坚持中国共产党的领导,就没有任何人任何政治势力可以挑拨我们的民族关系,我们的民族团结统一在政治上就有充分保障。这一点,各民族的同志都要牢记在心。"②民族工作是政治性、政策性都很强的工作。各级党委和政府要把民族工作摆上重要议事日程,坚持从政治上把握民族关系、看待民族问题。要分清什么是民族问题、什么不是民族问题,既不能把不是民族问题的问题当作民族问题来处理,也不能把民族问题不当作民族问题来处理,而是什么问题就按什么问题处理,讲政治原则、讲政策策略、讲法治规范。要形成党委领导、政府负责、有关部门协同配合、全社会通力合作的民族工作格局。要把民委委员制度坚持好、健全好,把地区和部门间的民族工作协作机制强化起来,确保各项政策举措落实到位。

做好民族工作,基层党组织建设很重要。这是因为,各族群众对党和政府最直观的感受,来自身边的党员、干部,来自经常打交道的基层组织和基层政权。习近平总书记明确要求:"民族地区要重视基层党组织建设,使之成为富裕一方、团结一方、安定一方的坚强战斗堡垒,使每一名党员都成为维护团结稳定、促进共同富裕的一面旗帜。"③因此,偏远民族地区要把工作着力点放到乡村一级,选派精兵强将,配强乡镇党政领导班子和村级主要负责人。对软弱涣散的基层组织要及时整顿。各类资源配置

---

① 《习近平关于社会主义政治建设论述摘编》,中央文献出版社 2017 年版,第 166 页。
② 《习近平关于社会主义政治建设论述摘编》,中央文献出版社 2017 年版,第 159 页。
③ 《习近平关于社会主义政治建设论述摘编》,中央文献出版社 2017 年版,第 161 页。

要向基层和基础工作领域倾斜,确保基层党组织和广大干部有资源、有能力为群众服务。

"为治之要,莫先于用人"。习近平总书记指出:"做好民族工作,少数民族干部是重要桥梁和纽带。许多事情他们去办,少数民族群众更容易接受;关键时刻他们出面,效果会更好。"①他分析了少数民族干部队伍的现状,认为少数民族干部数量上来了,但结构不尽合理,政工型干部偏多,专业技能型干部偏少,具有适应市场经济和复杂环境能力的干部少,梯队不完备、急用现找现象突出。面对这样的状况怎么办? 他提出:"就要坚持德才兼备原则,大力培养选拔。对政治过硬、敢于担当的优秀少数民族干部要大胆使用,放到重要领导岗位上来,让他们当主官、挑大梁,还可以交流到内地、中央和国家机关任职。内地一些少数民族群众多的地方,也可以派一些民族地区的少数民族干部来,一方面协助管理,另一方面也是培养锻炼。中央和国家机关要选拔任用少数民族干部。要有总体规划,一茬一茬,一拨一拨,形成结构合理的梯队,不能等到岗位空缺了再扒拉人头。"②民族地区的好干部要做到明辨大是大非的立场特别清醒、维护民族团结的行动特别坚定、热爱各族群众的感情特别真诚。无论是少数民族干部还是汉族干部,都要以党和国家的事业为重、以造福各族人民为念,齐心协力做好工作。

习近平总书记指出:"民族工作要见物,更要见人。做民族工作,说到底是做人的工作。"③做好少数民族代表人士工作,是民族地区统战工作的重要方面。为此,就需要对少数民族代表人士的特点和作用有准确的认识。习近平总书记指出:"少数民族代表人士,有的是历史形成的,有的是时势造就的,在群众中影响大,一定要团结在我们身边,做到政治上尊重、工作上关心、生活上关照,发挥好他们咨政建言、协调关系、引导群众、化解矛盾的作用。"④特别是少数民族知识分子,是一个较大的群

① 《习近平关于社会主义政治建设论述摘编》,中央文献出版社2017年版,第160页。
② 《习近平关于社会主义政治建设论述摘编》,中央文献出版社2017年版,第160页。
③ 《习近平关于社会主义政治建设论述摘编》,中央文献出版社2017年版,第156页。
④ 《习近平关于社会主义政治建设论述摘编》,中央文献出版社2017年版,第158页。

体,包括学术、文化、艺术、技术、宗教等各个领域的人才,他们思想活跃,作用显著,要纳入工作视野、加强引导,发挥他们的积极作用。习近平总书记明确要求:"领导干部特别是高级干部要多同少数民族代表人士和知识分子交朋友,平时多走动、多沟通、多了解信息,关键时刻就能发挥关键作用。这项工作要当成一件大事急事,赶快抓起来。"①

　　我们相信,新时代在以习近平同志为核心的党中央坚强领导下,在习近平总书记关于民族工作重要论述指导下,依靠全国各族人民的共同努力,万众一心,不懈奋斗,一定能把民族团结进步事业全面推向前进,实现各民族共同繁荣发展。

---

① 《习近平关于社会主义政治建设论述摘编》,中央文献出版社2017年版,第158页。

第七章　坚持基层群众自治制度，稳步推进基层协商

　　基层民主是人民群众在城乡社区治理、基层公共事务和公益事业中直接行使民主权利，依法进行自我管理、自我服务、自我教育、自我监督的主要形式，是社会主义民主政治建设的重要组成部分。基层群众自治制度也是我国的一项基本政治制度，主要是指以村民自治、居民自治为主要内容和形式的基层群众自治，也关系到以职工代表大会为基本形式的企事业单位民主管理制度，是发展基层民主的国家制度保障。习近平总书记指出："我们要坚持和完善基层群众自治制度，保障人民依法直接行使民主权利，切实防止出现人民形式上有权、实际上无权的现象。"①党的十九届四中全会通过的《中共中央关于坚持和完善中国特色社会主义制度　推进国家治理体系和治理能力现代化若干重大问题的决定》，明确提出"健全充满活力的基层群众自治制度"②的新要求。

一、基层群众自治制度的形成及其重大意义

　　基层群众自治制度是在新中国成立后所实行的基层民主实践基础上产生的，在改革开放新时期取得重大发展，不断丰富和完善。

---

　　①　习近平：《在庆祝全国人民代表大会成立六十周年大会上的讲话》，《十八大以来重要文献选编》（中），中央文献出版社 2016 年版，第 63 页。
　　②　《〈中共中央关于坚持和完善中国特色社会主义制度、推进国家治理体系和治理能力现代化若干重大问题的决定〉辅导读本》，人民出版社 2019 年版，第 13 页。

（一）新中国成立后的基层民主实践

新中国成立初期,中国共产党就开始在广大农村、城市开展"民主改革运动",进行多种形式的基层民主探索,即由群众自己全面管理基层事务,让群众有效地参加各个方面的生活,让群众在管理国家事务中起积极作用。

农村基层民主起始于基层民主政权建设。1950 年 12 月,政务院颁布《乡(行政村)人民政府组织通则》和《乡(行政村)人民代表会议组织通则》,将乡与行政村作为基层政权,全国各地普遍建立起乡(行政村)政权,行政村有民选的行政组组长,还设有贫协小组、治安、民兵、妇女和儿童等组织。基层民主主要体现在划分阶级成分、土地改革、查田定产、互助合作等实际工作中。如乡(镇)以下的农协组,依法为土地改革法的执行机构,1952 年土地改革完成后自行消亡。1954 年 9 月,第一届全国人民代表大会制定的《中华人民共和国宪法》,规定我国农村的基层政权为乡、民族乡、镇人民政府。

1958 年 12 月,党的八届六中全会通过《关于人民公社若干问题的决议》。在"政社合一"的思想指导下,农村普遍实行了人民公社制度。人民公社仍然在一定程度上实行基层民主。1962 年 9 月 27 日,党的八届十中全会通过的《农村人民公社工作条例(修正草案)》规定,人民公社的各级权力机关是公社社员代表大会、生产大队社员代表大会或者社员大会、生产队社员大会。人民公社各级的重大事情,都由各级的社员代表大会或者社员大会决定。人民公社各级管理委员会和监察委员会的成员,都由各级社员代表大会或者社员大会选举产生,并且可以由他们随时罢免。公社在调整各生产大队生产计划的时候,"只许采取协商的办法,不许采取强制的办法"。生产队在管理本队生产上,有一定的自主权。在决定重要事情的时候,生产队管理委员会的干部一定要充分同社员商量,特别要听取有经验的农民的意见,决不能任意决定。人民公社社员在公社内享有政治、经济、文化、生活福利等方面一切应该享有的权利。人民公社的各级管理委员会,对于社员的一切权利,都必须尊重和保障。要保障社员对社、队的生产、分配、生活管理等方面提出建议、参加讨论和表决、进行批评和监督的权利,对干部违法乱纪行为进行控告的权利,任何人都不许刁难、阻碍和打击报复。

城市基层民主始于居民委员会的设立。1950 年,天津市建立了具有一定政权组织性质的居民委员会。1951 年,上海市人民政府召开街道居民代表会议,将 2000 多个具有自治性质的联防服务队改为居民委员会,并明确居委会的性质是群众自治组织。1953 年,根据毛泽东主席的指示,北京市市长彭真呈送《关于城市街道办事处、居民委员会组织和经费问题的报告》,提出建议:"街道的居民委员会必须建立,它是群众自治组织,不是政权组织,也不是政权组织在下面的腿。"1954 年,一届全国人大常务委员会第四次会议通过《城市居民委员会组织条例》,规定居民委员会是群众自治性的居民组织,为城市群众自治奠定了坚实的法律基础,推动了城市居民委员会建设工作的全面展开。在"大家的事情大家办"的原则下,各地居委会积极响应政府号召,发动群众开展生产与生活服务、整修道路、植树绿化、修建公厕、改善环境卫生、防火防盗、调解纠纷、治安管理、文化扫盲等活动,形成了我国居委会制度和居民自治发展的一段"黄金时期"。

1958 年,受农村建立人民公社的影响,城市人民公社也开始出现并不断增多。1960 年 3 月 9 日,中共中央发出《关于城市人民公社问题的批示》,要求各地采取积极的态度建立城市人民公社,"上半年全国城市普遍试点","下半年普遍推广"。除北京、上海、天津、武汉、广州五大城市外,"其他一切城市则应一律挂牌子,以一新耳目,振奋人心"。到 1960 年底,全国城市人口数 77% 以上的人口(超过 5500 万人)加入了人民公社,全国绝大多数城市宣布建立起人民公社。城市人民公社成为改造旧城市和建设新城市的工具,成为生产、交换、分配和人民生活福利的统一组织者,成为工农商学兵和政社合一的社会组织。街道一级设立分社,居委会成为城市街道人民公社的组成部分。在这种体制下,生产功能成为社区治理功能的重要组成部分,居委会普遍建立经济组织,兴建和发展社办企业和集体福利事业,组织居民就业。社区的自治权利依附于国家的行政权力。由于生产能力不高和城市粮食短缺等问题,这种城市人民公社体制难以为继。1962年5月18日中共中央批转国家经济委员会党组报告,提出:"农村和城市人民公社工业,除少数现在已经看准了必须继续保留的应当维持生产以外,其余一律先停掉,然后再作处理。"由此城市人民公社开始逐步解体,重新回到以前的街道和居民委员会体制。

企事业单位的民主实践始于新中国成立初期国营企业普遍建立的工厂管理委员会和职工代表会议制度。1957年,中共中央在《关于处理罢工、罢课问题的指示》《关于研究有关工人阶级的几个重要问题的通知》等文件中,要求把企业中的职工代表会议改为常任制的职工代表大会制度,作为职工群众参加企业管理和监督行政的权力机关。邓小平同志在党的八届三中全会上提出,职工代表大会要在总结试点经验之后,全面推广。此后,全国各地建立了一批职工代表大会。1960年3月,毛泽东同志总结我国社会主义企业的管理工作经验,强调要实行民主管理,实行干部参加劳动、工人参加管理,改革不合理的规章制度,工人群众、领导干部和技术员三结合,即"两参一改三结合"的制度。1961年制定的《国营工业企业工作条例(草案)》(即"工业七十条"),正式确认这个管理制度,并要求建立党委领导下的职工代表大会制度,使之成为扩大企业民主,吸引广大职工参加管理、监督行政,克服官僚主义的良好形式。

(二)改革开放后基层群众自治制度发展

党的十一届三中全会后,我们党高度重视发展基层民主。1981年6月,党的十一届六中全会通过的《关于建国以来党的若干历史问题的决议》提出:"在基层政权和基层社会生活中逐步实现人民的直接民主,特别要着重努力发展各城乡企业中劳动群众对于企业事务的民主管理。"正是在这一大背景下,基层群众自治制度不仅在城市,而且在农村也发展起来。

1978年党的十一届三中全会以后,一些地方农民自发地创造了自我管理的村民自治形式,被称为"村管会"或者"村治安领导小组",后改称为"村民委员会"。1982年宪法总结历史经验,改变了农村人民公社政社合一的体制,首次确认"村民委员会是基层群众性自治组织"。这样,在我国农村就正式明确了基层群众自治的组织形式。1987年,六届全国人大常委会第二十三次会议通过的《中华人民共和国村民委员会组织法(试行)》,是第一部对村民自治制度作出明确规范的全国性法律。1998年在充分总结各省市村民自治实践经验的基础上,九届全国人大常委会第五次会议通过修改后的《中华人民共和国村委会组织法》,2010年再次修订并颁布,在完善选举制度、规范民主管理、强化民主监督方面都作出了更加细致化的规定,进一步推动了村民自治制度的发展。

1978年后,街道居委会体系也得到恢复,并获得快速发展。1979年,街道革命委员会被撤销。1980年,全国人大常委会重新公布《城市街道办事处条例》《城市居民委员会组织条例》,从而使城市基层群众自治得以恢复。1989年,七届全国人大常委会第十一次会议通过《中华人民共和国城市居民委员会组织法》,进一步明确了居民自治的各项内容。随着改革开放的深入发展,"社区"的概念开始与居民自治紧密结合起来。1999年,民政部在26个城市的部分辖区开展了社区建设的试点工作。同年,民政部制定《全国社区建设实验区工作实施方案》,提出改革城市基础管理体制,推动城市社区居民自治制度的发展。

改革开放以来,职工代表大会制度也重新得到发展。1981年,中共中央、国务院批准颁布《国营企业职工代表大会暂行条例》,成为第一个关于职工代表大会制度的专门性法规。1982年宪法规定"国有企业依照法律规定,通过职工代表大会和其他形式,实行民主管理",职工代表大会制度首次入宪。1986年,国务院正式颁布《全民所有制工业企业职工代表大会条例》,对职工代表大会的性质、地位、职权及其与工会的关系作了明确的规定。

与此同时,我们党也从总体上对基层群众自治制度的认识不断深化。1987年党的十三大提出要促进基层民主生活的制度化。1992年党的十四大明确提出要以职工代表大会、居民委员会和村民委员会为载体发展基层民主政治。1997年党的十五大指出扩大基层民主是社会主义民主最广泛的实践,强调基层选举制度和民主程序的法治化建设。2002年党的十六大提出"扩大基层民主,是发展社会主义民主的基础性工作",要求"健全基层自治组织和民主管理制度",包括完善村民自治,完善城市居民自治,坚持和完善职工代表大会和其他形式的企事业民主管理制度。2007 年党的十七大正式将我国政治制度概括为四项,即"人民代表大会制度、中国共产党领导的多党合作和政治协商制度、民族区域自治制度以及基层群众自治制度",并且将发展基层民主"作为发展社会主义民主政治的基础性工程重点推进",提出"要健全基层党组织领导的充满活力的基层群众自治机制,扩大基层群众自治范围,完善民主管理制度,把城乡社区建设成为管理有序、服务完善、文明祥和的社会生活共同体","完善以职工代表大会为基本形式的企事业单位民主管理制度"。

2012 年党的十八大提出:"中国特色社会主义制度,就是人民代表大会制度的根本政治制度,中国共产党领导的多党合作和政治协商制度、民族区域自治制度以及基层群众自治制度等基本政治制度",正式将基层群众自治制度明确为我国一项基本政治制度。提出以扩大有序参与、推进信息公开、加强议事协商、强化权力监督为重点,拓宽范围和途径,丰富内容和形式,保障人民享有更多更切实的民主权利,为新的历史条件下我国继续完善基层群众自治制度明确了发展方向。

2017 年,党的十九大报告将坚持和完善人民代表大会制度、中国共产党领导的多党合作和政治协商制度、民族区域自治制度、基层群众自治制度作为新时代坚持和发展中国特色社会主义的基本方略第六条"坚持人民当家作主"的重要内容。2019 年党的十九届四中全会对健全充满活力的基层群众自治制度作出部署,明确要求:"健全基层党组织领导的基层群众自治机制,在城乡社区治理、基层公共事务和公益事业中广泛实行群众自我管理、自我服务、自我教育、自我监督,拓宽人民群众反映意见和建议的渠道,着力推进基层直接民主制度化、规范化、程序化。全心全意依靠工人阶级,健全以职工代表大会为基本形式的企事业单位民主管理制度,探索企业职工参与管理的有效方式,保障职工群众的知情权、参与权、表达权、监督权,维护职工合法权益。"①

---

① 《〈中共中央关于坚持和完善中国特色社会主义制度、推进国家治理体系和治理能力现代化若干重大问题的决定〉辅导读本》,人民出版社 2019 年版,第 13—14 页。

（三）坚持基层群众自治制度的重大意义

基层民主建设是社会主义民主政治建设的基础性工程。基层民主参与主体最为广泛，涉及与群众利益关系最直接、最丰富的实践和民主政治建设的基础性工作，并且与其他方面民主的发展息息相关，直接体现和影响着社会主义民主政治的实现程度和发展水平。基层群众自治制度是发展基层民主的国家政治制度保障，具有十分重大的意义。

一是有利于保障人民的当家作主地位。我国地域辽阔、人口众多、社会管理层次较多，人民群众生产生活的重心在基层，基层公共事业的发展和基层公共事务的管理都涉及人民群众的切身利益。习近平总书记指出："涉及人民群众利益的大量决策和工作，主要发生在基层。要按照协商于民、协商为民的要求，大力发展基层协商民主，重点在基层群众中开展协商。"①人民当家作主不是空的，最直接体现在管理基层公共事务和公益事业上。通过基层群众自治，实行自我管理、自我服务、自我教育、自我监督，对干部实行民主监督，显然是人民当家作主最有效、最广泛的途径。

二是有利于人民直接行使民主权利。党的十九大报告提出"巩固基层政权，完善基层民主制度，保障人民知情权、参与权、表达权、监督权"，这四权是人民群众在基层自治实践中依法享有的基本权利。保障知情权，就要实行村务公开、居务公开、厂务公开、政务公开等，重大情况让群众知道；保障参与权，就要综合运用多种有效形式，鼓励群众广泛参与，重大问题让群众研究；保障表达权，就要创造宽松的舆论氛围，让群众充分表达自己的意见，重大决策由群众决定；保障监督权，就要通过监督委员会、评议、审计、罢免等形式将基层政权工作情况和干部行为置于群众的监督视野，重大失误由群众纠正。确保人民群众依法直接行使民主权利，激发群众有序参与政治的积极性，让群众在政治参与的实践中得到锤炼，

---

① 习近平：《在庆祝中国人民政治协商会议成立六十五周年大会上的讲话》，《十八大以来重要文献选编》（中），中央文献出版社 2016 年版，第 78 页。

政治素质和管理能力得到增强,社会主义民主政治建设也就有了坚实的民意基础。

三是有利于促进社会和谐稳定。社会治理是国家治理的重要方面。社会治理需要国家、社会与居民三方面的积极性。党的十九届四中全会《决定》提出"坚持和完善共建共治共享的社会治理制度",其中一个重要方面是"构建基层社会治理新格局。完善群众参与基层社会治理的制度化渠道。健全党组织领导的自治、法治、德治相结合的城乡基层治理体系","实现政府治理和社会调节、居民自治良性互动,夯实基层社会治理基础"①。发展基层民主,能够赋予社会和居民更大的自主空间,更好地调动一切积极因素,激发人民群众的政治参与热情,实现发展和稳定的高度统一。发展基层民主,实行基层群众自治,能够重塑维护政治稳定的主体结构,建立起社会内部的利益协调与矛盾化解机制,有利于反映和实现人民群众的意志和愿望,有利于密切党和政府同人民群众的联系,有利于实现好、维护好、发展好最广大人民群众的根本利益,从而有利于促进社会和谐、实现国家长治久安。通过广泛进行基层自治民主实践,也有利于提高普通公民的参与意识和参与能力,形成推动中国社会主义民主政治发展强劲的动力。

二、基层协商的特点和优势

基层协商,是党的基层组织和基层政府在城乡社区为更好解决人民群众的实际困难和问题,及时化解矛盾纠纷,促进社会和谐稳定而开展的民主协商。基层协商是社会主义协商民主的重要渠道之一。党的十八大报告提出"积极开展基层民主协商",党的十八届三中全会强调"开展形式多样的基层民主协商,推进基层协商制度化"。《中共中央关于加强社会主义协商民主建设的意见》,把基层协商作为协商民主七个重要渠道

---

① 《〈中共中央关于坚持和完善中国特色社会主义制度、推进国家治理体系和治理能力现代化若干重大问题的决定〉辅导读本》,人民出版社 2019 年版,第 31 页。

之一,提出"稳步推进基层协商"的基本要求,指出:"涉及人民群众利益的大量决策和工作,主要发生在基层。要按照协商于民、协商为民的要求,建立健全基层协商民主建设协调联动机制,稳步开展基层协商,更好解决人民群众的实际困难和问题,及时化解矛盾纠纷,促进社会和谐稳定。"①由此,基层协商在全国各地普遍性地开展起来,从而成为中国式协商民主的一个突出亮点。

相对于中央和国家层面协商和地方协商,基层协商具有四个鲜明的特点和优势。

(一)具有明显的自治性

基层群众自治制度是我国基层协商的制度性依据。2015 年 7 月中办、国办印发的《关于加强城乡社区协商的意见》提出:"城乡社区协商是基层群众自治的生动实践,是社会主义协商民主建设的重要组成部分和有效实现形式。"城乡社区协商的基本原则之一是:"坚持基层群众自治制度,充分保障群众的知情权、参与权、表达权、监督权,促进群众依法自我管理、自我服务、自我教育、自我监督。"按照《中共中央关于加强社会主义协商民主建设的意见》,我国基层协商有两个层级,一是乡镇、街道的协商,二是行政村、社区的协商。前者虽然具有地方政府协商的性质,但负有对后者协商活动的指导和协调的责任,实际上是地方协商向基层协商的延伸。后者是真正意义上的基层协商,是基层协商的主要部分。因此,这两个层级的基层协商都体现了基层群众自治的特点。

我国基层协商就是适应基层群众自治的需要而产生的。村民自治制度历经 30 多年实践,推动了我国农村经济社会的发展,在乡村治理中发挥了重要作用。但近年来,随着农村经济社会的变迁,村民自治制度逐渐暴露出一些新问题。主要体现在选举上:如由于村民选举前的宣传动员不够,选举信息分配的不对称,再加上有些农民工常年在外对村集体的变化不了解、归属感减弱,村民在不知情的情况下被动参加选举,村民选举

---

① 《十八大以来重要文献选编》(中),中央文献出版社 2016 年版,第 298 页。

结果不能真正反映民意。如有的自然村人口多,村民居住分散,交通不便,村民参与选举的成本高,这些客观因素也导致村民对选举较为淡漠。如关于村民选举的法律制度尚需完善,对村民选举的过程和执行结果缺乏监督机制,非法选举和村"两委"暗箱操作侵吞集体资产等腐败现象时有发生,极大地伤害了村民的信任感和积极性。这些问题导致村民自治组织功能弱化,基层干群关系紧张,上访事件层出不穷,地方政府维稳压力加大,乡村治理面临新挑战。为解决村民自治特别是村民选举中存在的这些突出问题,我国各地农村在乡村治理中以不同的方式进行了民主协商新的探索,为完善基层民主、激活村民自治、推动县域治理和地方政府创新积累了宝贵经验。基层协商既不是来自党委、政府的主观臆想和行政指令,更不是来自学者的构思,而是来自群众在生产生活实践中的探索,是群众自发地在发现问题、提出问题、解决问题的过程中萌芽后,经过反复实践证明行得通,在此基础上才总结经验、形成章程并加以制度化、逐步推广,从而体现基层群众自治的鲜明特点。

(二)具有微观务实性

基层协商是微观性协商。在社会科学中,一般是把从大的方面、整体方面去研究把握的科学,叫作宏观科学,其研究方法叫作宏观方法;把从小的方面、局部方面去研究把握的科学,叫作微观科学,其研究方法叫作微观方法。但这并不意味着微观不重要,恰恰相反,微观是宏观的基础,没有微观也就无所谓宏观,宏观总量及其变动也是由微观个量及其变动构成的。在整个社会主义协商民主体系中,基层协商是基础。基层协商是直接协商,是人民群众能直接感受的民主形式。协商民主如果不从基层搞起来,就难以显现出它的作用,获得广泛的民意基础,保持持久的生命力。协商民主在我国由来已久,但在相当长的时间,它主要运用于上层精英之间,并不是发生在群众之中的事情,老百姓没有切身的体认。相反,基层选举却是很早就开展起来的,尽管存在着诸多的问题,但群众普遍认为是行使自己民主权利的主要方式甚至是唯一方式。正是由于这样一个原因,基层协商要成为社会主义协商民主建设的重点。基层协商的多种多样的形式，如民主恳谈会、民主协商会、公民评议会、听证会、公民陪审团、协商民意测验等，也如雨后春笋般地生长起来。基层协商之所以是微观协商，就在于它关注的是微观个体的小问题。但微观里面有宏观，小问题也能够做出大文章。宏观层面的重大突破，往往是在微观层面孕育出来的。对我国农村改革具有决定性意义的家庭联产承包责任制改革，不就是从安徽凤阳小岗村 18 户农民首创"大包干"开始的吗？邓小平同志总结说："我们改革开放的成功，不是靠本本，而是靠实践，靠实事求是。农村搞家庭联产承包，这个发明权是农民的。农村改革中的好多东西，都是基层创造出来，我们把它拿来加工提高作为全国的指导。"①农村经济改革是这样，基层民主政治建设也是这样。基层协商民主往往都是起始于微观的小问题。浙江温岭市是我国基层协商民主搞的比较早的地方。1999 年 6 月以举办松门镇第一期"农业农村现代化教育论坛"开始，借鉴电视记者招待会做法，采取"与群众双向对话"的方式来举办论坛，吸引了 100 多名农民自发前来参加。到 2000 年 8 月，温岭市委整合各乡镇的类似基层协商对话活动，统一命名为"民主恳谈会"。

　　基层协商作为微观协商，必须务实，这主要表现在协商内容的确定上。总结全国各地开展基层协商的成功经验，镇（街道）协商内容主要包括：政府年度工作报告和政府的其他重要文件，上级党委、政府重大政策和决策部署在本区域的执行落实方案；区域经济社会发展中长期规划、城乡建设总体规划、重大产业规划、重要基础设施建设规划、重要公共服务设施建设规划的编制和调整；涉及辖区公民、法人或者其他组织切身利益的征地拆迁、旧村旧城改造、社会保障、文化教育、医疗卫生、公共交通、社会治安、城乡管理等方面重大政策措施的制定和调整；重大政府投资项目、重要专项资金安排和重大国有集体资产资源处置方案；辖区群众普遍关注或反映强烈的重要事项。村协商内容主要包括：村经济社会发展规划和年度计划，村庄建设整治和拆迁改造规划、计划的编制和调整；村民

---

　　① 《在武昌、深圳、珠海、上海等地的谈话要点》，《邓小平文选》第三卷，人民出版社 1993 年版，第 382 页。

自治章程、村规民约和经济合作社章程的修订和修改;村级财务预决算、集体经济项目的立项、承包、招投标方案,集体经济大额资金的使用、集体举债、集体资产处置,村级收益分配方案;村级集体资产资源和经济项目发包出租,宅基地安排使用,村民承包土地、山林变更调整、征用征收补偿分配使用等方案制订;兴修道路、桥梁、水利等公益事业的一事一议筹资筹劳方案;国家和上级重大政策、重点工作部署在本村的落实方案;其他涉及本村或多数村民利益的村党组织认为需要协商的重大事项。社区协商的主要内容包括:社区自治章程、居民公约等居民自我管理服务章程、制度的制定和修改;社区公共事务和公益事业经费筹集方案的制定;住宅小区拆迁整治改造、物业管理、保障房分配以及居民其他权益的维护保障;社会救助、社区治安、环境卫生、社区文化、计划生育、文明建设和社区服务等公共事务管理;国家和上级重大政策、重点工作部署在本社区的落实方案;其他涉及本社区或多数居民利益的社区党组织认为需要进行协商的重大事项。除此之外,还要将群众反响强烈的事项,及时确定为协商议题,并纳入协商清单。广开言路、征集议题,包括在"一站式"服务大厅开设窗口,登记居民反映的问题;设置"议题征集箱",发放"议题征集卡",利用热线电话、社区网站等方式,公开征集议题;社区干部收集大事、难事等。对不能及时解决的大事、难事,也整理成议题,提交"居民议事"会议讨论。这一系列的措施,保证了协商议题来自群众,是群众反映强烈、迫切要求解决的实际困难问题,体现了基层协商民主的务实性特点。

(三)具有实际利益性

习近平总书记说:"涉及人民群众利益的大量决策和工作,主要发生在基层。"这是一个非常重要的论断,实际上表明了基层协商要以处理人民群众的切身利益问题为重点。当前我国正处在社会矛盾的多发期,群体性事件频发多发,成为影响社会稳定的最大的不利因素。绝大多数的群体性事件,都是由经济利益纠纷而引发的,都属于人民内部矛盾,也是可以通过协商解决的。基层是社会矛盾的突发地带。群众利益无小事,基层事务桩桩件件都关系到老百姓切身利益,解决不好,不仅影响基层政府的公信力,而且极易引发社会矛盾,甚至酿成群体性事件。基层协商,无论是基层经济社会发展的重大事项的协商,还是民生问题的协商,都直接或间接涉及基层群众切身利益。因此,中办、国办《关于加强城乡社区协商的意见》明确把社区协商的内容首先确定为"城乡经济社会发展中涉及当地居民切身利益的公共事务、公益事业;当地居民反映强烈、迫切要求解决的实际困难问题和矛盾纠纷",突出了利益协商这个重点。

既然大量矛盾积聚在基层,很多群体性事件也发生在基层,要化解社会矛盾、预防群体性事件,就需要在基层搭建起群众利益表达和诉求的平台,通过协商对话,解决矛盾分歧,从源头上维护社会和谐稳定。为此,就要建立健全基层协商民主建设协调联动机制,一个重要方面就是健全基层群众利益表达和诉求的机制,让群众的合理诉求能够通过正常的渠道来表达,通过对话协商来实现。近年来各地基层协商实践说明,基层协商突出利益协商这一重点,能够将大量的矛盾和问题消弭在协商对话中,在促进社会和谐稳定上取得明显实效。群众说:"千难万难,商量着办事就不难。"

(四)具有广泛群众性

基层协商,相对于中央和地方层面的"精英性"协商而言,可以说是"草根式"协商,加上协商的内容大都是老百姓所关心的具体问题,可以实现人民群众的广泛参与,是典型的群众性协商。习近平总书记说,"社会主义协商民主在我国有根、有源、有生命力"①。这根就在基层群众之中,这源就是中华民族的优秀协商文化传统,这生命力就在有广泛的民意支撑。我们中国人在遇到矛盾分歧时,经常爱说一句话——"有事好商量",这里面蕴藏着一种传统的政治智慧。我国乡村大都是在血缘和地缘关系纽带基础上长期形成的共同体,是"熟人"社会。在这个社会里,乡村是由家族共同构成的社群,村民之间有着深厚的情感纽带和信任与

---

① 《习近平关于社会主义政治建设论述摘编》,中央文献出版社2017年版,第73页。

默契。而这种信任关系又是能够坐下来商量问题、展开讨论与协商的前提。因此,协商民主一经在基层运用,便以星火燎原之势普遍地开展起来。

　　既然基层协商民主具有广泛的群众性,开展基层协商就不能小打小闹,而应该顺势而为,大规模地推进。在这一点上,浙江省慈溪市有成功的经验。慈溪市 2013 年春开始基层协商民主试点,年底即下发《关于进一步推进基层协商民主机制建设的指导意见》,并召开全市统战工作会议,要求全市各镇(街道)、村(社区)都要建立基层协商民主制度,开展基层民主协商。在市委的领导下和统战部的牵头协调下,基层民主协商工作很快在全市普遍开展起来,形成全面覆盖的局面。2014 年累计举行镇(街道)民主协商会议 26 次,村(社区)民主协商会议 833 次,主题协商 682 件次。2015 年又举行协商活动 1087 次,协商事项达 1279 个。特别是实现了基层协商的广泛参与。2014 年全市参加协商达 17600 多人次,2015 年达 21320 人次。如此之多的参与人次,正体现了通过协商民主实现公民广泛政治参与的要义。

　　既要保证基层协商群众参与的广泛性,又要保证基层群众参与的有序性,为此慈溪市探索创造了"2+X"模式。"2"为基层社团组织代表和社会各界人士代表,作为固定的民主协商小组成员,人数一般在 10—20 人,主要包括工青妇、商会、和谐促进会组织成员代表及非公有制经济人士、民族宗教界人士、党外知识分子、新市民代表、侨台界人士等;"X"为涉事群体代表,作为机动的民主协商小组成员,人数一般控制在固定成员的 20% 左右,一般以具体涉事对象或该方面的专家为主,具体包括镇、村两级决策事项具体涉及的群众代表。这种设计不仅兼顾了一般与特殊、常任与临聘,具有操作上的合理性,而且将涉事群众代表纳入民主协商小组成员,也解决了协商的利益相关性和实效性问题。这体现了习近平总书记所要求的,"涉及一部分群众利益、特定群众利益的事情,要在这部分群众中广泛商量"①。

------

　　① 《习近平关于社会主义政治建设论述摘编》,中央文献出版社 2017 年版,第 65 页。

三、基层协商的不同模式及其经验

进入 21 世纪以来,特别是党的十八大以来,基层协商在全国各地都已广泛开展起来。较为普遍的做法,在基层政府层面是将民主协商引入基层政府的决策过程,在城乡社区层面是将民主协商引入村(居)民会议、村(居)民代表会议制度,采取议事会、理事会、决策听证、民主评议等形式,开展灵活多样的协商活动。这样的基层协商民主可以叫作嵌入式协商民主,是在全国各地都可以找到的。但在全国不少地方,把基层协商作为基层治理的基本方式,大规模地成建制地开展基层协商活动,形成了一整套基层协商民主的制度、体制、机制、程序,并具有鲜明地方特色的基层协商模式,成为全国基层协商先进性典型。这些先进性典型共同的特征是地方党委的高度重视,但在基层协商中起组织协调作用的主体又是不同的,大体可以将基层协商分为以下几种模式,并概括其基本状况及经验。

(一)党政群一体化运作基层协商模式

党政群一体化运作模式,是党组织发挥统筹引领作用,组织政府、社区、社会组织、社会单位、居民等各类社会治理主体,针对社区治理问题和需求,共同协商、共同参与、共同解决问题或提供服务的基层协商方式。实行这种模式的事例有很多,但尤以北京市朝阳区的"党政群共商共治工程"为典型。这一模式起源于朝阳麦子店街道问政议事。2012 年,在中央党校教授建议下,麦子店街道开始试验问政议事协商模式,以群众代表提案、相互辩论协商、表决通过议题的方式,确定街道重点拨款解决的项目经费预算。其主要做法是建立"问需、问计、问政"的常态化议事平台。首先是问需,通过多种渠道征集民意,解决"干什么"的问题。社区召开居民代表会,社区党委召开党代会,统一发放调查问卷、调查表,征集民意。在社区议事协商会上根据反映上来的需求表来进行协商,按照真实性、合法性、代表性、可行性的原则进行同类同项的合并和归纳,并将社区急需解决的公共事务形成项目制进行陈述和成文。同时街道办事处成立建议审核组,把社区议事会送上来的本社区的建议以及通过社区报纸、网络、社会单位提出来的这些意见建议进行汇总,形成年度建议案的汇编说明。然后,筹备召开建议议案的初选协商会,街道办事处问政办公室负责具体操作。参加街道组织的初选协商会的人员,由社区议事会推选的议政代表、社会单位邀请的人士、办事处领导班子及科室负责人所组成。其次是问计。召开建议案的初选协商会,先由街道问政办把问需工作以及建议案的统计、审核情况进行说明,同时提出年度建议案的意见。接着进行协商发言,由议政代表发表对建议案的初选意见并说明理由,并结合各社区的实际和居民反映,对上述问政办报告的内容发表意见。最后是问政。街道邀请区政府相关职能部门座谈协商,是问政议事的压轴环节。增加问效于民和问责于民,在考核和评比之时让群众意见发挥作用,真正起到监督和制约的作用。

　　总结和推广麦子店街道问政议事经验,2013年朝阳区开展了党政群共商共治工程。2014年5月朝阳区委区政府出台《关于统筹推进党政群共商共治工作的指导意见》,将以问政议事制度为核心的共商共治工作提升到区级层面。成立推进党政群共商共治工作领导小组,由区委书记牵头,负责统筹推进、规范指导全区党政群共商共治工程;负责统筹协调区级层面共商共治重要事项,研究解决需区级层面统筹协调的重点难点问题;负责研究解决党政群共商共治中的政策性、程序性重点难点问题;负责区级议事协商会组织实施工作。领导小组办公室设在区委办公室,负责领导小组日常工作。各街乡、社区(村)设立本辖区党政群共商共治工作议事协商平台,由街道工委、地区工委(乡党委)或社区(村)党组织主要负责人牵头组织。为明确工作程序,区委社会工委、区社会办印发《关于开展党政群共商共治工程的方案》和《街道系统党政群共商共治工程操作手册》,划分出"问政季""解忧季""收获季"三个阶段。为保证党政群共商共治工程顺利进行,将党政群共商共治区级层面项目列入区委区政府督查范围,办理情况列入效能监察和班子年度千分制考核内容。通过建立党委、政府、社区及社会单位、居民群众之间互相合作协商的共商共治机制,实现了社会各方对社区建设的广泛参与。全区共有 35 个社会建设协调委员会、1200 多家成员单位、226 个居民事务协调委员会、11个行业自律协会积极参与,43 个公益组织承接 56 个项目,有 5 万多名居民主动出谋划策,提出意见建议。这种党政群共商共治模式,实现了政府治理与社会自我调节、居民自治的良性互动,促进基层民主协商运用于社会治理之中,是一种具有重要意义的成功探索。

(二)统战部门牵头协调基层协商模式

协商民主与统一战线有着十分紧密的内在联系。究其原因在于,协商民主是实现党对统一战线广大成员的领导的重要方式。党的十八届三中全会作出推进协商民主广泛多层制度化发展的战略部署,明确要求"发挥统一战线在协商民主中的重要作用"。新形势下巩固和发展最广泛的爱国统一战线,需要加强基层统战工作。而基层协商民主建设又是基层统战工作的新领域、新抓手、新的生长点。为此,全国各地党委统战部以高度的自觉性,把推进基层协商民主建设作为自己义不容辞的责任,积极组织协调基层协商,从而形成了一种统战部门牵头协调的基层协商模式。特别是 2015 年颁布实施的《中国共产党统一战线工作条例(试行)》首次明确规定,市、县两级由同级党委常委担任或兼任统战部部长,更使得统战部门牵头协调基层协商工作具有了组织的优势。统战部门牵头协调的基层协商模式在全国各地都有,但在浙江省最为普遍,也最为典型。2014 年浙江省委统战部明确提出将"统一战线推进基层协商民主"作为年度工作重点之一,并在当年 5 月召开全省统一战线推进基层协商民主现场会予以全面促进。2015 年浙江省委进一步明确基层协商和社会组织协商建设的责任单位为省委统战部和省民政厅。目前,浙江省基层协商的"统战特色"越来越明显,成为一个突出的亮点。下面主要以慈溪市基层协商为例进行分析。

慈溪市的基层协商,在调研摸底、发现典型、总结推广、拟定文件、完善程序、督促检查、工作指导各个环节,都是由慈溪市委统战部组织并牵头协调推进的。慈溪市委统战部从 2013 年 4 月开始在镇(街道)、村(社区)层面进行基层协商民主实践探索,先是选择宗汉街道史家村这个党组织"五议两公开"制度落实得比较好的村进行村级协商民主试点工作,初步提炼出"三定五步"法的原始框架,并以该村文化宫征地、规划布局、资金筹措为主题开展了首次民主协商,在取得初步经验的基础上又组织各镇(街道)特色3个以上村(社区)开展先行先试,同时选择崇寿镇开展镇级协商民主试点工作。在试点取得成功的基础上,慈溪市委统战部向市委提交了《关于进一步推进基层协商民主机制建设的指导意见》,市委常委会进行专题研究,以市委文件下发。与此同时,将基层协商民主建设纳入市委市政府对各镇(街道)的年度目标管理绩效考核体系,纳入市委统战部对各村(社区)统战工作规范化建设考核之中。各镇(街道)均出台了开展协商民主工作的文件。经过基层协商民主实践的检验,"三定五步"法成为推进基层协商民主的制度性程序设计。"三定"是指敲定协商对象,明确与谁协商;拟定协商内容,明确协商什么;设定协商程序,明确怎么协商。"五步"是指"意见征询、民主协商、纳入决策、决议反馈、过程监督"等民主协商五步程序。为了使基层协商更加体现基层统战特色,市委统战部制定了《慈溪市基层民主协商小组成员管理办法》和《慈溪市关于建立基层协商民主工作成果评议制的实施意见》,由中共慈溪市委办公室转发。《办法》规定,基层民主协商小组固定成员的产生范围:党代表、人大代表、政协委员,也包括辖区内基层组织、企事业单位、社团组织成员(包括工青妇、商会、和谐促进会组织等)以及非公经济人士、民族宗教界人士、党外知识分子、新市民代表、侨台界人士。其中相当大比例是统一战线成员。为了把统战工作与基层协商民主工作有机结合起来,动员统一战线广大成员积极参与基层协商民主工作,慈溪市委统战部专门制定了《关于成立慈溪党外专家民主协商陪议团的实施方案》,要求在镇(街道)、村(社区)等开展民主协商活动时,邀请陪议团以第三方身份参加协商活动,提出专业意见和建议,为基层开展民主协商、形成协商意见、作出决策决议提供参考。陪议团人选由各民主党派和市党外知识分子联谊会推荐,党外人士也可以直接向本党派或市委统战部自荐。陪议员在履行职责时,由市委统战部统一调配,各民主党派和市党外知识分子联谊会协助做好陪议员的管理工作。对热心陪议团工作、积极参与协商活动、受到协商活动组织者和基层群众好评的陪议员,市委统战部和各民主党派、市党外知识分子联谊会在年终评先时,给予优先考虑,并可作为政治安排的重要参考依据。这一举措进一步调动了党外人士参与基层协商的积极性,使慈溪市基层协商民主彰显出浓重的统战特色,也使得统一战线这一党的重要法宝在慈溪市基层协商民主实践中得到了生动而实在的体现。

四川彭州市基层协商,统战部门也在其中发挥了重要作用,使之具有明显的统战特色。2013 年,彭州市成立了以市委书记为组长,市政协主席、市委副书记和统战部部长为副组长的工作领导小组。从领导小组的构成,就可以看出党委统战部门的重要作用。市委统战部先行启动试点工作,出台《彭州市委统战部〈关于构建社会协商对话制度试点工作的实施方案〉的通知》,先在 3 个乡镇和 1 个社区进行试点,取得成功后推广到全市20 个镇。2014 年印发《彭州市委统战部关于开展社会协商对话双评工作(试行)的通知》,将社会协商对话工作纳入统战工作目标考核。镇社会协商会成员包括民主党派、无党派、民族宗教、新社会阶层、农村乡土人才代表人士等统一战线成员。市社会协商对话联席会议办公室设在市委统战部,负责指导镇、村(社区)及市直部门做好社会协商对话工作,定期对工作开展情况进行督促检查,推动工作落实,协调解决工作推进中存在的问题,建立完善各项制度。彭州市以统战部门为主导,运用统战思维和统战方法开展基层社会协商,延伸了新形势下基层统战工作手臂,为基层统战工作的有效开展提供了平台,解决了基层统战工作缺乏抓手的问题,使统战工作更广泛地深入乡村、深入基层,真正实现统战工作全面覆盖。

(三)人大基层协商模式

人大协商是我国社会主义协商民主的重要渠道之一。人大协商在国家和地方层面主要是立法协商,而在基层人大协商做什么,始终是一个有待探索的问题。为此,《中共中央关于加强社会主义协商民主建设的意见》提出:"鼓励基层人大在履职过程中依法开展协商,探索协商形式,丰富协商内容。"①这就为人大基层协商探索创新提供了很大的余地。目前,基层人大协商的典型事例不是很多。这里主要分析两个事例。

1. 浙江温岭参与式预算协商

温岭的"民主恳谈"最初是由温岭市委宣传部指导的"农业农村现代化教育论坛"开始的,温岭市委宣传部承担了大量的指导和组织工作,是基层协商的主要推动者。从 2005 年开始,温岭把"民主恳谈"这一协商民主形式运用于基层人大财政预算审查,在新河、泽国两镇试点,创造了参与式预算协商。由此,基层人大也成了组织公众参与协商的平台。从 2010 年开始,温岭市 16 个镇(街道)全面推广参与式预算,从而形成了温岭基层协商的一个鲜明特色,成为基层人大协商的典型,在全国具有独树一帜的广泛影响。这种参与式预算协商,以民主恳谈为主要形式,包括公众参与预算草案编制、人大代表审查与批准财政预算草案、预算执行与监督三个环节,协商民主贯穿于始终。在预算草案编制环节,镇政府主持召开预算编制民主恳谈会,组织自愿参与的民众代表和人大统一组织的部分人大代表,与政府进行对话、讨论、协商,提出预算草案编制的意见、建议,政府修改预算草案。在人大审查与批准预算草案环节,召开人民代表大会,镇政府向大会作预算草案报告,同时报告民主恳谈会情况和修改意见。在会议期间,专门安排日程,开展大会集中审议和集中询问,让人大代表与政府围绕预算进行互动对话、充分沟通,这实际上也是民主协商。人大代表 5 人以上可联名提出"预算修正方案",经人大主席团审查后付诸投票表决。在预算执行与监督环节,在人大闭会期间,人大财经小组对镇政府预算执行情况开展经常性监督。预算执行中期,人大主席团主持召开预算执行情况民主恳谈会,组织部分人大代表和自愿参加的公民对半年来政府预算情况进行询问和审查。镇政府在预算执行过程中若提出预算调整案,则需召开人大会进行审查和批准。参与式预算,是充分激活人民代表作用的好抓手。人民代表大会制度是人民当家作主的重要制度

① 《中共中央关于加强社会主义协商民主建设的意见》,《十八大以来重要文献选编》(中),中央文献出版社 2016 年版,第 295 页。

载体和最高实现形式。在人大管好"钱袋子"的过程中引入协商民主的机理,有利于扩大公民对人大工作的参与,有利于人大了解真实的民意,推进人大工作公开化、民主化,同时也有利于人大加强对政府全口径预算决策的审查和监督,使得人大在监督预算时行使职权更加到位,激活了人民代表大会这一根本政治制度应有的活力。

2. 云南师宗县人大代表约见协商

从 2011 年开始,师宗县人大常委会率先在丹凤、高良、大五龙三个乡镇代表小组开展县人大代表约见政府机关负责人活动,形成了人大代表约见协商新平台。2012 年后又将代表约见协商从 3 个乡镇代表小组推广到其他 5 个乡镇代表小组,扩大到县直机关代表小组。人大代表约见有明确的法律依据。《全国人民代表大会和地方各级人民代表大会代表法》规定,代表进行视察时"可以提出约见本级或者下级有关国家机关负责人"。师宗县人大常委会按照这一规定,提高代表约见的组织化程度,并作为人大基层协商的重要方式。其主要做法是:首先明确代表约见协商的对象,主要是县人民政府及其所属工作部门、县人民法院、县人民检察院负责人和乡镇政府负责人;明确代表约见协商的事项,主要是县行政区域经济社会发展和人民群众切身利益的一些重大问题,人民群众反映强烈的热点和难点问题,代表议案、建议办理中的一些问题。在代表视察、提出约见事项建议、审查确定约见协商事项等工作的基础上,组织召开代表约见协商会议,通过面对面的交流、探讨,达成解决问题的共识,增进代表与政府有关部门的相互了解。为确保代表约见协商事项得到认真办理和有效落实,成立督办工作小组,加强与约见协商代表及当地乡镇政府的沟通和联系,确保办理工作让代表满意、群众满意。县人大常委会会议对督办情况报告予以审议,对约见协商事项办理不满意的,责成有关部门重新办理。师宗县开展人大代表约见协商的 3 年里,组织开展代表约见协商 8 次,参加协商活动的县乡人大代表 230 余人次,部门 79 个(次),涉及议题 72 项,35 项已经得到解决,33 项正在解决过程中。① 师宗县人

---

① 参见《基层协商民主典型案例选编》,人民出版社 2015 年版,第 320—324 页。

大代表约谈协商是基层人大开展自主性协商的一个典型案例,使基层人大与基层政府良性互动,使基层人大代表与基层群众密切联系,彰显了在基层协商中基层人大应有的作用。

(四)政协向基层协商延伸模式

人民政协是我国的专门协商机构,对其他协商渠道具有重要的带动和促进作用。人民政协虽然没有基层组织,但基层协商也需要具有长期丰富协商经验的人民政协给予必要的指导,人民政协也有工作向基层下沉"接地气"的需要。政协协商对基层协商的促进推动作用,主要表现为两个方面,既要探索参与党政部门共同组织基层协商活动,又要动员更多政协委员参与和指导基层协商民主工作。其主要做法是,通过设立乡镇(街道)政协工委、政协联络室、政协委员(网上)工作室、社情民意联络点、民情信箱等多种形式,倾听民声、反映民意、协调关系、讨论问题。

虽然政协向基层延伸模式在全国各地都有不少实例,但大规模地有组织地开展起来这项活动的却是湖北省宜昌市政协,从而成为这一模式的典型。宜昌市政协 2012 年 3 月启动委员进社区、进乡村的"两进"活动,后来又升级为"委员进基层网格,群众进协商民主"活动。关于开展这一活动的初衷,宜昌市政协主席李亚隆说:"协商民主的探索风生水起,基层政协如何破题? 我们的方向是继续向基层延伸,将政协的协商渠道与基层协商结合,看会产生怎样的聚合反应。"宜昌市政协开展委员进基层网格活动的做法是,将全市 2600 多名市、县(区)政协委员联合编组,每组联系一个社区或乡村,实现政协委员对城市社区和农村乡镇的"全覆盖"。要求委员小组每个季度都要到所联系的社区或村听取意见,其中两次是专题性的,带着题目去收集民智,还有两次则是纯粹听取民意。政协委员听取意见时发现问题,以社情民意的形式通过政协渠道报送给市委市政府,促使问题得到解决。数据显示,自从委员进网格活动开展以来,政协报送党政领导的《社情民意》期数同比增长近两倍,委员提案数量也激增 40%,而且委员的提案和信息的质量大为提高。市委市政府领导对政协报送的信息高度重视,一年内市领导批示政协报送的《社情民意》达 150 余次,市长曾一个月内 22 次作出批示。为了促使政协向基层延伸,市政协还开展了"春暖"助推扶贫行动。30 位政协委员每人走进一个特困村,通过密集走访,精准帮扶 10 个贫困户。帮扶的方法也从家庭的实际出发,政协委员有创业能力的实施金融帮扶,将有务工能力的贫困户就近安排工作,还探索了政府、公司、农户协同创新的新型扶贫模式。把群众代表请进政协协商现场,也是宜昌市政协向基层延伸的重要举措。在宜昌市的政协全体会议、常委会议、专题协商会议、委员约谈会等会议现场,来自基层的群众代表已不鲜见。宜昌市政协的探索,破解了如何建立委员与界别群众之间的常态化通道、让政协成为群众有序政治参与的重要渠道的难题,实现政协协商与基层协商相互促进、相得益彰。基层协商碰到的许多问题,如城郊社区的自来水、"断头路"、供电等问题,显然不是在基层能够解决的。而由于政协协商通道的接通,许多在基层层面难以解决的问题,通过政协向上反映,能够得到有效解决。宜昌市政协的实践证明,政协协商和基层协商的结合,能够形成双赢的局面:政协协商获得了民意支撑,更显活泼生动;基层协商因为要对接政协协商而积极开展起来,更具有动力活力。宜昌市政协开展的委员进基层网格活动,之所以成为政协向基层协商延伸模式的典型,还在于已经形成了"1+6"的制度体系,即一个加强和改进群众工作的意见,以及委员进网格、界别群众参与政协、公开征集群众意见、接待群众来访制度、民意汇集工作、加强界别工作 6 项具体制度。

(五)民政部门牵头组织实施基层自治协商模式

改革开放以来,随着城乡社区普遍建立基层群众自治制度,城乡社区协商以不同形式普遍开展起来,逐步成为基层群众自治的重要途径。到 2015 年 7 月,全国直接参与基层群众自治的农村人口达到 6 亿人,城镇居民超过 3 亿人,各地普遍建立了以村(居)民会议和村(居)民代表会议为主要载体的民主决策的组织形式,涉及村(居)民利益的重大事项,基本由村(居)民协商决定。同时,全国各地还探索了民情恳谈会、乡村论坛、社区议事会和民主听证会等多种协商形式,搭建起城乡居民参与公共事务和公益决策的平台。民政部门负责制定城乡基层群众自治组织建设的政策规定并指导实施,指导村(居)民委员会民主选举、民主决策、民主管理和民主监督工作,推进村(居)民自治和基层民主政治建设,因而在发展基层协商民主中具有重要的作用。2015 年中办、国办下发的《关于加强城乡社区协商的意见》,要求"民政部门要会同组织等有关部门认真做好协商工作的指导和督促落实"。2016 年 10 月中办、国办印发《关于以村民小组或自然村为基本单元的村民自治试点方案》的通知,明确"试点工作由民政部牵头组织实施"。

民政部门牵头组织实施的基层协商,主要是发挥以村民理事会为主要形式的群众自治组织的功能。近些年来,全国多地探索在保持现有村民委员会设置格局的前提下,在村民小组或自然村建立村民理事会、村民监事会、户主会等多种形式的自治组织载体。有的是在民政部门指导促进下发展起来的。较为典型的一例是广西资源县创建的农村社会理事会管理模式。2003 年,资源县开始尝试在自然村(屯)成立理事会,探索农村社区建设新模式,2007 年资源县被民政部批复列入全国农村社区建设实验县,广西壮族自治区民政厅下文确定资源县五个点为广西农村建设试点单位,当年全区农村社区建设试点工作现场会同时在资源县召开。资源县以此为契机,大胆试行以村民理事会为模式的村民自治新方法,完善村务公开民主管理。2009 年,资源县被评为"全国村务公开民主管理示范单位"。资源县村民理事会的主要经验有:一是建立了较为完善的村民理事会制度体系,包括《村民理事会章程》《村民理事会制度》《监事会职责》《财务管理制度》等,并配之以《村规民约》《文明卫生公约》等。二是明确了村民理事会与村委会的关系,并建立了"四培养"制度,即把村民小组长培养成理事会成员,把理事会成员培养成党员,把党员培养成理事长,把优秀理事长培养成村干部。三是全面提升村务公开民主管理工作水平,组织开展村务公开民主管理示范单位活动,树立典型,以点带面,全面推进,全县 95% 以上的村建立有标准的村务公开专栏,90% 以上的村建立健全了村级公开民主管理制度。资源县农村社区理事会管理模式,取得了良好实效,深化了村民自治,改善了乡村生活环境,提高了农民组织化程度,树立了农村社会新风尚,呈现出"路不拾遗、夜不闭户"的和谐景象。[1]

民政部门牵头组织实施的基层协商,还有的是围绕民政部门社会保障的工作而开展的,福建云霄县推行民主评议票决低保制度是其中的一个典型。2008 年,云霄县开始推行以低保民主评议票决形式推荐纳保对象,县政府成立由分管民政工作的副县长任组长,县民政、监察、审计、财政局局长和各乡镇长、开发区主任为成员的低保工作领导小组,各乡镇、村也相应成立以乡镇长为组长的领导小组和村级工作组,建立起政府领导、民政牵头、部门配合、社会参与的城乡低保审核审批组织领导架构。县政府相继出台《进一步加强和改进最低生活保障工作实施意见》《农村低保民主评议票决工作实施方案》等 5 份文件,形成了"户主申请—入户调查—公示—民主评议(票决)—公示—乡镇审核—救助申请家庭经济状况核对中心比对—民政局审批—张榜公示—发放低保证和银行存折"的"十步流程"。民主评议票决会由乡镇包村干部、村"两委"成员、村务监督委员会委员、村民政助理员、熟悉村民情况的党员代表、村民代表等参加,其中群众代表人数不得少于参加评议总人数的三分之二。票决采用无记名投票表决、当场公布结果的方式,对低保申请家庭经济状况进行民主评议,推荐纳保对象。为确保评议票决实效,建立了"一年一评议,两年一票决"的低保纳保制度和低保家庭收入及财产状况定期报告、核查制度,把生活确实存在困难却未能通过票决推荐、因故未能及时参加票决以及票决后因病因灾造成支出性贫困的申请对象,列为次年民主评议的三类重点对象,确保"低保对象有进有出、补助水平有升有降"的动态管理要求。加强票决结果监管,各村委会在村务公开栏及时公示经票决后新增和撤销的推荐纳保对象名单,乡镇和县民政局公开低保咨询监督电话,推行专人负责、首问负责制度,健全投诉举措核查制度。民主评议票决低保制度的实行,使得全县低保工作程序公开透明、审批结果公正合理,实现应保尽保,提高了群众对低保政策的知晓率和对低保工作的满意

---

[1] 参见《基层协商民主典型案例选编》,人民出版社 2015 年版,第 257—260 页。

度。同时也让广大群众充分参与到公共事务中,完善了基层群众自治机制,畅通了群众诉求通道,听民意、解民忧、惠民生,密切了干群关系,提高了政府公信力。①

(六)企事业劳动关系集体协商模式

企事业单位协商是我国基层协商民主的一个重要方面。推进企事业单位协商,核心问题是健全以职工代表大会为基本形式的企事业单位民主管理制度。根据我国《工会法》有关规定,不管是国有或国有控股企业,还是集体、个体、私营企业,都必须建立和健全职工代表大会制度和其他民主管理制度,以保障与发挥工会组织和职工代表在审议企业重大决策、监督行政领导、维护职工合法权益等方面的权力和作用。近些年来,我国不少地方企事业单位在实行职工代表大会制度的过程中,积极引入协商民主方式,畅通职工表达合理诉求渠道,健全各层级职工沟通协商机制。比如实行民主对话会制度,企业职工与企业行政或业主"面对面"进行民主对话,就企业发展过程中出现的问题、企业职工的利益要求展开讨论,形成企业劳资双方良性互动。设立"厂长信箱""厂情发布会""厂情公开栏""厂长、职工代表恳谈会",鼓励企业职工通过投票、参加会议、私下接触等形式参与企业的民主管理。

在企事业协商中,最重要的是工会代表职工与企业就调整和规范劳动关系等重要决策事项进行集体协商,形成以劳动行政部门、工会组织为代表的劳动关系三方协商机制。由此也就产生了企事业劳动关系协商模式。这一模式是在全国总工会指导下产生的。1998年全国总工会对工会代表职工参加企业工资集体协商、签订集体合同工作提出了指导意见。深圳市作为我国改革开放先行地区,进行了成规模的探索试验。1999年初以来,深圳市在劳动部门、工会组织和企业家协会的共同努力下,逐步形成了"三方联席会议制度""三方协调会议制度""三方高峰会议制度",建立了以这三个会议制度为轴线的多层次的工作架构。2002年,深

---

① 参见《基层协商民主典型案例选编》,人民出版社2015年版,第182—187页。

圳市劳动关系协调委员会成立,标志着深圳市劳动关系三方协调工作迈向规范化、常规化。2004年制定《深圳市劳动关系协调委员会协调重大劳动争议工作规则》,2005年制定《关于进一步推进区域性行业性集体协商和集体合同制度的指导意见》,使得劳动关系集体协商进一步制度化、规范化、程序化。2011年全国总工会制定印发《2011—2013年深入推进工资集体协商工作规划》,提出到2013年底实现已建工会组织的企业工资集体协商建制率达到80%的要求,从而大大推进了工资集体协商在全国范围内的进展。

工资集体协商模式在我国有众多的事例,这里主要以开展比较早的中铁宝桥集团公司为例进行分析。宝桥集团从1996年起推行集体协商、集体合同、工资集体协商。先是工会代表职工与企业每三年签订一次集体合同,从2002年开始每年签订工资集体协议,从2013年起实行集体合同"1+3"制度,即每年签订集体合同的同时,签订工资、女职工权益保护和劳动安全卫生三个专项协议。其主要做法是:形成了规范的"四步化"工资集体协商工作程序。第一步,每年11月由工会代表向企业行政提出书面要约,集团人力资源部与工会调研协商、共同起草《集体合同》文本;第二步,岁末年初召开工资集体协商会议,行政方与职工代表方各10人出席,经双方协商代表讨论并通过提交职代会的《集体合同》和《工资集体协议》文本,包括集团工资总额计划及职工工资预期增长目标等内容;第三步,将《集体合同》和《工资集体协议》文本,提交职工代表大会讨论通过并举行签字仪式,并由工会主席把上年度集体合同和工资集体协议落实情况向各职代会作详细报告,讨论审议后进行投票表决;第四步,报省劳动工资管理部门和上级工会审核备案,同时公布实施,并进行日常监督检查。确立了"双维护、双促进"的工资集体协商工作原则,坚持维护企业长远发展与职工具体利益相统一,谋求与实现劳动关系双方权益共赢。构建了工资集体协商工作的深化机制,把工资集体协商工作与职代会、厂务公开制度有机结合起来,增强了职工工资正常增长机制的影响力,把民主管理和公开制度落实与实现车间、班组收入分配公平公正结合起来,促进了劳动关系和谐和职工队伍稳定,把工资集体协商机制向子公司推进,构成了全集团工资集体协商工作体系化和规范化发展的大格局。宝桥集团实行工资集体协商以来,职工收入保持了逐步增长的态势,年均增长幅度达到16.7%。集团职代会职工代表无记名投票表决满意度逐年提高,由最初70%的"满意"票增至98%。2011年宝桥集团获"全国模范劳动关系和谐企业"荣誉称号。集团工会多次在省、市会议介绍工资集体协商经验,相继受到省、市和上级工会表彰。①

非公有制企业的工资集体协商在全国也有不少先进的典型,这里主要分析制度化程度较高的浙江温岭的行业工资集体协商。2003年以来,浙江温岭市开始从新河镇羊毛衫行业探索行业工资集体协商,经过十几年的探索,建立了以企业、行业工会和行业协会为主体的工资集体协商制度,形成了"行业协商谈标准,区域协商谈底线,企业协商谈增幅"的工资协商模式。其主要做法是:从行业工资集体协商起步,逐步扩展到区域工资集体协商和企业内部工资集体协商。行业工资集体协商主要是达成行业工资(工价)标准,区域工资集体协商是以全镇(街道)或若干个行政村的联合为区域达成工资底线,企业工资集体协商是谈本企业工资的增长幅度。行业工资集体协商有一个三方协商机制,行业工会代表职工、行业协会代表企业主,政府介入居中协调,行业所属职工和企业主广泛参与,经过多次协商,反复博弈,最终协商达成双方认同的工资(工价)标准,并以此签订全行业集体劳动合同。整个过程分为三个阶段:筹备阶段、协商阶段和执行监督阶段。区域工资集体协商是由镇总会、村联合工会与商会、企业主委员会或者经营者代表来进行,主要是根据区域生产经营状况,就计时计件工价、工资水平、工资支付办法、福利补贴等进行协商。企业工资集体协商,是企业工会集中整理工资制度、工资水平、工资结构等相关资料数据,广泛征求各个岗位、各个工种对工资调整的要求,确定工种集体协商的重点内容,协商谈判代表与企业行政方开展协商。协商主要内容是工资构成、最低工资标准、工资增长幅度、职工保险、福利待遇标准等。协商后由企业工会与企业行政方代表签订《工资集体协商协议

① 参见《基层协商民主典型案例选编》,人民出版社2015年版,第357—361页。

书》,经过职工代表大会表决后实施履行。为保证工资集体协商的顺利
开展,温岭市建立了工资集体协商工作领导小组,由市委主要领导任组
长,市委宣传部、总工会、人力社保局等多家部门负责人为成员;制定了规
范的制度文件,如 2004 年转发《关于开展非公企业行业工资集体协商的
实施意见》,2005 年印发《中共温岭市委关于大力推广行业工资集体协商
制度的实施意见》,2008 年印发《中共温岭市委关于进一步完善和推进行
业工资集体协商工作的意见》;强化考核监督,保证协商效果,如制定《镇
(街道)工资集体协商考核细则》等对工资集体协商进行考核,设立欠薪
应急周转金,以落实和巩固工资协商成果。这些工作有力地保证了工资
集体协商的成效。① 截至 2014 年 4 月,温岭市有 2543 家单建工会企业单
独开展工资集体协商,在 16 个行业共计 23 个行业工会与行业协会开展
了行业工资集体协商,16 个镇(街道)全部开展了区域工资集体协商,覆
盖 8972 家企业、惠及近 50 万人。②

四、稳步推进基层协商

　　"稳步推进基层协商"是《中共中央关于加强社会主义协商民主建设
的意见》对基层协商提出的基本要求。党的十八大以来,基层协商在我
国总体上已普遍开展起来,呈现出很好的发展势头。但发展的不平衡性
也非常突出。能够成建制地大规模地开展基层协商的地方还不是很多,
主要集中在北京、浙江、广东、四川等省市,一般来说都是经济相对发达的
地方。而在全国大多数地方,基层协商基本是个别的典型。这远远不能
适应推进协商民主广泛多层制度化发展的需要。总结基层协商的成功经
验,研究解决基层协商存在的突出问题,基层协商的改进主要有三个
方面。

---

　　①　参见陈剑主编:《北京协商民主的理论与实践》,中国文史出版社 2016 年版,第 224—
225 页。

　　②　参见《基层协商民主典型案例选编》,人民出版社 2015 年版,第 140 页。

（一）建立地方党委对基层协商的集中统一领导的体制机制

总结基层协商能够普遍开展起来而且成效显著的地方的经验，最核心的一条就是地方党委加强对基层协商的集中统一领导。地方党委善于发现本地基层协商的新生事物，尊重基层党组织和群众的创造，及时提炼总结其实践经验，并适时上升为制度规范，在本辖区内加以推广，从而形成基层协商大面积推开的态势，而且能够保证基层协商民主沿着正确的方向健康有序地深入推进。《中共中央关于加强社会主义协商民主建设的意见》提出，"建立健全基层协商民主建设协调联动机制"，是一个很重要的要求。基层协商民主建设联动机制，不仅包括县（市、区）、乡镇（街道）、村（社区）三级上下要联动，也包括党委、人大、政府、政协、民政、基层自治组织、企事业单位等左右要联动。为此，就有必要在县（市、区）、乡镇（街道）建立党委协商民主建设领导小组，作为党委决策议事协调机构，负责基层协商民主建设的整体设计、总体布局、统筹协调、整体推进。

目前在基层协商建设中起牵头协调作用的责任主体不统一，有的是党委职能部门，如统战部、组织部，有的是政府及其民政部门，还有的是政协组织、人民团体等。在基层协商民主初步开展的阶段，这样做有其积极意义，鼓励各地根据自身实际创新，不求一律。但基层协商民主发展到一定阶段，形成统一的规范化要求就是必要的。2015年中共中央办公厅、国务院办公厅印发的《关于加强城乡社区协商的意见》，就建立健全工作机制提出："地方各级党委和政府要把城乡社区协商工作纳入重要议事日程，结合实际研究制定具体办法。""民政部门要会同组织等有关部门认真做好协商工作的指导和督促落实。""建立健全基层党组织领导、村（居）民委员会负责、各类协商主体共同参与的工作机制，定期研究协商中的重要问题。"这些规定仅就地方党委提出了笼统性的要求，并未涉及领导体制问题。蕴含着党委组织部门起主要作用，民政部门起配合性的指导和督促作用的要求。另外，就党的领导作用也只是涉及基层党组织，未涉及县、乡两级党委。据基层协商民主开展比较好的地方的实践，如浙江省，明确基层协商的责任单位为统战部门，是一条很重要的经验，有加以推广的价值。发挥统一战线在基层协商民主建设中的作用,一是具有制度的优势与渠道的优势。中国共产党领导的多党合作和政治协商制度是我国的一项基本政治制度,政党协商和政协协商是统一战线两个范围的政治协商,发挥统一战线的作用有利于实现政治协商与基层协商的衔接联动,政治协商达成的共识可以通过统一战线渠道传递到基层群众中,而基层协商中提出和发现的一些事关更大范围的共性问题也可以通过统一战线渠道进入上级乃至中央党和政府的视野,进而对公共决策产生影响。二是具有组织与网络优势。统战工作是党特殊的群众工作,统一战线具有广泛的群众基础和社会基础,我国八个民主党派、无党派人士都有其广泛联系的社会成员。随着统战工作的深入推进,已经从大中城市延伸到城镇,从中上层扩展至基层,从体制内深入到体制外,统战部门在基层的工作网络日益健全。以宗教工作为例,全国已经普遍建立县、乡、村三级宗教工作网络和乡镇、村两级责任制,形成上下联动、相互配合、协调有力的管理工作机制。三是经验与人才优势。统一战线范围内的政党协商和政协协商,在我国各协商渠道中是开展得比较早也比较好的协商,形成了相对稳定和成熟的制度安排和运行机制,积累了丰富的协商实践经验。统一战线可以将其开展政治协商的经验借鉴甚至移植到基层协商民主中,提高基层协商民主的制度化、规范化、程序化水平。统一战线拥有一大批专业上有成就、社会上有影响、参政议政水平高的代表人士,广泛分布于各城乡社区、各行各业和各种社会组织中,对基层协商民主建设来说是宝贵的资源,将其吸收到基层协商中,对提高基层协商质量具有非常重要的促进作用。正是因为统一战线的这些优势,相对于党委其他部门来说,地方党委统战部更能在基层协商民主建设中承担起牵头协调甚至组织作用。为此,地方党委设立的协商民主建设领导小组可将办公室设置在党委统战部,并明确其统筹推进基层协商的责任,使基层协商民主建设协调联动卓有成效地开展起来。

基层协商建设的关键是发挥基层党组织的领导核心作用。2018 年 1 月中共中央、国务院颁发的《关于实施乡村振兴战略的意见》提出,"建立健全党委领导、政府负责、社会协同、公众参与、法治保障的现代乡村社会治理体制,坚持自治、法治、德治相结合,确保乡村社会充满活力、和谐有序"。2018 年 6 月,中办、国办《关于加强和改进乡村治理的指导意见》据此提出具体要求:村党组织全面领导村民委员会及村务监督委员会、村集体经济组织、农民合作组织和其他经济社会组织。为了保证村党组织的全面领导,在组织建设上,推动村党组织书记通过法定程序担任村民委员会主任,村务监督委员会主任一般由党员担任,由非村民委员会成员的村党组织班子成员兼任。在村民委员会成员、村民代表中,党员应当占一定比例。在工作程序上,要健全村级重要事项、重大问题由村党组织研究讨论机制,全面落实"四议两公开"。在工作方式上,要发挥党员先锋模范作用,组织党员在村民自治议事决策中宣传党的主张,执行党组织决定。组织开展党员联系农户、党员户挂牌、承诺践诺、设岗定责、志愿服务等活动,推动党员在乡村治理中带头示范,带动群众全面参与。落实这些规定,基层协商民主就能健康有序全面开展起来。

(二)实现基层群众自治与基层协商民主有机结合

基层群众自治制度是基层协商的制度基础。我们发展基层协商民主,不是要替代基层群众自治,而是丰富和完善基层群众自治制度,因此要在基层群众自治框架内进行,从而实现基层群众自治与基层协商民主的有机结合。从目前我国已经开始的基层协商实践来看,大都照应到基层群众自治的制度安排,使之成为基层群众自治的生动体现。但也产生了基层协商与基层群众自治结合不够紧密,甚至脱离基层群众自治框架另搞一套的问题。因此,中办、国办《关于加强城乡社区协商的意见》强调的基本原则是:"坚持基层群众自治制度,充分保障群众的知情权、参与权、表达权、监督权,促进群众依法自我管理、自我服务、自我教育、自我监督。坚持依法协商,保证协商活动有序进行,协商结果合法有效。"目的就是实现基层群众自治与基层协商民主的有机结合,形成既促进基层群众自治制度更加完善又大力促进基层协商民主发展的局面。

实现基层群众自治与基层协商民主的有机结合,首先要突出基层群众"自治"的特点,切实保障基层群众的合法权利。基层群众自治是人民群众在城乡社区治理、基层公共事务和公益事业中直接行使民主权利,依法进行自我管理、自我服务、自我教育、自我监督的主要形式,基层群众拥有知情权、参与权、表达权、监督权。发展基层协商民主也要切实保障基层群众的这些基本权利。保障知情权是基层协商民主的前提条件,协商就要真协商,知情才能真协商,为此就要实行村务公开、居务公开、厂务公开等,增强基层协商的透明度。保障参与权是基层协商民主的目的,坚持有事好商量、遇事多商量,实现基层群众最广泛的参与,为此就要实现基层协商活动多样化、常规化、普遍化,使更多的基层群众能够以简便易行的方式参与协商。保障表达权是基层协商民主的基本方式,坚持知无不言、言无不尽,坚持和而不同、求同存异,最大限度地听取各方面的意见,包括不同意见,找到最大公约数,为此就要制定基层协商民主的规则,既尊重多数又照顾少数,善于把握民意、集中民智。保障监督权是基层协商民主的良好氛围,权力不受监督必然产生腐败,决策不受监督必然难以落实,为此就要对基层协商成果执行情况开展基层群众民主评议,对不称职的基层干部提出撤换、罢免建议,保证基层协商民主风清气正。

实现基层群众自治与基层协商民主的有机结合,还要以充实民主协商环节来完善基层群众自治运行机制。我国基层群众自治推行民主选举、民主决策、民主管理、民主监督,而且都有体制性的规定。以村民自治为例,民主选举主要是村民通过直接投票的方式定期地选举产生包括主任在内的村委会成员。民主决策主要涉及村民利益相关的重要事项,必须提请村民会议或村民代表会议讨论,按多数人的意见作出决定。民主管理主要是由全体村民讨论制定或修改村民自治章程或村规民约以制治村。民主监督主要是村民直接通过村务监督委员会等形式监督村民委员会工作情况和村干部行为。这四个方面的民主,虽然都可以引入协商的方式来增强其实效,但民主协商的作用毕竟不突出,在实践中也容易出现重选举而轻协商简单“唯票取人”、决策之前不协商而盲目决策、管理过程不协商制度缺乏可行性、监督之中不协商使监督成了片面反对和对立等问题。为此,党的十九大报告特意在过去的“四个民主”中插入“民主协商"。这对基层群众自治具有非常重要的意义。落实这一要求,就要把民主协商引入基层群众自治运行机制,其形式是在坚持村(居)民会议、村(居)民代表会议制度的基础上,设立村(居)民议事会、村(居)民理事会、村(居)民监事会等组织载体,使其专门履行民主协商职能,保障村(居)民能够在关系切身利益的问题上充分表达意愿、开展民主协商议事、参与监督管理等自治活动。中办、国办《关于加强城乡社区协商的意见》要求,"要坚持依法协商,保证协商活动有序进行,协商结果合法有效"。而村(居)民议事会、村(居)民理事会这样的组织形式,目前在我国有关法律法规中并未规定,为此就有必要修订和完善基层群众自治的法律法规,为基层协商实践提供法律支撑。村(居)民理事会建立起来后,还会碰到的一个现实问题,就是它和现行的村(居)民会议、村(居)代表会议的关系。协商民主不是万能的,协商也容易出现议而不决、决而不行的问题。因此,《中共中央关于加强社会主义协商民主建设的意见》提出:"通过协商无法解决或存在较大争议的问题或事项,应提交村(居)民会议或村(居)民代表会议决定。"①这为处理好基层协商组织与基层群众自治组织的关系提供了一个重要的指导原则。

(三)进一步发挥基层协商化解矛盾纠纷、促进社会和谐稳定的作用

在我国,涉及人民群众利益的大量决策和工作主要发生在基层,这就决定了基层是各种社会矛盾纠纷的源头,是影响社会稳定的主要区域。因此,《中共中央关于加强社会主义协商民主建设的意见》明确要求:"稳步开展基层协商,更好解决人民群众的实际困难和问题,及时化解矛盾纠纷,促进社会和谐稳定。"②这赋予了基层协商特殊的职能和作用。推进基层协商,可以最大限度地吸纳群众的利益表达和诉求,更好解决人民群

---

① 《中共中央关于加强社会主义协商民主建设的意见》,《十八大以来重要文献选编》(中),中央文献出版社 2016 年版,第 298 页。

② 《中共中央关于加强社会主义协商民主建设的意见》,《十八大以来重要文献选编》(中),中央文献出版社 2016 年版,第 298 页。

众的实际困难和问题,这无疑有利于社会稳定,有利于国家的长治久安。目前基层协商已在全国各地普遍开展起来,但其成效不是很理想。究其原因,有协商形式化的问题,拉低门槛、降低标准、浮于表面,把既有的基层常规性的实践活动稍加包装就贴上协商民主的标签而宣扬。有确定协商议题的随意性问题,选取协商议题往往受到官方意志左右,而不是基层群众所关心的热点难点问题,已经不是问题的问题反复协商,而真正是问题的问题却得不到协商。有协商对象固态化的问题,不考虑群众协商代表能否代表其群体利益,只考虑其是否跟基层党组织和基层政权组织走得近,是否拥护既定决策而不提反对的意见,甚至协商议题的利益相关方被排除在外。有协商程序不规范的问题,操作规则模棱两可,协商议题不聚焦,各说各话,莫衷一是,难以形成共识。这些问题,说到底都是脱离基层群众的表现,没有把解决基层群众的实际困难和问题作为协商的根本目的,自然也就难以发挥基层协商化解矛盾纠纷、促进社会和谐稳定的作用。

发挥基层协商化解矛盾纠纷、促进社会和谐稳定的作用,关键是协商议题要聚焦到基层群众所关心的切身利益问题上。对于群众反映强烈的问题都要严肃认真对待,对于损害群众利益的行为都要坚决纠正,应当成为开展基层协商民主的一个重要原则。基层协商要合理确定协商内容,主要是城乡经济社会发展中涉及当地居民切身利益的公共事务、公益事业,当地居民反映强烈、迫切要求解决的实际困难问题和矛盾纠纷,以及各类协商主体提出协商需求的事项。而且要坚持一事一议,只有这样,才能避免协商不深不透、蜻蜓点水、浮光掠影的问题。

发挥基层协商化解矛盾纠纷、促进社会和谐稳定的作用,还要合理确定协商主体,尽可能做到全覆盖。既要有基层政府及其派出机关的代表,还要有村(社区)党组织、村(居)民委员会、村(居)务监督委员会的代表,也要有村(居)民小组、驻村(社区)单位、社区社会组织、业主委员会、农村集体经济组织、农民合作组织、物业服务企业等方面的代表。既要覆盖当地户籍居民,也要有非户籍居民代表。特别是要注意把利益相关方作为协商主体。在利益多元化格局下,任何人的利益诉求都应当得到公平的对待。协商民主,不是靠少数服从多数的票决来处理利益纠纷,而是靠统筹兼顾甚至妥协让步来行事,少数人的利益只要是正当的合理的,就应当予以考虑和关照,而不能将其湮没在多数人的利益之中。在基层治理中,少数人的利益得不到重视甚至被忽视,往往成为矛盾和冲突的焦点,出现少数人抗争的问题,影响社会稳定。因此,发展基层协商民主,应当照顾到每个利益相关者的诉求,使其在合理化组织化的平台上得以实现。平等是协商民主的重要原则,只有协商主体平等,才有民主协商,没有平等,也就没有协商。因此,在基层协商中,各协商主体的地位都是平等的,要以平等的精神相互尊重、坦诚沟通,对强势的主体来说不能以势压人,对弱势的主体来说也不能因人废言。只有这样,才能在宽松和谐的氛围中开展协商,真正取得成效。

(四)通过基层协商着力培养基层群众的民主协商意识,为协商民主全面发展准备肥沃土壤

在我国社会主义协商民主体系中,基层协商是基础性工程。基础不牢,地动山摇。没有基层协商的支撑,中央和国家层面协商、地方层面协商就会缺少必要的民意支撑,其他协商渠道也会缺少必要的社会支柱,整体协商民主体系也就很难建立和完善起来。更重要的是,基层协商是实现公众广泛政治参与的主要形式,能够覆盖我国绝大多数人口,缺少了它,具有中国特色的协商民主也就难以得到国际社会的认可,得到中国广大人民群众的认同。因此,大力发展基层协商民主的意义不可低估。

基层协商民主是适合我国国情的民主形式,有事好商量的优秀传统文化是其文化根源,以家庭为单元组成的宗族集聚方式是其组织纽带。因此,开展基层协商并不困难。但是,我们也应当看到,长期以来由于在基层民主建设中过分强调基层选举并强化基层政权组织的作用,导致在民主问题上出现了误区,认为只有一人一票选举才是民主,以至于忘记了协商也是民主,而且是更重要的民主。一段时期村级选举之所以出现严重的拉票贿选问题,与选举民主的砝码太重而协商民主的砝码太轻有关。其实,选举民主的缺陷,恰恰需要协商民主来弥补。只有坚持协商于决策之前和决策实施之中,才能有效防止"村官"擅自专权,一意孤行。因此,发展基层协商民主,不仅是重要的,而且是必需的。这是实现基层治理现代化的重要手段。但我们也要清醒地认识到,基层协商民主建设不是一日之功,也不可能一蹴而就。协商民主是一种治理形式,更是一种思维方式、一种生活习惯。长期以来,基层群众缺乏民主意识是一个普遍的问题,期盼的是官员"为民作主",而不是自己当家作主。开展基层协商民主,是增强基层群众民主意识的重要手段,就是要让老百姓认识到自己的权利并不只是一个投票权,还表现为决策之中的发言权,决策之后的监督权。要通过基层协商民主的制度性安排和规范化形式,激发基层群众参与协商的积极性,大规模地开展协商活动,使协商成为基层群众生活的一部分,逐渐培养成生活习惯、思维方式、价值追求。发展基层协商民主,将会使基层党政干部和普通群众,都经历一场民主化变革的浪潮。特别是基层党员干部,更要发生深刻的转变,努力成为加强协商民主建设的积极组织者、有力促进者、自觉实践者。

推进国家治理体系和治理能力现代化,是全面深化改革的总目标,也是发展社会主义协商民主的重要目的。推进国家治理现代化,需要在各个层级来进行。其中,基层协商民主作为一种基础性的民主治理形式,在一定意义上承担着民主启蒙的重要作用。民主的启蒙,意味着人民当家作主意识的觉醒。只有当基层群众在基层协商中增强了民主意识,提高了协商能力,能够自觉运用民主协商方式实行自我管理、自我服务、自我教育、自我监督,积极推进城乡社区治理现代化,整个国家治理的现代化才有了坚实牢固的社会基础。

第八章　坚持中国特色社会主义法治道路，全面推进依法治国

　　全面推进依法治国，是新时代坚持和发展中国特色社会主义的本质要求，也是中国特色社会主义民主政治建设的重要方面。全面推进依法治国，道路问题最重要。习近平总书记在党的十八届四中全会上指出："全面推进依法治国，必须走对路。如果路走错了，南辕北辙了，那再提什么要求和举措也都没有意义了。全会决定有一条贯穿全篇的红线，这就是坚持和拓展中国特色社会主义法治道路。中国特色社会主义法治道路是一个管总的东西。具体讲我国法治建设的成就，大大小小可以列举出十几条、几十条，但归结起来就是开辟了中国特色社会主义法治道路这一条。"①并且强调："中国特色社会主义法治道路，是社会主义法治建设成就和经验的集中体现，是建设社会主义法治国家的唯一正确道路。在走什么样的法治道路问题上，必须向全社会释放正确而明确的信号，指明全面推进依法治国的正确方向，统一全党全国各族人民认识和行动。"②党的十九届四中全会通过的《中共中央关于坚持和完善中国特色社会主义制度　推进国家治理体系和治理能力现代化若干重大问题的决定》明确指出："必须坚定不移走中国特色社会主义法治道路，全面推进依法治国，坚持依法治国、依法执政、依法行政共同推进，坚持法治国家、法治政府、法治社会一体建设，加快形成完备的法律规范体系、高效的法治实施

---

①　习近平：《加快建设社会主义法治国家》，《十八大以来重要文献选编》（中），中央文献出版社 2016 年版，第 182 页。
②　习近平：《关于〈中共中央关于全面推进依法治国若干重大问题的决定〉的说明》，《十八大以来重要文献选编》（中），中央文献出版社 2016 年版，第 147 页。

体系、严密的法治监督体系、有力的法治保障体系,加快形成完善的党内法规体系,全面推进科学立法、严格执法、公正司法、全民守法,推进法治中国建设。"①

一、中国特色社会主义法治道路的核心要义

走中国特色社会主义法治道路,首先要弄清楚什么是中国特色社会主义法治道路。习近平总书记指出:"我们要坚持的中国特色社会主义法治道路,本质上是中国特色社会主义道路在法治领域的具体体现"②。也就是说,中国特色社会主义法治道路派生于中国特色社会主义道路。我们理解中国特色社会主义法治道路,首先要清楚中国特色社会主义道路的定义。党的十八大报告这样表述:"中国特色社会主义道路,就是在中国共产党领导下,立足基本国情,以经济建设为中心,坚持四项基本原则,坚持改革开放,解放和发展社会生产力,建设社会主义市场经济、社会主义民主政治、社会主义先进文化、社会主义和谐社会、社会主义生态文明,促进人的全面发展,逐步实现全体人民共同富裕,建设富强民主文明和谐的社会主义现代化国家。"③依据这个定义,党的十八届四中全会通过的《中共中央关于全面推进依法治国若干重大问题的决定》对全面推进依法治国总目标的展开表述,实际上就是中国特色社会主义法治道路的定义:"在中国共产党领导下,坚持中国特色社会主义制度,贯彻中国特色社会主义法治理论,形成完备的法律规范体系、高效的法治实施体系、严密的法治监督体系、有力的法治保障体系,形成完善的党内法规体系,坚持依法治国、依法执政、依法行政共同推进,坚持法治国家、法治政府、法治社会一体建设,实现科学立法、严格执法、公正司法、全民守法,促

① 《〈中共中央关于坚持和完善中国特色社会主义制度、推进国家治理体系和治理能力现代化若干重大问题的决定〉辅导读本》,人民出版社 2019 年版,第 14 页。
② 《习近平关于全面依法治国论述摘编》,中央文献出版社 2015 年版,第 34—35 页。
③ 胡锦涛:《坚定不移沿着中国特色社会主义道路前进,为全面建成小康社会而奋斗》,《十八大以来重要文献选编》(上),中央文献出版社 2014 年版,第 9—10 页。

进国家治理体系和治理能力现代化。"依据这个定义可以看出,中国特色社会主义法治道路由核心要义、发展目标、工作布局、重点任务、主要目的五个方面所构成。

坚持中国特色社会主义法治道路,最重要的是明确中国特色社会主义法治道路的核心要义。习近平总书记指出:"党的领导是中国特色社会主义最本质的特征,是社会主义法治最根本的保证。中国特色社会主义制度是中国特色社会主义法治体系的根本制度基础,是全面推进依法治国的根本制度保障。中国特色社会主义法治理论是中国特色社会主义法治体系的理论指导和学理支撑,是全面推进依法治国的行动指南。这三个方面实质上是中国特色社会主义法治道路的核心要义,规定和确保了中国特色社会主义法治体系的制度属性和前进方向。"[1]

(一)坚持中国共产党的领导

党和法治的关系是法治建设的核心问题。全面推进依法治国这件大事能不能办好,最关键的是方向是不是明确,政治保证是不是坚强有力。中国共产党的领导是社会主义法治最根本的保证。坚持走中国特色社会主义法治道路,首先必须确定领路人就是中国共产党。为什么全面依法治国必须由中国共产党领导呢?众所周知,中国共产党是一个靠打破旧法统武装夺取政权的政党,这样一个党在掌握全国政权后会不会重视法制,这是当时人们所关心的问题。事实上,新中国成立之初,中国共产党在废除旧法统的同时,就积极运用新民主主义革命时期根据地法制建设的成功经验,抓紧建设社会主义法治,初步奠定了社会主义法治的基础。其标志性的事情,就是1949年9月中国人民政治协商会议第一届全体会议制定了具有临时宪法性质的《共同纲领》,五年之后的1954年第一届全国人大制定了新中国的宪法,史称"五四宪法"。毋庸讳言,中国共产党后来在法治建设上走过弯路,由于在指导思想上发生"左"的错误,逐

---

① 习近平:《关于〈中共中央关于全面推进依法治国若干重大问题的决定〉的说明》,《十八大以来重要文献选编》(中),中央文献出版社2016年版,第146页。

渐对法制不那么重视了,以致"文化大革命"十年内乱使法制遭到严重破坏,付出了沉重代价。习近平总书记指出:"历史是最好的老师。经验和教训使我们党深刻认识到,法治是治国理政不可或缺的重要手段。法治兴则国家兴,法治衰则国家乱。什么时候重视法治、法治昌明,什么时候就国泰民安;什么时候忽视法治、法治松弛,什么时候就国乱民怨。"①今天我们不能因为中国共产党历史上在法制问题上犯过错误就怀疑和质疑其领导法治建设的资格和能力,恰恰相反,正是因为有过这样的错误和曲折,中国共产党才会更加重视法治在治国理政中极为重要的作用,才更有能力有经验全面推进依法治国。改革开放以来法治建设不断发展的事实证明了这一点。所以,习近平总书记指出:"依法治国是我们党提出来的,把依法治国上升为党领导人民治理国家的基本方略也是我们党提出来的,而且党一直带领人民在实践中推进依法治国。"②

在党的领导和依法治国的关系上,要正确区分和处理"党大还是法大""权大还是法大"两个不同的命题。党的十八届四中全会前夕,社会上出现了一种论点,说这次全会能不能开得成功,就看能不能解决"党大还是法大"的问题。针对这个问题,习近平总书记明确指出:"我说过,'党大还是法大'是一个政治陷阱,是一个伪命题。对这个问题,我们不能含糊其辞、语焉不详,要明确予以回答。"③"党大还是法大"之所以说是伪命题,不仅在于它把属于政治组织范畴的政党和属于制度范畴的法律两个不同的概念放在一起比较,不合逻辑,更在于它设置了一种两难选择,不管怎么选择都会落入圈套:你如果坚持党的领导,就说你是主张党比法大,你就没有诚意实行依法治国;你如果强调依法治国,就是说法比党大,你就应该放弃党的领导。提出这个伪命题的真实意图在于把党的领导和依法治国对立起来,视为不可兼容的两个选项。对此,习近平总书记强调:"党的领导和社会主义法治是一致的,社会主义法治必须坚持党

---

① 《习近平关于全面依法治国论述摘编》,中央文献出版社 2015 年版,第 8 页。
② 习近平:《加快建设社会主义法治国家》,《十八大以来重要文献选编》(中),中央文献出版社 2016 年版,第 183 页。
③ 《习近平关于全面依法治国论述摘编》,中央文献出版社 2015 年版,第 34 页。

的领导,党的领导必须依靠社会主义法治。"①在中国这样一个有着 14 亿多人口的社会主义大国,离开了中国共产党这一最高的政治领导力量,怎么能搞法治,会搞成什么样的法治呢,必然是群龙无首、一盘散沙、各自为政、政出多门的混乱局面。当然,党的领导也要依靠社会主义法治来实现。当今世界正经历百年未有之大变局,我国改革发展稳定、内政外交国防、治党治国治军各方面任务之繁重前所未有,我们面临的风险挑战之严峻前所未有。依法治国在党和国家工作全局中的地位更加突出、作用更加重大。实现经济发展、政治清明、文化昌盛、社会公正、生态良好,实现我国和平发展的战略目标,必须更好发挥法治的引领和规范作用,需要秉持法律这个准绳、用好法治这个方式。

"党大还是法大"虽然是一个伪命题,但我们也要看到,它折射出一个重大认识问题,这就是政治和法治的关系。习近平总书记指出:"党和法的关系是政治和法治关系的集中反映。法治当中有政治,没有脱离政治的法治。"②这一认识在世界法学界已经是一个共识。西方法学家也认为公法只是一种复杂的政治话语形态,公法领域内的争论只是政治争论的延伸。每一种法治形态背后都有一套政治理论,每一种法治模式当中都有一种政治逻辑,每一种法治模式当中都有一种政治立场。具体到中国,"我们要坚持的中国特色社会主义法治道路,本质上是中国特色社会主义道路在法治领域的具体体现;我们要发展的中国特色社会主义法治理论,本质上是中国特色社会主义理论体系在法治问题上的理论成果;我们要建设的中国特色社会主义法治体系,本质上是中国特色社会主义制度的法律表现形式"③。在法治建设上我们要抱着开放的态度,无论是传统的还是外来的,都要取其精华、去其糟粕,但基本的东西必须是我们自己的,我们只能走自己的路。

"党大还是法大"不仅是一个伪命题,而且是一个政治陷阱。这就是

---

① 习近平:《关于〈中共中央关于全面推进依法治国若干重大问题的决定〉的说明》,《十八大以来重要文献选编》(中),中央文献出版社 2016 年版,第 146 页。

② 《习近平关于全面依法治国论述摘编》,中央文献出版社 2015 年版,第 34 页。

③ 《习近平关于全面依法治国论述摘编》,中央文献出版社 2015 年版,第 34—35 页。

"西方分化陷阱"。苏联共产党曾经陷入这个陷阱,在所谓西式"宪政方案"导引下从宪法中取消了坚持苏共领导地位的条文。在戈尔巴乔夫担任苏共中央总书记时期,苏联共产党内曾发生过一场很大的争论,就是苏联宪法第六条要不要修改。因为苏联宪法第六条明确规定:"苏联共产党是苏联社会的领导力量和指导力量,是苏联社会政治制度以及国家和社会组织的核心"。当时苏共中央的多数人不赞成修改这一条,但是戈尔巴乔夫赞成,说了一条冠冕堂皇的理由:共产党的执政地位应该由党以自己的行动来争取,而不应该由法律条文来保证。1990 年 3 月 14 日,第三次苏联(非常)人民代表大会修改了宪法,将其中第六条进行了彻底修改,取消了苏共领导地位的宪法保障。结果是反对共产党、反对社会主义在苏联成了合法的行动,大肆泛滥起来了,苏共领导反倒成了"违宪",最后只能解散,最终发生苏共亡党和苏联解体的悲剧。也正是吸取苏联共产党的这个教训,中国共产党更加重视党的领导地位的宪法保障。习近平总书记指出:"我国宪法以根本法的形式反映了党带领人民进行革命、建设、改革取得的成果,确立了在历史和人民选择中形成的中国共产党的领导地位。对这一点,要理直气壮讲、大张旗鼓讲。"[①]

　　"党大还是法大"既然是一个伪命题,但为什么还有一定的市场呢?根子就在一些党员领导干部违法行使权力,甚至以言代法、以权压法、徇私枉法,在人民群众中造成极为恶劣的影响。为此,习近平总书记强调:"我们说不存在'党大还是法大'的问题,是把党作为一个执政整体而言的,是指党的执政地位和领导地位而言的,具体到每个党政组织、每个领导干部,就必须服从和遵守宪法法律,就不能以党自居,就不能把党的领导作为个人以言代法、以权压法、徇私枉法的挡箭牌。我们有些事情要提交党委把握,但这种把握不是私情插手,不是包庇性的插手,而是一种政治性、程序性、职责性的把握。这个界线一定要划分清楚。"[②]由此,涉及另一个相关的命题,这就是"权大还是法大"。习近平总书记指出:"如果

　　[①]　习近平:《关于〈中共中央关于全面推进依法治国若干重大问题的决定〉的说明》,《十八大以来重要文献选编》(中),中央文献出版社 2016 年版,第 147 页。

　　[②]　《习近平关于全面依法治国论述摘编》,中央文献出版社 2015 年版,第 37 页。

说'党大还是法大'是一个伪命题,那么对各级党政组织、各级领导干部来说,权大还是法大则是一个真命题。纵观人类政治文明史,权力是一把双刃剑,在法治轨道上行使可以造福人民,在法律之外行使则必然祸害国家和人民。"①对领导干部这个"关键少数"来说,确实有个如何运用手中的权力的问题。我们说要把权力关进制度的笼子里,就是要依法设定权力、规范权力、制约权力、监督权力。领导干部要做到在法治之下、而不是法治之外、更不是法治之上想问题、作决策、办事情。领导干部要带头依法办事,带头遵守法律,牢固确立法律红线不能触碰、法律底线不能逾越的观念。

(二)坚持中国特色社会主义制度

中国特色社会主义制度是中国特色社会主义法治道路的制度基础,是全面推进依法治国的根本制度保障。我国宪法规定:"社会主义制度是中华人民共和国的根本制度。"习近平总书记指出:"我国社会主义制度保证了人民当家作主的主体地位,也保证了人民在全面推进依法治国中的主体地位。这是我们的制度优势,也是中国特色社会主义法治区别于资本主义法治的根本所在。"②

走中国特色社会主义法治道路,必须坚持和完善我国根本政治制度和基本政治制度。我国政治制度由人民代表大会制度这一根本政治制度,中国共产党领导的多党合作和政治协商制度、民族区域自治制度以及基层群众自治制度等基本政治制度所构成,其中与中国特色社会主义法治道路关系最为密切的是人民代表大会制度、中国共产党领导的多党合作和政治协商制度。

走中国特色社会主义法治道路,首先要与时俱进完善人民代表大会制度。人民代表大会制度是符合中国国情和实际、体现社会主义国家性质、保证人民当家作主、保障实现中华民族伟大复兴的好制度。新形势

---

① 《习近平关于全面依法治国论述摘编》,中央文献出版社 2015 年版,第 37—38 页。
② 习近平:《加快建设社会主义法治国家》,《十八大以来重要文献选编》(中),中央文献出版社 2016 年版,第 183—184 页。

下，与时俱进完善人民代表大会制度的着力点在于：完善全国人大及其常委会宪法监督制度，健全宪法解释程序机制；健全有立法权的人大主导立法工作的体制机制，发挥人大及其常委会在立法工作中的主导作用；加强人大对立法工作的组织协调等。

走中国特色社会主义法治道路，还要坚持和完善中国共产党领导的多党合作和政治协商制度。中国共产党领导的多党合作和政治协商制度是我国的一项基本政治制度，具有鲜明中国特色的社会主义政党制度，也是我国政治制度中唯一标明中国共产党领导的制度。习近平总书记指出："我们是中国共产党执政，各民主党派参政，没有反对党，不是三权鼎立、多党轮流坐庄，我国法治体系要跟这个制度相配套。"①我国是实行政党政治的国家，政党关系和谐是政局稳定的前提。为此就需要发挥民主党派、无党派人士在立法协商中的作用。《中国共产党统一战线工作条例》规定，政党协商的主要内容包括"宪法的修改建议，有关重要法律的制定、修改建议，有关重要地方性法规的制定、修改建议"。这是总结我国多党合作的成功经验而明确的重要要求。中国共产党领导的多党合作和政治协商制度写进我国宪法，就是1993年3月修改宪法时对民建中央建议的采纳，是民主党派参加立法协商的一个典型范例。在新时代，中国共产党要继续发挥民主党派在立法协商中的重要作用，同民主党派团结合作共同推进全面依法治国。

（三）贯彻中国特色社会主义法治理论

中国特色社会主义法治理论是中国特色社会主义法治道路的理论指导和学理支撑，是全面推进依法治国的行动指南。习近平总书记指出："我们要发展的中国特色社会主义法治理论，本质上是中国特色社会主义理论体系在法治问题上的理论成果"②。中国特色社会主义理论体系是包括邓小平理论、"三个代表"重要思想以及科学发展观在内的科学理

---

① 《习近平关于全面依法治国论述摘编》，中央文献出版社2015年版，第35页。
② 《习近平关于全面依法治国论述摘编》，中央文献出版社2015年版，第35页。

论体系。习近平新时代中国特色社会主义思想是中国特色社会主义理论体系的重要组成部分。因此,全面推进依法治国,必须坚持以习近平新时代中国特色社会主义思想为行动指南。

习近平总书记关于党的十八届四中全会的《决定》的说明、在全会上的重要讲话、在省部级主要领导干部学习贯彻党的十八届四中全会精神全面推进依法治国专题研讨班上的重要讲话等,直面我国法治建设领域的突出问题,立足我国社会主义法治建设实际,明确提出了全面推进依法治国的指导思想、总目标、基本原则,提出了关于依法治国的一系列新观点、新举措,回答了党的领导和依法治国的关系等一系列重大理论和实践问题,对科学立法、严格执法、公正司法、全民守法、法治队伍建设、加强和改进党对全面推进依法治国的领导作出了全面部署,实际上已经确立了中国特色社会主义法治理论的基本框架和主要内容。

建设中国特色社会主义法治理论,必须坚持从中国实际出发。坚持从实际出发,就是要突出中国特色、实践特色、时代特色。习近平总书记指出:“要总结和运用党领导人民实行法治的成功经验,围绕社会主义法治建设重大理论和实践问题,不断丰富和发展符合中国实际、具有中国特色、体现社会发展规律的社会主义法治理论,为依法治国提供理论指导和学理支撑。”①全面推进依法治国,必须从我国实际出发,同推进国家治理体系和治理能力现代化相适应,既不能罔顾国情、超越阶段,也不能因循守旧、墨守成规。

建设中国特色社会主义法治理论,要传承我国古代法制的优秀成果。我国古代先人早就开始探索如何驾驭人类自身这个重大课题,我国古代法制蕴含着十分丰富的智慧和资源。春秋战国时期我国就有了自成体系的成文法典,汉唐时期形成了比较完备的法典,中华法系在世界几大法系中独树一帜。习近平总书记要求:“要注意研究我国古代法制传统和成

---

① 习近平:《加快建设社会主义法治国家》,《十八大以来重要文献选编》(中),中央文献出版社 2016 年版,第 186 页。

败得失,挖掘和传承中华法律文化精华,汲取营养、择善而用。"①他在谈到法治问题时经常引用古代先贤的名言,如战国时期思想家韩非子"国无常强,无常弱。奉法者强则国强,奉法者弱则国弱";秦代政治家商鞅"为国也,观俗立法则治,察国事本则宜。不观时俗,不察国本,则其法立而民乱,事剧而功寡";北宋时期思想家王安石"立善法于天下,则天下治;立善法于一国,则一国治",这贴切说明了中国古代法制思想具有跨越时空的意义。

建设中国特色社会主义法治理论,也需要借鉴人类法治文明的优秀成果。习近平总书记指出:"法治是人类文明的重要成果之一,法治的精髓和要旨对于各国国家治理和社会治理具有普遍意义,我们要学习借鉴世界上优秀的法治文明成果。"②他就提高司法公信力问题,引用过英国哲学家培根的话:"一次不公正的审判,其恶果甚至超过十次犯罪。因为犯罪虽是无视法律——好比污染了水流,而不公正的审判则毁坏法律——好比污染了水源。"并认为这其中的道理是深刻的。当然,学习借鉴别的国家法治文明成果不等于是简单的拿来主义,而是要坚持以我为主、为我所用,认真鉴别、合理吸收,不能搞"全盘西化",不能搞"全面移植",不能照搬照抄。

二、建设中国特色社会主义法治体系

建设中国特色社会主义法治体系、建设社会主义法治国家,是全面推进依法治国的总目标,也是中国特色社会主义法治道路的重要取向。习近平总书记将其称之为全面推进依法治国的总抓手,明确指出:"全面推进依法治国涉及很多方面,在实际工作中必须有一个总揽全局、牵引各方的总抓手,这个总抓手就是建设中国特色社会主义法治体系。依法治

---

① 习近平:《加快建设社会主义法治国家》,《十八大以来重要文献选编》(中),中央文献出版社2016年版,第186页。

② 习近平:《加快建设社会主义法治国家》,《十八大以来重要文献选编》(中),中央文献出版社2016年版,第186—187页。

国各项工作都要围绕这个总抓手来谋划、来推进。"①明确这个总抓手，对推进依法治国具有纲举目张的意义。党的十九届四中全会《决定》明确提出"坚持和完善中国特色社会主义法治体系，提高党依法治国、依法执政能力"②，并作出部署。

中国特色社会主义法治体系由五个方面的体系所构成：一是完备的法律规范体系，既包括法律、行政法规、地方性法规的法律体系，也包括市民公约、乡规民约、行业规章、团体章程在内的社会规范体系。二是高效的法治实施体系，其中最重要的是宪法实施，也包括建立健全执法、司法、守法等方面的体制机制。三是严密的法治监督体系，由党内监督、人大监督、民主监督、行政监督、司法监督、审计监督、社会监督、舆论监督等监督所组成。四是有力的法治保障体系，首先是制度化、规范化、程序化的根本保障，其次是着力建设一支忠于党、忠于国家、忠于人民、忠于法律的社会主义法治工作队伍，为加快建设社会主义法治国家提供强有力的组织和人才保障。五是完善的党内法规体系，是指以党章为根本、若干配套党内法规支撑的党内法规制度体系。

建设社会主义法治体系，第一位的任务是完善以宪法为核心的中国特色社会主义法律体系，加强宪法监督。党的十八届四中全会《决定》提出："健全宪法实施和监督制度。宪法是党和人民意志的集中体现，是通过科学民主程序形成的根本法。坚持依法治国首先要坚持依宪治国，坚持依法执政首先要坚持依宪执政。全国各族人民、一切国家机关和武装力量、各政党和各社会团体、各企业事业组织，都必须以宪法为根本的活动准则，并且负有维护宪法尊严、保证宪法实施的职责。一切违反宪法的行为都必须予以追究和纠正。"③总结我国社会主义建设正反两方面经

---

① 习近平：《关于〈中共中央关于全面推进依法治国若干重大问题的决定〉的说明》，《十八大以来重要文献选编》（中），中央文献出版社 2016 年版，第 147—148 页。

② 《〈中共中央关于坚持和完善中国特色社会主义制度、推进国家治理体系和治理能力现代化若干重大问题的决定〉辅导读本》，人民出版社 2019 年版，第 14 页。

③ 《中共中央关于全面推进依法治国若干重大问题的决定》，《十八大以来重要文献选编》（中），中央文献出版社 2016 年版，第 160 页。

验，深刻吸取十年"文化大革命"的沉痛教训，同时也借鉴世界社会主义成败得失，我们党深知维护宪法权威、保证宪法实施的极端重要性。因此，2012 年 12 月 4 日习近平总书记在首都各界纪念现行宪法公布施行三十周年大会上的讲话中强调："依法治国，首先是依宪治国；依法执政，关键是依宪执政。"但我们讲依宪治国、依宪执政，是有固定含义的，这就是："党领导人民制定宪法和法律，党领导人民执行宪法和法律，党自身必须在宪法和法律范围内活动，真正做到党领导立法、保证执法、带头守法。"①我国宪法以根本法的形式反映了在历史和人民选择中形成的党的领导地位。宪法是中国共产党领导地位和执政地位的根本法律保证，中国共产党没有理由不遵守执行宪法，没有理由不坚决维护宪法法律权威。依宪治国、依宪执政，无非是表明它对于坚持和改善党的领导的极端重要性，但有人却以西方所谓的"宪政"为标准来框定我们，攻击我们。针对这些诘难，习近平总书记明确指出："我们必须搞清楚，我国人民民主与西方所谓的'宪政'本质上是不同的。中国共产党领导是中国特色社会主义最本质的特征。"②"我们必须牢记，党的领导是中国特色社会主义法治之魂，是我们的法治同西方资本主义国家的法治最大的区别。"③我们依据的是中华人民共和国宪法，而不是美国等西方国家的宪法，不要歪嘴和尚念经——把经念歪了。

中国特色社会主义法治体系，本质上是中国特色社会主义制度的法律表现形式。基于这个最基本的考虑，中国特色社会主义法治体系实际上是个"大法治"体系，其范围已经远远超出了"中国特色社会主义法律体系"概念。其明显的表现主要有两点：

一是将市民公约、乡规民约、行业规章、团体章程在内的社会规范体系纳入法律规范体系作为其重要组成部分。这样做的好处之一是使得社会管理的许多无法律规定而且也不一定需要有法律规定的方面也能够在

---

①　习近平：《在首都各界纪念现行宪法公布施行三十周年大会上的讲话》，《十八大以来重要文献选编》（上），中央文献出版社 2014 年版，第 91 页。

②　《习近平关于全面依法治国论述摘编》，中央文献出版社 2015 年版，第 21 页。

③　《习近平关于全面依法治国论述摘编》，中央文献出版社 2015 年版，第 35 页。

法治化的轨道上运行。比如,党的十八届四中全会《决定》有一个很重要的提法,即"推进社会主义民主政治法治化",其中也包括人民政协工作的法治化,但我国目前并没有关于人民政协的法律,人民政协是"依章程履行职能"。依照"大法治"的概念来看,法治化包括法律化,但不等同于法律化。人民政协的章程、关于民主监督的工作规程性制度属于法律规范体系,从更大的范围看也属于中国特色社会主义法治体系。学术界一直也有把人民政协章程视为"软法"的看法。因此,人民政协依据政协章程运作,也属于法治化。

二是将党内法规体系纳入中国特色社会主义法治体系。党内法规体系属于执政党内部的法治体系,它同国家层面的法治体系既有联系又有区别,因此党的十八届四中全会《决定》在表述时又多用一个"形成"来表达这种关系。将党内法规体系纳入中国特色社会主义法治体系,这里面有很深的考虑。大家知道,我国现行宪法关于中国共产党领导地位的规定是在序言中,没有形成党如何实施领导的具体规定。而关于党的领导作用较为具体的规定又主要是在《中国共产党章程》中。我国是党和国家一体化架构,邓小平同志 1978 年 12 月在中央工作会议上指出:"国要有国法,党要有党规党法。党章是最根本的党规党法。没有党规党法,国法就很难保障。"①也许正是由于这个原因,过去在修改宪法时,能够在党章中明确规定的,不一定都要在宪法中重复。但由此也产生了一个问题,即党内法规同国家法律的衔接问题。建设什么样的法治体系,是由一个国家的基本国情决定的。习近平总书记指出:"中国最大的国情就是中国共产党的领导。什么是中国特色?这就是中国特色。"②为了适应这个最大的国情,党的十八届四中全会《决定》提出"注重党内法规同国家法律的衔接和协调,提高党内法规执行力",并且实现了一个最大的衔接,就是将"形成完善的党内法规体系"纳入中国特色社会主义法治体系,并明确要求"党章是最根本的党内法规,全党必须一体严格遵行"。加强和

---

① 《解放思想,实事求是,团结一致向前看》,《邓小平文选》第二卷,人民出版社 1994 年版,第 147 页。

② 《习近平关于社会主义政治建设论述摘编》,中央文献出版社 2017 年版,第 28 页。

改进党对全面推进依法治国的领导,既要求党依据宪法法律治国理政,也要求党依据党内法规管党治党。党内法规制度虽然只是对中共全体党员的要求,但很多地方比法律的要求更严格,对于全面从严治党特别是反腐败斗争,作用更为明显,有助于形成国家法律法规和党内法规制度相辅相成、相互促进、相互保障的格局。

为坚持和完善中国特色社会主义法治体系,党的十九届四中全会《决定》明确提出"健全保证宪法全面实施的体制机制",明确要求:"加强宪法实施和监督,落实宪法解释程序机制,推进合宪性审查工作,加强备案审查制度和能力建设,依法撤销和纠正违宪违法的规范性文件。坚持宪法法律至上,健全法律面前人人平等保障机制,维护国家法制统一、尊严、权威,一切违反宪法法律的行为都必须予以追究。"①

三、全面推进依法治国工作布局

走中国特色社会主义法治道路,必须布好局、谋好策。"坚持依法治国、依法执政、依法行政共同推进,坚持法治国家、法治政府、法治社会一体建设"是党的十八届三中全会《决定》提出来的,党的十八届四中全会《决定》予以重申,习近平总书记将其概括为"全面推进依法治国工作布局",并且指出:"全面推进依法治国是一项庞大的系统工程,必须统筹兼顾、把握重点、整体谋划,在共同推进上着力,在一体建设上用劲。"②

坚持依法治国、依法执政、依法行政共同推进。依法治国是我国宪法确定的治理国家的基本方略,依法执政是党执政的基本方式,依法行政是行政机关履行政府职能、管理经济社会事务的主要方式。坚持依法治国、依法执政、依法行政共同推进的根本要求在于,把依法治国基本方略同依法执政基本方式统一起来,把党总揽全局、协调各方同政府依法履行职

① 《〈中共中央关于坚持和完善中国特色社会主义制度、推进国家治理体系和治理能力现代化若干重大问题的决定〉辅导读本》,人民出版社 2019 年版,第 14—15 页。
② 习近平:《加快建设社会主义法治国家》,《十八大以来重要文献选编》(中),中央文献出版社 2016 年版,第 188 页。

能、开展工作统一起来。依法治国、依法执政、依法行政三者中,依法执政处于中心枢纽地位,既关系到依法治国基本方略能否得到实施,也关系到依法行政能否顺利开展。习近平总书记指出:"能不能做到依法治国,关键在于党能不能坚持依法执政,各级政府能不能依法行政。我们要增强依法执政意识,坚持以法治的理念、法治的体制、法治的程序开展工作,改进党的领导方式和执政方式,推进依法执政制度化、规范化、程序化。"①

党如何做到依法执政呢? 具体来说,就是党的十八届四中全会《决定》提出的"四善于"。一是善于使党的主张通过法定程序成为国家意志。党的主张主要通过党的政策来体现。党的政策是国家法律的先导和指引,是立法的依据和执法司法的重要指导。党要善于通过法定程序使党的主张成为国家意志、形成法律,通过法律保障党的政策有效实施。党的政策成为国家法律后,实施法律就是贯彻党的意志,依法治国就是执行党的政策。二是善于使党组织推荐的人选通过法定程序成为国家政权机关的领导人员。党管干部是党的领导的一项重要原则,但党管干部不仅表现为要管好各级党组织的干部,也表现为向国家政权机关举荐干部,并且要履行必要的法定程序选举和任命。这是中国共产党执政地位的合法性根据,必须坚持并不断完善。三是善于通过国家政权机关实施党对国家和社会的领导。党对国家和社会的领导在很大程度上不是直接的,而是间接的,是通过国家政权机关如人大和政府来实现的。因此,发挥国家政权机关的作用就显得非常重要。例如,全国人民代表大会是最高国家权力机关,中共中央领导的不是全国人民代表大会,而是全国人大常委会党组。因此,党的十八届四中全会《决定》指出"法律制定和修改的重大问题由全国人大常委会党组向党中央报告"。四是善于运用民主集中制原则维护中央权威、维护全党全国团结统一。民主集中制是党的政治生活的重要原则,也是宪法规定的国家机构实行的原则。坚持民主集中制既能保证地方和基层充满活力发挥积极作用,又能保证中央政令畅通实

① 习近平:《加快建设社会主义法治国家》,《十八大以来重要文献选编》(中),中央文献出版社 2016 年版,第 188 页。

施统一领导。

坚持法治国家、法治政府、法治社会一体建设。建设社会主义法治国家,既是全面推进依法治国的根本目的,也是中华人民共和国作为一个国家在世界上的形象,必须维护国家法制统一、尊严、权威。法治政府基本建成标准是职能科学、权责法定、执法严明、公开公正、廉洁高效、守法诚信。法治社会是全民法治观念普遍增强,社会主义法治精神得以弘扬,形成守法光荣、违法可耻氛围的社会。法治国家、法治政府、法治社会三者各有侧重、相辅相成。其中法治政府建设是最重要的环节,既关系到法治国家的形象,也关系到法治社会的培育。建设法治政府,必须以规范和约束政府的公权力为重点,坚持法定职责必须为、法无授权不可为,不得法外设定权力,没有法律法规依据不得作出减损公民、法人和其他组织合法权益或者增加其义务的决定,全面推进政务公开,加大监督力度,做到有权必有责、用权受监督、违法必追究。

四、全面推进依法治国重点任务

“实现科学立法、严格执法、公正司法、全民守法”,习近平总书记将其概括为全面推进依法治国重点任务,并且要求“全面推进依法治国,必须从目前法治工作基本格局出发,突出重点任务,扎实有序推进”①。

(一)科学立法

科学立法,关键是提高立法质量。党的十八届四中全会《决定》要求:“建设中国特色社会主义法治体系,必须坚持立法先行,发挥立法的引领和推动作用,抓住提高立法质量这个关键。要恪守以民为本、立法为民理念,贯彻社会主义核心价值观,使每一项立法都符合宪法精神、反映

---

① 习近平:《加快建设社会主义法治国家》,《十八大以来重要文献选编》(中),中央文献出版社 2016 年版,第 189 页。

中国特色社会主义政治制度的伟大创造

人民意志、得到人民拥护。"①改革开放之初,立法面临的问题主要是"有
没有"。经过多年来的共同努力,我国立法工作取得巨大成绩。截至
2018 年 11 月,我国现行有效法律 269 件,行政法规 750 多件,地方性法
规、自治条例和单行条例 1 万多件。以宪法为核心,以宪法相关法、民法
商法、行政法、经济法、社会法、刑法、诉讼与非诉讼程序法等多个法律部
门的法律为主干,由法律、行政法规、地方性法规等多个层次的法律规范
构成的中国特色社会主义法律体系,已经形成并不断发展完善,国家和社
会生活各方面总体上实现了有法可依。现在全社会对立法质量普遍关
注,人民群众对立法的期盼,已不再是"有没有",而是法律法规好不好、
管不管用、能不能解决实际问题。科学立法、民主立法、依法立法是提高
立法质量的根本途径。坚持科学立法,核心在于立足国情和实际,遵循和
体现客观规律,增强立法工作科学性、协调性和系统性。坚持民主立法,
核心在于立法为了人民、依靠人民,拓宽人大代表和人民群众参与立法的
途径,使每一项立法都反映人民意志、得到人民拥护。坚持依法立法,核
心在于遵循宪法确立的制度和原则,严格依照法定权限和程序行使立法
权,维护国家法制统一。

"良法""善治",是党的十八届四中全会《决定》中出现的两个深受
群众喜欢的新词,并且有新的含义。所谓良法,虽然法学上有其特定的含
义,但主要是指合乎道德、具有深厚道德基础、更多体现道德理念和人文
关怀的法律。因为只有这样的法律才能为更多人所自觉遵行。所谓善
治,是指以道德滋养法治精神、强化道德对法治文化的支撑作用。因为再
多再好的法律,必须转化为人们内心自觉才能真正为人们所遵行。因此,
习近平总书记强调:"必须坚持依法治国和以德治国相结合。法律是成
文的道德,道德是内心的法律,法律和道德都具有规范社会行为、维护社
会秩序的作用。治理国家、治理社会必须一手抓法治、一手抓德治,既重
视发挥法律的规范作用,又重视发挥道德的教化作用,实现法律和道德相

---

① 《中共中央关于全面推进依法治国若干重大问题的决定》,《十八大以来重要文献选
编》(中),中央文献出版社 2016 年版,第 160 页。

辅相成、法治和德治相得益彰。"①具体来讲,要注意把一些基本道德规范转化为法律规范,使法律更多体现道德理念和人文关怀,通过法律的强制力来强化道德作用、确保道德底线,推动全社会道德素质提升。要发挥好道德的教化作用,以道德滋养法治精神、强化道德对法治文化的支撑作用。

党的十九届四中全会《决定》提出"完善立法体制机制",明确要求:"坚持科学立法、民主立法、依法立法,完善党委领导、人大主导、政府依托、各方参与的立法工作格局,立改废释并举,不断提高立法质量和效率。完善以宪法为核心的中国特色社会主义法律体系,加强重要领域立法,加快我国法域外适用的法律体系建设,以良法保障善治。"②

（二）严格执法

严格执法的重点是解决执法不规范、不严格、不透明、不文明以及不作为、乱作为等突出问题。在现实生活中,一些领导干部法治意识比较淡薄,有法不依、执法不严甚至徇私枉法,影响了党和国家的形象和威信,损害了政治、经济、文化、社会、生态文明领域的正常秩序,冲击了人民群众对法治的信心,给全面推进依法治国造成了很多问题,甚至是很严重的问题。一些行政执法人员专业素养不够高,对法律规定掌握不透、程序观念差,"同案不同办",滥用裁量权,选择性执法、执法牟利、执法畸轻畸重、简单粗暴等情况时有发生。为此,就要强化对行政权力的制约和监督,把深化行政执法体制改革作为推进法治政府建设的重大任务,建立权责统一、权威高效的依法行政体制,统筹配置行政处罚职能和执法资源,相对集中行政处罚权,整合精简执法队伍,解决多头多层重复执法问题。要严格执法资质、完善执法程序,减少执法层级,推动执法力量下沉,建立健全行政裁量权基准制度,确保法律公正、有效实施。要加强对执法活动的监

---

① 习近平:《加快建设社会主义法治国家》,《十八大以来重要文献选编》(中),中央文献出版社 2016 年版,第 185 页。

② 《〈中共中央关于坚持和完善中国特色社会主义制度、推进国家治理体系和治理能力现代化若干重大问题的决定〉辅导读本》,人民出版社 2019 年版,第 15 页。

督,坚决排除对执法活动的非法干预,坚决防止和克服地方保护主义和部门保护主义,坚决惩治腐败现象,做到有权必有责、用权受监督、违法必追究。2017 年我国行政执法公示制度、执法全过程记录制度、重大执法决定法制审核制度试点取得重大成效,要在此基础上全面推开行政执法这"三项制度",充分发挥其对严格规范公正文明执法的整体带动作用。党的十九届四中全会《决定》就严格执法提出明确要求:"坚持有法必依、执法必严、违法必究,严格规范公正文明执法,规范执法自由裁量权,加大关系群众切身利益的重点领域执法力度。"①

(三)公正司法

公正司法,就是要坚持公正是法治的生命线,努力让人民群众在每一个司法案件中感受到公平正义。公正司法是维护社会公平正义的最后一道防线。习近平总书记指出:"政法机关是老百姓平常打交道比较多的部门,是群众看党风政风的一面镜子。如果不努力让人民群众在每一个司法案件中都感受到公平正义,人民群众就不会相信政法机关,从而也不会相信党和政府。"②我们的司法干部要懂得"100-1 = 0"的道理,一个错案的负面影响足以摧毁 99 个公正裁判积累起来的良好形象。执法司法中万分之一的失误,对当事人就是百分之百的损害。如果不坚持司法公正,无辜群众就可能有牢狱之灾,甚至会脑袋落地!如果人民群众受到冤屈,我们不能为保住自己的面子推诿责任,而是要有深深的自责和反省,赶紧去补救。这才是共产党人的立场和态度。党的十八大以来,习近平总书记明确提出,要坚守防止冤假错案底线,切实维护人民群众合法权益和司法权威。越来越多的冤假错案得以昭雪,不仅还受害者一个公道,也使全社会对法治燃起信心,对司法机关工作人员也起到巨大的震慑作用。中央政法委出台了《关于切实防止冤假错案的规定》,要求健全防止错案机制、健全发现错案机制、健全纠正错案机制,明确错案的认定标准和纠

---

① 《〈中共中央关于坚持和完善中国特色社会主义制度、推进国家治理体系和治理能力现代化若干重大问题的决定〉辅导读本》,人民出版社 2019 年版,第 15 页。
② 《习近平关于全面依法治国论述摘编》,中央文献出版社 2015 年版,第 71 页。

错启动主体，完善错案纠正程序，从根本上、源头上有效防范冤假错案，维护司法公正。司法公正的实质是社会公平正义的问题。为此，党的十九届四中全会《决定》提出"健全社会公平正义法治保障制度"，明确要求："坚持法治建设为了人民、依靠人民，加强人权法治保障，保证人民依法享有广泛的权利和自由、承担应尽的义务，引导全体人民做社会主义法治的忠实崇尚者、自觉遵守者、坚定捍卫者。"①

保证司法机关依法独立公正行使职权，是司法公正的重要方面。党的十一届三中全会就明确提出"检察机关和司法机关要保持应有的独立性"。我国宪法规定，人民法院、人民检察院依照法律规定独立行使审判权、检察权，不受行政机关、社会团体和个人的干涉。但是，权力干预司法、徇私枉法的问题还是时有发生。习近平总书记明确指出："做到严格执法、公正司法，还要着力解决领导机关和领导干部违法违规干预问题。这是导致执法不公、司法腐败的一个顽瘴痼疾。一些党政领导干部出于个人利益，打招呼、批条子、递材料，或者以其他明示、暗示方式插手干预个案，甚至让执法司法机关做违反法定职责的事。在中国共产党领导的社会主义国家里，这是绝对不允许的！"②甚至有的领导干部给黑恶势力充当保护伞，官商勾结、警匪一家，个别人把干警当成家丁，让他们干谋财害命的勾当，胆大妄为，无所顾忌。为解决这些严重影响公正司法的问题，习近平总书记强调："各级党组织和领导干部都要旗帜鲜明支持司法机关依法独立行使职权，绝不容许利用职权干预司法。"③为此，就要建立领导干部干预司法活动、插手具体案件处理的记录、通报和责任追究制度。对违反法定程序干预政法机关执法办案的，一律给予党纪政纪处分；造成冤假错案或者其他严重后果的，一律依法追究刑事责任。还要科学配置司法职权，健全公安机关、检察机关、审判机关、司法行政机关分工负

---

① 《〈中共中央关于坚持和完善中国特色社会主义制度、推进国家治理体系和治理能力现代化若干重大问题的决定〉辅导读本》，人民出版社 2019 年版，第 15 页。

② 《习近平关于全面依法治国论述摘编》，中央文献出版社 2015 年版，第 73 页。

③ 习近平：《加快建设社会主义法治国家》，《十八大以来重要文献选编》（中），中央文献出版社 2016 年版，第 190 页。

责、各司其职，侦查权、检察权、审判权、执行权相互配合、相互制约的体制机制。党的十九届四中全会《决定》进一步提出："深化司法体制综合配套改革，完善审判制度、检察制度，全面落实司法责任制，完善律师制度，加强对司法活动的监督，确保司法公正高效权威，努力让人民群众在每一个司法案件中感受到公平正义。"①

（四）全民守法

全民守法，就是要让法律的权威源自人民的内心拥护和真诚信仰，形成守法光荣、违法可耻的社会氛围，使尊法守法成为全体人民共同追求和自觉行动，使全体人民都成为社会主义法治的忠实崇尚者、自觉遵守者、坚定捍卫者。推进全民守法，必须着力增强全民法治观念。法律要发挥作用，需要全社会信仰法律。要引导群众遇事找法、解决问题靠法，决不能让那种大闹大解决、小闹小解决、不闹不解决的现象蔓延开来。要以实际行动让老百姓相信法不容情、法不阿贵，只要是合理合法的诉求，就能通过法律程序得到合理合法的解决。党的十九届四中全会《决定》明确要求："加大全民普法工作力度，增强全民法治观念，完善公共法律服务体系，夯实依法治国群众基础。"②为此，就要坚持把全民普法和守法作为依法治国的长期基础性工作，采取有力措施加强法制宣传教育。让全社会广泛知晓以宪法为核心的中国特色社会主义法律体系和以党章为核心的党内法规体系的主体内容，广泛凝聚全社会成员的法治共识，勾画最大法治同心圆，充分发挥人民群众保证法律全面正确实施的根本作用。要通过多种形式开展宪法宣传教育活动，引导全体公民学习宣传宪法、弘扬宪法精神、维护宪法权威、推动宪法实施。

推进全民守法，要以"一制四化"为主线增强普法和法治宣传实效。所谓"一制"，就是落实"谁执法谁普法"责任制，推动各地区各部门树立

---

① 《〈中共中央关于坚持和完善中国特色社会主义制度、推进国家治理体系和治理能力现代化若干重大问题的决定〉辅导读本》，人民出版社 2019 年版，第 15—16 页。

② 《〈中共中央关于坚持和完善中国特色社会主义制度、推进国家治理体系和治理能力现代化若干重大问题的决定〉辅导读本》，人民出版社 2019 年版，第 16 页。

全员普法、全程普法的责任意识,使每一位立法执法司法和法律服务工作者自觉履行普法责任义务,使普法融入立法执法司法的全过程、各环节。所谓"四化",一是工作目标精准化,聚焦党和国家工作大局,聚焦人民群众所急所需,实行精准滴灌,强化互动体验,以重点对象带动全民普法;二是工作举措项目化,对普法工作的重大举措、重要活动实行项目化管理,推动普法工作由软任务变为硬指标;三是工作考核体系化,设定科学全面的普法评估标准和量化指标,引入社会评价,注重社会效果,客观公正地评估考核普法工作成效;四是工作指导专业化,在发挥法治部门作用的同时,充分发挥普法专职工作者、普法讲师团、普法志愿者、法治新闻工作者和社会组织普法人员的各自优势,打造专兼职相结合的普法工作队伍。同时,要建设更加完备的公共法律服务体系,努力为人民群众提供及时、精准、普惠的法律服务,将矛盾纠纷及时导入法定渠道,使各种纠纷解决方式有效协调,使法律为人民群众所了解、所掌握、所运用、所认可、所信仰。要健全公民和组织守法信用记录,完善守法诚信褒奖机制和违法失信惩戒机制,形成守法光荣、违法可耻的社会氛围。

实现全民守法,必须抓住领导干部这个"关键少数"。习近平总书记指出:"各级领导干部在推进依法治国方面肩负着重要责任。现在,一些党员、干部仍然存在人治思想和长官意识,认为依法办事条条框框多、束缚手脚,凡事都要自己说了算,根本不知道有法律存在,大搞以言代法、以权压法。这种现象不改变,依法治国就难以真正落实。必须抓住领导干部这个'关键少数',首先解决好思想观念问题,引导各级干部深刻认识到,维护宪法法律权威就是维护党和人民共同意志的权威,捍卫宪法法律尊严就是捍卫党和人民共同意志的尊严,保证宪法法律实施就是保证党和人民共同意志的实现。"①事实证明,领导干部对法治建设既可以起到关键推动作用,也可能起到致命破坏作用。各级领导干部作为具体行使党的执政权和国家立法权、行政权、司法权的人,在很大程度上决定着全

————————

① 习近平:《加快建设社会主义法治国家》,《十八大以来重要文献选编》(中),中央文献出版社 2016 年版,第 184—185 页。

面依法治国的方向、道路、进度，是全面推进依法治国的重要组织者、推动者、实践者。习近平总书记对领导干部特别是高级领导干部提出了"做尊法学法守法用法的模范"的要求。过去我们通常的提法是学法尊法守法用法。习近平总书记经过反复考虑，认为"应该把尊法放在第一位，因为领导干部增强法治意识、提高法治素养，首先要解决好尊法问题。只有内心尊崇法治，才能行为遵守法律"①。展开来说，一是要做尊法的模范，带头尊崇法治、敬畏法律。每个领导干部都要牢固树立宪法法律至上、法律面前人人平等、权由法定、权依法使等基本法治观念，彻底摒弃人治思想和长官意志，决不搞以言代法、以权压法，并且对各种危害法治、破坏法治、践踏法治的行为挺身而出、坚决斗争。对领导干部的法治素养，从其踏入干部队伍的那一天起就要开始抓，教育引导他们把法治的第一粒扣子扣好。一方面，要加强教育、培养自觉，促使领导干部不断增强法治意识，养成法治习惯；另一方面，要加强管理、强化监督，设置领导干部法治素养的"门槛"，发现问题就严肃处理，决不能让那些法治意识不强、无法无天的人一步步升上来。二是做学法的模范，带头了解法律、掌握法律。学法懂法是守法用法的前提。在那些违法乱纪、胡作非为的领导干部中，相当多的人是长期不学法、不懂法，不知法是走向腐败深渊的一个重要原因。领导干部必须加强学习，打牢依法办事的理论基础和知识基础。要系统学习中国特色社会主义法治理论，准确把握我们党处理法治问题的基本立场。首要的是学习宪法，还要学习同自己所担负的领导工作密切相关的法律法规。尤其要弄明白法律规定我们怎么用权，什么事能干、什么事不能干，而不能当"法盲"。要多学学、多看看，心中高悬法律的明镜，手中紧握法律的戒尺，知晓为官做事的尺度。三是做守法的模范，带头遵纪守法、捍卫法治。领导干部要牢记法律红线不可逾越、法律底线不可触碰，带头遵守法律、执行法律，带头营造办事依法、遇事找法、解决问题用法、化解矛盾靠法的法治环境。谋划工作要运用法治思维，处理问题要运用法治方式，说话做事要先考虑一下是不是合法。四是做用法的模

---

① 《习近平关于全面依法治国论述摘编》，中央文献出版社2015年版，第121页。

范,带头厉行法治、依法办事。领导干部要把对法治的尊崇、对法律的敬畏转化成思维方式和行为方式,做到在法治之下、而不是法治之外、更不是法治之上想问题、作决策、办事情。领导干部提高法治思维和依法办事能力,关键是要做到守法律、重程序,牢记职权法定,做到法定职责必须为、法无授权不可为,保护人民权益,自觉接受监督。习近平总书记指出:"古人说,民'以吏为师'。领导干部尊不尊法、学不学法、守不守法、用不用法,人民群众看在眼里、记在心上,并且会在自己的行动中效法。领导干部尊法学法守法用法,老百姓就会去尊法学法守法用法。"①党的十九届四中全会《决定》明确要求:"各级党和国家机关以及领导干部要带头尊法学法守法用法,提高运用法治思维和法治方式深化改革、推动发展、化解矛盾、维护稳定、应对风险的能力。"②各级党政领导干部带头尊法学法守法用法,就会以实际行动表明我们党厉行法治的决心,带动全党全国一起努力,在建设中国特色社会主义法治体系、建设社会主义法治国家上不断见到新成效。

五、推进国家治理体系和治理能力现代化

全面推进依法治国,必须同推进国家治理体系和治理能力现代化相适应,这是坚定不移走中国特色社会主义法治道路的主要目的。党的十八届三中全会提出了全面深化改革的总目标:完善和发展中国特色社会主义制度,推进国家治理体系和治理能力现代化。党的十八届四中全会坚持改革方向、问题导向,适应推进国家治理体系和治理能力现代化要求,直面法治建设领域突出问题,回应人民群众期待,提出对依法治国具有重要意义的改革举措。党的十九届四中全会以坚持和完善中国特色社会主义制度、推进国家治理体系和治理能力现代化为主题,把坚持和完善中国特色社会主义法治体系作为一个重要方面来部署,进一步

---

① 《习近平关于全面依法治国论述摘编》,中央文献出版社 2015 年版,第 125 页。
② 《〈中共中央关于坚持和完善中国特色社会主义制度、推进国家治理体系和治理能力现代化若干重大问题的决定〉辅导读本》,人民出版社 2019 年版,第 16 页。

表明了全面推进依法治国与推进国家治理体系和治理能力现代化的内在联系。

依法治国是国家治理体系和治理能力现代化的重要方面。习近平总书记指出："全面推进依法治国是关系我们党执政兴国、关系人民幸福安康、关系党和国家长治久安的重大战略问题，是完善和发展中国特色社会主义制度、推进国家治理体系和治理能力现代化的重要方面。"①为什么这么说呢？这是因为，法律是治国之重器，法治是治国理政不可或缺的重要手段。人类有许多发明，法律是人类最大的发明，别的发明使人类学会了如何驾驭自然，而法律则使人类学会了如何驾驭自己。小智治事，中智治人，大智立法。治理一个国家、一个社会，关键是要立规矩、讲规矩、守规矩。法律是治国理政最大最重要的规矩。我们讲的国家治理体系，是在党领导下管理国家的制度体系，本身就包含法律法规安排。"法治体系是国家治理体系的骨干工程。"②我们讲的国家治理能力，本身就包含着依法办事意识、善于运用法律治理国家的能力。依法治国与国家治理体系和治理能力现代化有着紧密的联系。治理体系解决的是"如何保障治理结构有效运转"的问题。建构好治理主体、明确了治理功能后，重点是要有一套完备的法律和制度体系，保障治理体系的有效运转。由于国家治理战略、治理重大决策最后都要归到行动层面，比起战略能力、决策能力，执行力则是一种更为现实的治理能力。因此，推进国家治理体系和治理能力现代化，必须坚持依法治国，为党和国家事业发展提供根本性、全局性、长期性的制度保障。

依法治国是实现国家治理现代化的必然要求。党的十八届四中全会《决定》指出："依法治国，是坚持和发展中国特色社会主义的本质要求和重要保障，是实现国家治理体系和治理能力现代化的必然要求，事关我们

---

①　习近平：《关于〈中共中央关于全面推进依法治国若干重大问题的决定〉的说明》，《十八大以来重要文献选编》（中），中央文献出版社 2016 年版，第 142 页。
②　习近平：《加快建设社会主义法治国家》，《十八大以来重要文献选编》（中），中央文献出版社 2016 年版，第 187 页。

党执政兴国,事关人民幸福安康,事关党和国家长治久安。"①党的十九届四中全会《决定》指出,我国国家制度和国家治理体系具有的显著优势之一是:"坚持全面依法治国,建设社会主义法治国家,切实保障社会公平正义和人民权利的显著优势"②。全面推进依法治国,不仅能够促进国家治理体系和治理能力现代化,甚至也是国家治理现代化的重要标准之一。习近平总书记指出:"建设中国特色社会主义法治体系、建设社会主义法治国家是实现国家治理体系和治理能力现代化的必然要求,也是全面深化改革的必然要求,有利于在法治轨道上推进国家治理体系和治理能力现代化,有利于在全面深化改革总体框架内全面推进依法治国各项工作,有利于在法治轨道上不断深化改革。"③依法治国与国家治理体系和治理能力现代化的关系,集中表现为改革和法治的关系。党的十八届三中全会提出"凡属重大改革要于法有据"之后,在一定程度上引起了误解。有人认为,改革就是要冲破法律的禁区,现在法律的条条框框妨碍和迟滞了改革,改革要上路、法律要让路。也有人认为,法律就是要保持稳定性、权威性、适当的滞后性,法律很难引领改革。这两种观点注意到了改革和法治的矛盾性,但都是不全面的。我们需要做到的是将二者统一起来,既在法治下推进改革,又在改革中完善法治,使之发挥"车之两轮"的相互配合作用。为此,党的十八届四中全会《决定》提出:"实现立法和改革决策相衔接,做到重大改革于法有据、立法主动适应改革和经济社会发展需要。"④其基本要求是,既不允许随意突破法律红线,也不允许简单以现行法律没有根据为由迟滞改革。立法主动适应改革很重要,主要有三种情况:对实践证明已经比较成熟的改革经验和行之有效的改革举措,要尽快

---

①　《中共中央关于全面推进依法治国若干重大问题的决定》,《十八大以来重要文献选编》(中),中央文献出版社 2016 年版,第 155 页。

②　《〈中共中央关于坚持和完善中国特色社会主义制度、推进国家治理体系和治理能力现代化若干重大问题的决定〉辅导读本》,人民出版社 2019 年版,第 3 页。

③　习近平:《关于〈中共中央关于全面推进依法治国若干重大问题的决定〉的说明》,《十八大以来重要文献选编》(中),中央文献出版社 2016 年版,第 148 页。

④　《中共中央关于全面推进依法治国若干重大问题的决定》,《十八大以来重要文献选编》(中),中央文献出版社 2016 年版,第 164 页。

上升为法律;对实践条件还不成熟、需要先行先试的,要按照法定程序作出授权;对不适应改革要求的过时的法律法规,要及时修改或废止。

全面推进依法治国是国家治理领域一场广泛而深刻的革命。这是党的十八届四中全会《决定》中一句分量很重的话。中国共产党不轻言"革命",在党的历史上能够称之为革命的,必须是能够使全党全国各族人民都行动起来并且推动历史进步的伟大活动。已经进行过的大体上有两次,一次是武装夺取政权的革命,成果是建立起了新中国;一次是在新的时代条件下进行的改革开放,成果是使社会主义的中国迅速发展起来。邓小平同志明确把改革叫作"中国的第二次革命"。今天,党中央又提出了全面推进依法治国这一国家治理领域的革命,可以视之为"中国的第三次革命"。与前两次革命不同的是,这场革命是发生在国家治理领域的革命,是服务于全面深化改革总目标的,是中国第二次革命的延伸和深化。全面依法治国既然叫作一场革命,既说明了它的艰巨性和困难性,也表明了我们要走的中国特色社会主义法治道路的独特性。在这一点上,习近平总书记的考虑是很深的。纵观世界上已经实现现代化的国家,所走的法治道路主要有两种模式:一种是英国、美国、法国等西方国家,主要是自下而上的社会演进模式,经过一二百年乃至二三百年内生演化,逐步实现法治化,政府对法治的推动作用相对较小;另一种是新加坡、韩国、日本等国家,主要是政府自上而下在几十年时间内快速推进法治化的模式,政府对法治的推动作用很大。而我国与这些国家都不同,我们要在短短几十年时间内在 14 亿多人口的大国实现社会主义现代化,必须自上而下、自下而上双向互动地推进法治化。为此,就要实现全党全国各族人民的总动员,按照以习近平同志为核心的党中央的顶层设计和战略部署,坚定不移走中国特色社会主义法治道路,积极实践,开拓进取,扎实工作,为建设法治中国而奋斗!

第九章　巩固和发展最广泛的爱国统一战线

　　党的统一战线在中国特色社会主义民主政治建设中起提供力量支持的重要作用。中国特色社会主义进入新时代,统战工作在党和国家工作大局中居于什么地位? 是习近平总书记一直在思考的问题。他对这一问题的回答,概括起来就是:"统一战线是中国共产党夺取革命、建设、改革事业胜利的重要法宝,也是实现中华民族伟大复兴的重要法宝。"[①]这一重要论断,不仅重申了统一战线在党的历史上的重要地位和作用,而且赋予其在新时代的新使命,具有非常重要的现实意义。党的十九届四中全会通过的《中共中央关于坚持和完善中国特色社会主义制度　推进国家治理体系和治理能力现代化若干重大问题的决定》,在坚持和完善人民当家作主制度体系,发展社会主义民主政治部分强调:"巩固和发展最广泛的爱国统一战线。"[②]

一、统战工作解决的就是人心和力量问题

　　统一战线是党的法宝,这是我们党的干部都耳熟能详的。但对于其中的深刻寓意却缺乏深究,以致出现了"拿着海龙王的法宝不会用"的问题。习近平总书记对统一战线法宝地位的思考非常深入,深刻揭示出其

―――――――――

　　[①]　习近平:《在庆祝中国人民政治协商会议成立六十五周年大会上的讲话》,《十八大以来重要文献选编》(中),中央文献出版社 2016 年版,第 70 页。
　　[②]　《〈中共中央关于坚持和完善中国特色社会主义制度、推进国家治理体系和治理能力现代化若干重大问题的决定〉辅导读本》,人民出版社 2019 年版,第 12 页。

重大的政治意义。

中国共产党有重视统一战线的光荣传统。谈统一战线,不能不回顾以毛泽东同志为代表的第一代中共中央领导集体关于统一战线的经典论述。在 2015 年 5 月中央统战工作会议上,习近平总书记首先重温了毛泽东同志关于统一战线的三段话。

第一段话是毛泽东同志 1939 年 10 月在《〈共产党人〉发刊词》中讲的:"统一战线,武装斗争,党的建设,是中国共产党在中国革命中战胜敌人的三个法宝,三个主要的法宝。"[①]这是毛泽东同志首次公开明确统一战线的法宝地位。法宝,在中国传统文化中,是指具有神奇威力、能够克敌制胜的有力武器。把统一战线作为法宝,是毛泽东同志过去就有的考虑。此前 1939 年 7 月,毛泽东同志在陕北公学为即将奔赴敌后根据地的学生发表演讲时说:"当年姜子牙下昆仑山,元始天尊赠了他三样法宝:杏黄旗、番天印、打神鞭。现在你们出发上前线,我也赠给你们三样法宝,这就是:统一战线、游击战争、革命团结。"两次提法不一样,但统一战线都列在其中并居于首位。毛泽东同志为什么把统一战线、武装斗争、党的建设列为三个主要的法宝,是经过深思熟虑的。用今天的话说,统一战线属于软实力,武装斗争属于硬实力,党的建设是自身素质,党的建设要搞好,同时善于运用软实力和硬实力,"文武之道、一张一弛",我们就能战胜敌人,无往不胜。

第二段话是毛泽东同志在延安时期讨论什么是政治时讲的:"所谓政治,就是把我们的人搞得多多的,把敌人搞得少少的。"对这段话,习近平总书记 2019 年 9 月 20 日在中央政协工作会议暨庆祝中国人民政治协商会议成立 70 周年大会上的讲话中再次重申。这段话简明扼要地抓住了政治的本质就是争取人心、团结朋友。这实际上也是毛泽东同志早就有的主张。《毛泽东选集》第一卷第一篇《中国社会各阶级的分析》开篇之语就是:"谁是我们的敌人?谁是我们的朋友?这个问题是革命的首要问题。中国过去一切革命斗争成效甚少,其基本原因就是因为不能团结真

---

① 《〈共产党人〉发刊词》,《毛泽东选集》第二卷,人民出版社 1991 年版,第 606 页。

正的朋友,以攻击真正的敌人。革命党是群众的向导,在革命中未有革命党领错了路而革命不失败的。我们的革命要有不领错路和一定成功的把握,不可不注意团结我们的真正的朋友,以攻击我们的真正的敌人。"①

　　第三段话是毛泽东同志在新中国成立初期讲的:"统战工作是最大的工作。"毛泽东同志的这段话过去很少被引用,主要原因是我们讲统一战线要围绕中心、服务大局,显然有其他工作比统战工作更大。但毛泽东同志在新中国成立初期讲这句话是符合当时实际的。新中国成立的政权是统一战线政权。中国人民政治协商会议第一届全体会议通过的具有临时宪法性质的《中国人民政治协商会议共同纲领》指出:"中国人民民主专政是中国工人阶级、农民阶级、小资产阶级、民族资产阶级及其他爱国民主分子的人民民主统一战线的政权,而以工农联盟为基础,以工人阶级为领导。"②显然巩固这个政权是当时最大的任务。全国统战工作会议召开的密度也能说明这一点,从 1950 年 3 月召开第一次全国统战工作会议,到 1957 年 12 月就召开了第九次全国统战工作会议。习近平总书记之所以重申毛泽东同志的这句话,就是让我们党如今仍要务必重视统战工作。

　　习近平总书记从毛泽东同志的三句话中提炼出了一个深刻的道理:"概括起来说,就是人心向背、力量对比是决定党和人民事业成败的关键,是最大的政治。统战工作的本质要求是大团结大联合,解决的就是人心和力量问题。这是我们党治国理政必须花大心思、下大气力解决好的重大战略问题。"③这段话集中体现了习近平总书记关于新时代统一战线地位和作用的重要思想,具有丰富而深刻的内涵。具体来说,主要有以下三点。

(一)从人心是最大的政治的高度来理解统战工作的重要作用

　　"问题是时代的声音,人心是最大的政治",是习近平总书记在 2014

---

　　①　《中国社会各阶级的分析》,《毛泽东选集》第一卷,人民出版社 1991 年版,第 3 页。
　　②　《人民政协重要文献选编》(上),中央文献出版社、中国文史出版社 2009 年版,第80 页。
　　③　习近平:《深刻认识做好新形势下统战工作的重大意义》,《十八大以来重要文献选编》(中),中央文献出版社 2016 年版,第 556 页。

年底全国政协新年茶话会上提出的一个重要命题。讲政治是我们党作为马克思主义政党的鲜明特点。什么是最大的政治？我们党在不同的时期，有不同的表述。改革开放之初，邓小平同志提出"经济工作是当前最大的政治，经济问题是压倒一切的政治问题"。"所谓政治，就是四个现代化。"①这一重要论断，对于把党的工作重心转移到经济建设上来，纠正长期以来存在的"空头政治"问题，具有非常重要的意义。但邓小平同志这里所讲的"最大的政治"，毕竟不是从政治的本意上来讲的。最大的政治是指在所有政治问题中最具根本的问题，是决定党和国家前途命运的核心问题。习近平总书记在党的十九大报告中指出："一个政党，一个政权，其前途命运取决于人心向背。"②在这个意义上说，"民心是最大的政治"。

政治的焦点是政权问题。"得民心者得天下，失民心者失天下"，这是一个亘古不变的真理。一个政权建立起来后，要保持兴旺发达、长治久安是很不容易的，如果不自省、不警惕、不努力，再强大的政权都可能走到穷途末路。同样的道理，马克思主义政党夺取政权不容易，巩固政权更不容易。党的执政地位不是与生俱来的，也不是一劳永逸的。

统战工作的本质要求是大团结大联合，解决的就是人心和力量问题。这是我们党之所以高度重视统一战线的根本原因。总结中国共产党的历史经验，习近平总书记指出："一个篱笆三个桩，一个好汉三个帮。实践证明，建立新中国，建设新中国，开拓改革路，实现中国梦，都需要各党派团体和各界人士齐心努力。越是处于改革攻坚期，越需要汇集众智、增强合力；越是处于发展关键期，越需要凝聚人心、众志成城。"③特别是他强调协商民主在实现党的领导中的重要作用，指出："民主和协商是实现党的领导的重要方式。通过发扬民主、广泛协商，可以使统一战线广大

---

① 《关于经济工作的几点意见》，《邓小平文选》第二卷，人民出版社1994年版，第194页。

② 习近平：《决胜全面建成小康社会　夺取新时代中国特色社会主义伟大胜利——在中国共产党第十九次全国代表大会上的报告》，人民出版社2017年版，第61页。

③ 《习近平关于社会主义政治建设论述摘编》，中央文献出版社2017年版，第124页。

成员更加普遍地认同党的主张,更加自觉地团结在党的周围、跟党走。"①在新的历史条件下,我们要实现党的长期执政,必须通过统一战线,巩固党的阶级基础,扩大党的群众基础,保持和密切与人民群众的联系,接受人民群众的监督,不断从人民群众中汲取智慧,提高党的执政能力,实现最广泛的团结和联合,为中国特色社会主义事业凝聚人心、凝聚力量。

(二)从实现国家治理现代化的高度来认识统一战线的重要地位

习近平总书记从实现国家治理现代化的高度来认识统战工作,将其看作是我们党治国理政必须花大心思、下大气力解决好的重大战略问题。"国家治理体系和治理能力现代化",是党的十八届三中全会作为全面深化改革的总目标提出的一个新的现代化,有石破天惊的震撼性。习近平总书记指出:"我们讲过很多现代化,包括农业现代化、工业现代化、科技现代化、国防现代化等,国家治理体系和治理能力现代化是第一次讲。深刻理解和准确把握这个总目标,是贯彻落实各项改革举措的关键。"②什么是国家治理体系和治理能力呢?习近平总书记给国家治理体系和治理能力下了一个科学的定义:"国家治理体系和治理能力是一个国家制度和制度执行能力的集中体现。国家治理体系是在党领导下管理国家的制度体系,包括经济、政治、文化、社会、生态文明和党的建设等各领域体制机制、法律法规安排,也就是一整套紧密相连、相互协调的国家制度;国家治理能力则是运用国家制度管理社会各方面事务的能力,包括改革发展稳定、内政外交国防、治党治国治军等各个方面。"③简单地说,国家治理体系就是指国家的制度体系,治理能力就是制度的执行力。相应地,推

---

① 习近平:《深刻认识做好新形势下统战工作的重大意义》,《十八大以来重要文献选编》(中),中央文献出版社 2016 年版,第 558 页。

② 《习近平关于全面深化改革论述摘编》,中央文献出版社 2014 年版,第 26 页。

③ 习近平:《切实把思想统一到党的十八届三中全会精神上来》,《十八大以来重要文献选编》(上),中央文献出版社 2014 年版,第 547—548 页。

进国家治理体系和治理能力现代化,主要是两方面的任务:一是加强制度体系建设,适应时代变化,既改革不适应实践发展要求的体制机制、法律法规,又不断构建新的体制机制、法律法规,使各方面制度更加科学、更加完善,实现党、国家、社会各项事务治理制度化、规范化、程序化。二是加强制度执行力建设,增强按制度办事、依法办事意识,善于运用制度和法律治理国家,把各方面制度优势转化为管理国家的效能,提高党科学执政、民主执政、依法执政水平。而这两个方面都与统一战线有密切关系。

　　首先,统一战线与国家治理体系的关系。国家治理体系是国家的制度体系,是一个复杂的大系统,由诸多的子系统所组成。习近平总书记指出:"我们说要推进国家治理体系和治理能力现代化,国家治理体系是由众多子系统构成的复杂系统,这个系统的核心是中国共产党,人大、政府、政协、法院、检察院、军队,各民主党派和无党派人士,各企事业单位,工会、共青团、妇联等群团组织,都要坚持中国共产党领导。"①在这个大系统中,涉及统一战线的主要有两个子系统,一个是作为统一战线组织的人民政协,一个是各民主党派和无党派人士。关于人民政协,习近平总书记指出:"人民政协是国家治理体系的重要组成部分,要适应全面深化改革的要求,以改革思维、创新理念、务实举措大力推进履职能力建设,努力在推进国家治理体系和治理能力现代化中发挥更大作用。"②关于民主党派和无党派人士,习近平总书记指出,中国共产党领导的多党合作和政治协商制度作为我国一项基本政治制度,是中国共产党、中国人民和各民主党派、无党派人士的伟大政治创造,是从中国土壤中生长出来的新型政党制度。③他希望各民主党派和无党派人士要做中国共产党的好参谋、好帮手、好同事,增强责任和担当,共同把中国的事情办好。新时代多

---

　　① 《习近平关于社会主义政治建设论述摘编》,中央文献出版社 2017 年版,第 34 页。

　　② 习近平:《在庆祝中国人民政治协商会议成立六十五周年大会上的讲话》,《十八大以来重要文献选编》(中),中央文献出版社 2016 年版,第 71 页。

　　③ 参见习近平:《中国共产党领导的多党合作和政治协商制度是从中国土壤中生长出来的新型政党制度》,《论坚持党对一切工作的领导》,中央文献出版社 2014 年版,第 29 页。

党合作舞台极为广阔,要用好政党协商这个民主形式和制度渠道,有事多商量、有事好商量、有事会商量,通过协商凝聚共识、凝聚智慧、凝聚力量。

其次,统一战线与治理能力的关系。国家治理体系和治理能力是一个国家的制度和制度执行能力的集中体现,两者相辅相成,单靠哪一个治理国家都不行。治理国家,制度是起根本性、全局性、长远性作用的。然而,没有有效的治理能力,再好的制度也难以发挥作用。习近平总书记指出:"应该看到,制度执行力、治理能力已经成为影响我国社会主义制度优势充分发挥、党和国家事业顺利发展的重要因素。只有以提高党的执政能力为重点,尽快把我们各级干部、各方面管理者的思想政治素质、科学文化素质、工作本领都提高起来,尽快把党和国家机关、企事业单位、人民团体、社会组织等的工作能力都提高起来,国家治理体系才能更加有效运转。"[1]提高党的执政能力,提高国家机构履职能力,提高各级干部和各方面管理者的能力,很重要的一个方面就是加强同党外人士的协商,通过发扬民主、集思广益,避免发生大的失误。针对有的同志把同党外人士协商看作是找麻烦,习近平总书记指出:"我看,搞政治就要不怕麻烦,不怕麻烦才能有良政。天下哪有不麻烦的政治呢? 更不要说治理一个十三亿多人口的大国。"[2]习近平总书记在这里使用了一个新词"良政",英文是"good governance",也可以翻译成"善治",是 20 世纪 90 年代中期在国际社会开始使用的一个概念。形象地说,国家治理体系和治理能力现代化,就是要实现"良政""善治",而这与统一战线关系密切。这就从实现国家治理体系和治理能力现代化的高度阐明了新时代统一战线的重要地位和作用。

(三)从党和国家工作大局来认识统战工作的战略性意义

党的统战工作有策略性和战略性两个方面,但通常人们往往只看到的是它的策略性,把统一战线当作一种谋略、一种权宜之计。习近平总书

---

[1] 《习近平关于全面深化改革论述摘编》,中央文献出版社 2014 年版,第 29 页。

[2] 习近平:《深刻认识做好新形势下统战工作的重大意义》,《十八大以来重要文献选编》(中),中央文献出版社 2016 年版,第 558 页。

记强调,统战工作是"必须花大心思、下大气力解决好的重大战略问题",就是要求全党从党和国家工作大局来认识统战工作的战略性意义。

关于统战工作的策略性和战略性的关系,邓小平同志在新中国成立初期就明确提出了这个问题。他指出:"固然,统战工作有其策略性,但更主要的是它的战略性,就是要广泛地团结工人阶级、农民阶级、小资产阶级、民族资产阶级和社会各阶层人民。"①统一战线有两面,策略性就是分化敌人营垒,战略性就是团结一切可以团结的朋友。二者相比较,战略性是主要的,凡是可以团结、可以争取使其中立的,都要加以团结、加以争取,这也就是孤立了敌人。"这些同志没有看到统战工作的这两面,所以不重视团结民主人士、民主党派和社会各阶层人民,没有远大的眼光。"②

党的统一战线主要是战略性的,这可以从我国多党合作的长期性体现出来。政党合作在实行多党制的国家也有,但基本上是暂时性的、策略性的,主要表现为在议会选举中结成执政联盟。但这种合作是基于策略性的考虑,如果主要执政党有足够的席位是不会同其他政党合作的,而且在联合执政期间也容易因政策分歧而导致破裂。但我国政党合作跟他们不一样。1956 年 4 月在《论十大关系》中毛泽东同志正式提出了"八字方针",指出:"究竟是一个党好,还是几个党好? 现在看来,恐怕是几个党好。不但过去如此,而且将来也可以如此,就是长期共存,互相监督。"③为什么要让民主党派同共产党长期共存呢? 毛泽东同志说:"这是因为凡属一切确实致力于团结人民从事社会主义事业的、得到人民信任的党派,我们没有理由不对它们采取长期共存的方针。"④周恩来同志也说:"既然我们在民主革命时期和社会主义改造时期,都能和民族资产阶级、各民主党派共同合作,团结在一起,那么,怎么能够设想进入社会主义建

---

① 邓小平:《全党重视做统一战线工作》,《人民政协重要文献选编》(上),中央文献出版社、中国文史出版社 2009 年版,第 143 页。

② 邓小平:《全党重视做统一战线工作》,《人民政协重要文献选编》(上),中央文献出版社、中国文史出版社 2009 年版,第 143 页。

③ 《论十大关系》,《毛泽东文集》第七卷,人民出版社 1999 年版,第 34 页。

④ 《关于正确处理人民内部矛盾的问题》,《毛泽东文集》第七卷,人民出版社 1999 年版,第 235 页。

设时期,就不能同民主党派、党外人士继续合作下去呢? 这是说不出道理的。"①这种长期共存能有多长时间呢? 周恩来同志说:"我们党的寿命有多长,民主党派的寿命就有多长,一直要共存到将来社会的发展不需要政党的时候为止。"②也就是说,共产党同民主党派是一种同生死的关系、共患难的关系。这是党的统一战线的战略性的生动体现。

正是因为党的统一战线主要是战略性的,这就决定了统战工作的复杂性,是不容易做好的工作。因此,习近平总书记强调,做好统战工作必须花大心思、下大气力。统战工作是做争取人心的工作,得土地易,得人心难,在一定意义上说,统战工作就是不好做的工作。在社会思想观念更加多样的条件下,党外知识分子中有一批有影响、有个性的人,喜欢针砭时弊,甚至发出一些不正确的言论。做这些人的工作,有些同志产生了畏难情绪。统战工作就是团结不好团结的人,做不容易做的工作。只要在基本政治立场上没有大的问题,越是难做的对象越要去做。邓小平同志曾经指出:"即使是中立一时、将来还可能反对我们的人,我们也要使其中立。这样就能把可以争取的人都争取过来,缩小敌人的圈子,以便打倒主要的敌人。"③做这些人的工作,要采取个性化的方法,不怕他们思想出现反复。哪怕他们不能全部认同我们的主张但能认同一部分,哪怕他们在思想上不赞成我们但不付诸行动,也是有利的。这项统战工作难度大、见效慢,拖不得、等不得,要抓紧开展工作。

二、我国发展的内外环境深刻变化需要更好发挥统一战线作用

新中国成立以来,党中央先后召开过 20 次全国统战工作会议,原因

---

① 周恩来:《长期共存,互相监督》,《人民政协重要文献选编》(上),中央文献出版社、中国文史出版社 2009 年版,第 302 页。

② 周恩来:《长期共存,互相监督》,《人民政协重要文献选编》(上),中央文献出版社、中国文史出版社 2009 年版,第 304 页。

③ 《克服目前西南党内的不良倾向》,《邓小平文选》第一卷,人民出版社 1994 年版,第 155 页。

就是统一战线和统战工作对实现党的历史任务十分紧要。历史的经验告诉我们,统一战线很重要。但是,过去重要不一定现在就重要,过去需要不一定现在也需要。我们需要解决的问题是,在新时代为什么还需要统一战线。习近平总书记从形势发生的重大变化进行分析,指出:"当前,我国发展的内外环境发生了深刻变化,所有制形式更加多样,社会阶层更加多样,社会思想观念更加多样,统战工作面临许多新情况新问题。如何更好发挥统一战线作用,扩大团结面,凝聚正能量,是必须回答好的一个重大课题。"①这"三个更加多样"具有非常深刻的寓意,这是党中央谋划和推进统战工作的基本依据,也使得新时代统战工作更加复杂、更加重要,更加需要充满智慧地处理好各种关系。

(一)所有制形式更加多样意味着统一战线的社会经济基础发生深刻变化

生产力决定生产关系,经济基础决定上层建筑,是历史唯物主义的一个基本原理。经济基础是生产关系的总和,生产关系主要是所有制关系。因此,一个社会所有制关系发生的深刻变化,决定着上层建筑也要随之发生深刻变化。统一战线作为上层建筑的政治联盟,从根本上说也是由作为生产关系总和的经济基础所决定的。

改革开放前,我国的生产关系是单一的公有制,包括国有经济和集体经济两种形式。改革开放以来,我国发生的最大变化就是所有制的变化,从单一的公有制经济发展成为多种所有制经济,包括国有经济、集体经济、私有经济、个体经济、外资经济以及混合所有制经济。其中发展最快的是非公有制经济。在 2015 年中央统战工作前夕,据国家工商总局统计,截至 2015 年 4 月底,我国私营企业发展到 1653.8 万户,个体工商户发展到 5139.8 万户,非公有制经济占我国 GDP 的 60%、国家税收的70%、企业总数的 80%、新增就业人口的 90%。非公有制经济在我国国民经济的比重越来越大,这就决定了非公有制经济领域的统战工作具有越

---

① 《习近平关于社会主义政治建设论述摘编》,中央文献出版社 2017 年版,第 128 页。

来越重要的地位,同时也对其他相关领域的统战工作产生深刻影响。例如,非公有制经济的发展意味着利益的多元化,随着改革不断推进、利益关系不断调整,不可避免地会产生一些矛盾和问题,不同程度地反映到政党关系、民族关系、宗教关系、阶层关系、海内外同胞关系之中,做好沟通思想、理顺情绪、化解矛盾的统战工作,就不仅必要而且迫切。

(二)社会阶层更加多样意味着统一战线工作的对象发生了深刻变化

所有制形式的变化,相应地带来社会结构的变化。改革开放前我国的社会结构比较简单,主要由两大阶级即工人阶级、农民阶级和一个阶层即知识分子阶层所构成。相应地,统战工作的对象也比较单一,主要是知识分子工作以及与其有密切关系的民主党派工作。

改革开放后,我国出现了新的社会阶层。2001年7月1日,江泽民同志第一次概括了我国新的社会阶层有六种人,即民营科技企业的创业人员和技术人员、受聘于外资企业的管理技术人员、个体户、私营企业主、中介组织的从业人员、自由职业人员,并把他们与工人、农民、知识分子、干部和解放军指战员一起称作"有中国特色社会主义事业的建设者"。考虑到统战工作的重点对象,胡锦涛同志在第20次全国统战工作会议上把新的社会阶层人士界定为主要由私营企业主和自由择业知识分子两部分所组成。

随着新兴职业和新的社会群体的出现,习近平总书记在中央统战工作会议上又强调要做好"新三种人"工作:新经济组织、新社会组织中的知识分子,留学人员,新媒体中的代表人士。

2015年5月,中共中央颁发的《中国共产党统一战线工作条例(试行)》规定统一战线工作范围和对象有12类:民主党派成员,无党派人士,党外知识分子,少数民族人士,宗教界人士,非公有制经济人士,新的社会阶层人士,出国和归国留学人员,香港同胞、澳门同胞,台湾同胞及其在大陆的亲属,华侨、归侨及侨眷,其他需要联系和团结的人员。与此前所规定的15类对象的区别是:非公有制经济人士单列;把"私营企业、外资企业的管理人员和技术人员""中介组织从业人员(如律师、会计师、评估师、税务师等)""自由职业人员""新媒体从业人员"等统称为"新的社会阶层人士"。考虑到"原工商业者""起义和投诚的原国民党军政人员及眷属"的人数已经很少,不再单列。

与"新的社会阶层人士"相类似的概念是"新群体",这同样是统战工作的对象,并且需要格外关注。习近平总书记强调:"值得重视的是,当前社会上出现了许多新群体,但不少还没有纳入我们的工作视野,牵不上线,对不上话,做不进工作。西方敌对势力正在加紧拉拢这些人,如果我们不改进工作,长此以往,这些人就会同我们党渐行渐远。"①

(三)社会思想观念更加多样意味着统一战线的思想政治工作方式发生深刻变化

改革开放以来,马克思主义在意识形态领域虽然占据指导地位,但在市场经济的大潮中,随着人们思想活动的独立性、选择性、多变性、差异性明显增强,价值取向日益多样化,形成了多样化的歧异的社会思潮,并且都掌握和影响一部分群众,甚至统一战线成员。毛泽东同志曾说,因为不一致,才有团结的任务,如果总是十分一致,那还有什么必要不断进行团结的工作呢?长期执政、和平发展的环境,使一些党员领导干部不愿正视不一致的情况,而是习惯于行政命令的办法,简单粗暴地压制不一致的意见;一些做统战工作的同志,满足于传统的程序性的工作,很少对新情况新问题提出新办法新对策。这是我们必须正视并认真加以解决的。

如何解决人们思想观念的分歧,需要有合适的民主方式。票决的方式显然是不行的,既是因为真理往往掌握在少数人手里,特别是科学领域,不能靠人多势众来解决思想认识问题,也是因为在我国总人口中哪怕再小的百分比,也是数量不少的社会群体,他们的利益诉求和意见表达怎么能忽略不计呢?合适的方式只能是中国社会主义民主政治中独特的、

① 习近平:《深刻认识做好新形势下统战工作的重大意义》,《十八大以来重要文献选编》(中),中央文献出版社2016年版,第561页。

独有的、独到的民主形式——协商民主。协商民主并不神秘,用通俗的话说,就是商量办事。协商的过程,既是发扬民主、集思广益的过程,也是统一思想、凝聚共识的过程。有分歧并不可怕,关键是要商量,而且是理性平和的商量。只要坚持和而不同、求同存异,坚持换位思考、将心比心,以底线思维求团结,靠最大公约数求共识,有什么样的矛盾和分歧不能解决呢?

总之,正是因为这"三个更加多样",才需要统一战线发挥"统一"作用,这种统一不是苛求一律,不是整齐划一,不是清一色,而是在各族人民各阶层共同利益的基础上凝聚人心、汇聚力量,为共同的目标贡献各自的正能量。

三、着眼于党的历史方位和使命任务发挥统一战线的重要作用

2015 年 5 月 18 日在中央统战工作会议上,习近平总书记指出:"现在,我们党所处的历史方位、所面临的内外形势、所肩负的使命任务发生了重大变化。越是变化大,越是要把统一战线发展好、把统战工作开展好。"①这里习近平总书记提出了两个重要概念:"历史方位"和"使命任务",反映了其对这两个方面发生的变化已经进行了思考,2017 年 10 月党的十九大报告对此正式作出概括。

(一)历史方位的重大变化

习近平总书记在党的十九大报告中指出:"经过长期努力,中国特色社会主义进入了新时代,这是我国发展新的历史方位。"所谓历史方位,简单地说就是在历史发展进程中处于什么位置、有什么样的走势。

为什么说是新的历史方位呢? 是因为 2002 年江泽民同志在党的十

---

① 习近平:《深刻认识做好新形势下统战工作的重大意义》,《十八大以来重要文献选编》(中),中央文献出版社 2016 年版,第 557 页。

六大报告中曾经对党的历史方位发生的变化作出过概括。他指出："我们党历经革命、建设和改革,已经从领导人民为夺取全国政权而奋斗的党,成为领导人民掌握全国政权并长期执政的党;已经从受到外部封锁和实行计划经济条件下领导国家建设的党,成为对外开放和发展社会主义市场经济条件下领导国家建设的党。"有人说,党的历史方位的变化说明我们党已经从"革命党"转变成了"执政党",这个说法是不准确的。江泽民同志的这个概括,并没有区分革命党和执政党,并没有把革命和执政当作两个截然不同的事情。我们党是马克思主义执政党,但同时是马克思主义革命党,因此要始终保持战争时期那么一股劲。

显而易见,江泽民同志讲到的是党的历史方位的两次变化,第一次是新中国成立前后的变化,第二次是改革开放前后的变化。但历史方位是不是有新的变化呢? 这个问题引起了习近平总书记的思考。历史方位关系到党要解决的主要问题,而在不同历史时期我们党要解决的主要问题是不同的。2013 年 8 月 19 日在全国宣传思想工作会议上,习近平总书记第一次把中国共产党在不同历史时期解决的主要问题概括为"三个能不能"的问题,他指出:"我一直在思考一个问题,这就是:我们中国共产党人能不能打仗,新中国的成立已经说明了;我们中国共产党人能不能搞建设搞发展,改革开放的推进也已经说明了;但是,我们中国共产党人能不能在日益复杂的国际国内环境下坚持住党的领导、坚持和发展中国特色社会主义,这个还需要我们一代一代共产党人继续作出回答。"①2015 年 12 月在全国党校工作会议上,习近平总书记又通俗地将这三个问题概括为"三个挨"的问题,他指出:"形象地讲,长期以来,我们党带领人民就是要不断解决'挨打'、'挨饿'、'挨骂'这三大问题。经过几代人不懈奋斗,前两个问题基本得到解决,但'挨骂'问题还没有得到根本解决。"②习近平总书记在党的十九大报告中正式用"站起来""富起来""强起来"三个关键词来表达党在不同时期分别解决的三个重大问题,指出进入新

---

① 《习近平关于社会主义政治建设论述摘编》,中央文献出版社 2017 年版,第 25 页。
② 《习近平关于社会主义文化建设论述摘编》,中央文献出版社 2017 年版,第 211 页。

时代"意味着近代以来久经磨难的中华民族迎来了从站起来、富起来到强起来的伟大飞跃,迎来了实现中华民族伟大复兴的光明前景"。① 习近平总书记的这三次表述有着内在的联系。站起来,就是要解决能不能打仗的问题、挨打的问题;富起来,就是要解决能不能搞建设搞发展的问题、挨饿的问题;进入新时代强起来,就要重点解决能不能坚持住党的领导、坚持和发展中国特色社会主义的问题,解决"挨骂"的问题。

由此,"站起来""富起来""强起来"成了我们党和国家发生时代变化的标志。习近平总书记在纪念马克思诞辰 200 周年大会上的讲话中表述得更为清楚明白。他指出,中国共产党人把马克思主义基本原理同中国具体实际结合起来,有三次飞跃。第一次是完成新民主主义革命和社会主义革命,"实现了中华民族从东亚病夫到站起来的伟大飞跃";第二次是改革开放以来团结带领人民进行建设中国特色社会主义新的伟大实践,"实现了中华民族从站起来到富起来的伟大飞跃";第三次是在新时代,推动党和国家事业取得全方位、开创性历史成就,发生深层次、根本性历史变革,"中华民族迎来了从富起来到强起来的伟大飞跃"。② 显而易见,"强起来"是新时代的标志。新时代是决胜全面建成小康社会、进而全面建设社会主义现代化强国的时代。

(二)使命任务的重大变化

习近平总书记在党的十九大报告中指出:"中国共产党人的初心和使命,就是为中国人民谋幸福,为中华民族谋复兴。这个初心和使命是激励中国共产党人不断前进的根本动力。"③实现中华民族伟大复兴是新时代中国共产党的历史使命。习近平总书记为它起了一个响亮的名字"中国梦"。2012 年 11 月 29 日,习近平总书记在中央政治局常委参观复兴

① 习近平:《决胜全面建成小康社会,夺取新时代中国特色社会主义伟大胜利》,《十九大以来重要文献选编》(上),中央文献出版社 2019 年版,第 7 页。
② 习近平:《在纪念马克思诞辰 200 周年大会上的讲话》,《十九大以来重要文献选编》(上),中央文献出版社 2019 年版,第 427 页。
③ 习近平:《决胜全面建成小康社会 夺取新时代中国特色社会主义伟大胜利——在中国共产党第十九次全国代表大会上的报告》,人民出版社 2017 年版,第 1 页。

之路展览时首次提出"中国梦"。他指出:"现在,大家都在讨论中国梦,我以为,实现中华民族伟大复兴,就是中华民族近代以来最伟大的梦想。这个梦想,凝聚了几代中国人的夙愿,体现了中华民族和中国人民的整体利益,是每一个中华儿女的共同期盼。"①

针对对中国梦的各种各样的理解,习近平总书记强调:"中国梦是一种形象的表达,是一个最大公约数,是一种为群众易于接受的表述,核心内涵是中华民族伟大复兴,可以适当拓展,但不能脱离中华民族伟大复兴这个主题,要紧紧扭住这个主题激活和传递正能量。"②实现中华民族伟大复兴这一核心内涵,用的是"复兴"一词。"复兴"的基本词义是指衰落后再兴盛起来。为什么用"复兴"这个概念呢? 这涉及我国古代圣贤以托古来表达理想社会的思维方式。大家知道,我国古代儒家的理想社会是大同:"大道之行也,天下为公,选贤与能,讲信修睦。"但这个大同社会不是在未来,而是在以前就存在的。"大道之行也,与三代之英,丘未之逮也,而有志焉。"(《礼记·礼运》)在孔子看来,大道实行的时代,以及夏商周三代杰出君主在位的时代,他没有赶得上,但内心向往之。以托古的方式表达理想社会,有一个很大的好处,就是告诉我们,既然我们的先人都能做到,我们今天为什么做不到呢?

中华民族是最有资格讲复兴的民族。中华民族有五千多年的文明历史,创造了灿烂的中华文明,曾为人类作出了卓越贡献,成为世界上伟大的民族。习近平总书记曾举例说,我国古代以农业立国,农耕文明长期居于世界领先水平。汉代时,我国人口就超过 6000 万人,垦地超过 8 亿亩。唐代长安城面积超过 80 平方公里,人口超过 100 万人,宫殿金碧辉煌,佛寺宝塔高耸,东西两市十分繁荣。诗人岑参就有"长安城中百万家"的诗句。北宋时,国家税收峰值达到 1.6 亿贯,是当时世界上最富裕的国家。那个时候,伦敦、巴黎、威尼斯、佛罗伦萨的人口都不足 10 万人,而我国拥有 10 万人口以上的城市近 50 座。16 世纪以前世界上最重要的 300 项发

---

① 《习近平谈治国理政》第一卷,外文出版社 2018 年版,第 36 页。
② 《习近平关于实现中华民族伟大复兴的中国梦论述摘编》,中央文献出版社 2013 年版,第 10 页。

明和发现中,我国占 173 项,远远超过同时代的欧洲。我国只是近代以来
由于内部和外部的种种原因而落伍和衰败。中外专家估算,中国经济总
量在 1820 年时曾达到全球经济的 30%。复兴,不是复旧、复古,不是要回
到过去。中国的古代社会虽然与同时代的其他国家相比处于领先地位,
但历朝历代无一例外都是封建专制社会,都是今天的时代应当超越的。
我们谈中华民族伟大复兴,从来不把历史上的某个时期作为向往的目标、
留恋的时光。以所谓的"康乾盛世"为例,虽然相对清朝其他时期算是强
盛之时,但已经潜在着后来迅速衰败的种子。有学者称,所谓的康乾盛世
只是一种"落日的辉煌",不无道理。实现中华民族伟大复兴的中国梦所
指,绝不要回到这样的时期,而只是说要使中华民族重新具有繁荣昌盛的
地位,为人类作出新的更大的贡献。

　　近代以来,为了实现中华民族复兴的伟大梦想,中国人民和无数仁人
志士进行了千辛万苦的探索和不屈不挠的斗争,进行了各式各样的尝试,
但终究未能改变旧中国的社会性质和中国人民的悲惨命运。中国共产党
一经成立,就把实现共产主义作为党的最高理想和最终目标,义无反顾肩
负起实现中华民族伟大复兴的历史使命,团结带领人民进行了艰苦卓绝
的斗争,谱写了气吞山河的壮丽史诗。我们党团结带领人民进行了 28 年
浴血奋战,完成了新民主主义革命,建立了中华人民共和国。新中国建立
后,我们党团结带领人民完成社会主义革命,确立社会主义基本制度,推
进社会主义建设,完成了中华民族有史以来最为广泛而深刻的社会变革,
为当代中国一切发展进步奠定了根本政治前提和制度基础。所有这些努
力,都是为了实现中华民族伟大复兴,建设社会主义现代化强国。毛泽东
同志在工商业社会主义改造过程中曾经对党外人士说:"现在我们实行
这么一种制度,这么一种计划,是可以一年一年走向更富更强的,一年一
年可以看到更富更强些。而这个富,是共同的富,这个强,是共同的强,大
家都有份"①。他展望:"哪一天赶上美国,超过美国,我们才吐一口气。现

①　《在资本主义工商业社会主义改造问题座谈会上的讲话》,《毛泽东文集》第六卷,人
民出版社 1999 年版,第 495 页。

在我们不像样子嘛,要受人欺负。我们这么大一个国家,吹起来牛皮很大,历史有几千年,地大物博,人口众多,但是一年才生产二百几十万吨钢,现在才开始造汽车,产量还很少,实在不像样子。所以,全国各界,包括工商界、各民主党派在内,都要努力,把我国建设成为一个富强的国家。"①

改革开放以来,我们党团结带领人民进行改革开放新的伟大革命,破除阻碍国家和民族发展的一切思想和体制障碍,开辟了中国特色社会主义道路,使中国大踏步赶上时代,目的也是实现中华民族伟大复兴。邓小平同志指出:"我们进行社会主义现代化建设,是要在经济上赶上发达的资本主义国家,在政治上创造比资本主义国家的民主更高更切实的民主,并且造就比这些国家更多更优秀的人才。"②

经过长期努力,今天我们比历史上任何时期都更接近、更有信心和能力实现中华民族伟大复兴的目标。但是,中华民族伟大复兴,绝不是轻轻松松、敲锣打鼓就能实现的。全党必须准备付出更为艰巨、更为艰苦的努力。实现中国梦,必须进行具有许多新的历史特点的伟大斗争,必须推进党的建设新的伟大工程,必须推进中国特色社会主义伟大事业。

(三)统一战线为实现中华民族伟大复兴的中国梦增添强大力量

统一战线与实现中华民族伟大复兴的中国梦是什么关系? 就是提供力量支持的关系。习近平总书记在提出中国梦后不久,2013 年 3 月 17 日就在十二届全国人大一次会议闭幕式上的讲话中不仅详细阐述了中国梦,而且还提出了中国道路、中国精神、中国力量。他指出:"实现中国梦必须凝聚中国力量。这就是中国各族人民大团结的力量。中国梦是民族的梦,也是每个中国人的梦。只要我们紧密团结,万众一心,为实现共同梦想而奋斗,实现梦想的力量就无比强大,我们每个人为实现自己梦想的

---

① 《在资本主义工商业社会主义改造问题座谈会上的讲话》,《毛泽东文集》第六卷,人民出版社 1999 年版,第 500 页。

② 《党和国家领导制度的改革》,《邓小平文选》第二卷,人民出版社 1994 年版,第 322 页。

努力就拥有广阔的空间。生活在我们伟大祖国和伟大时代的中国人民，共同享有人生出彩的机会，共同享有梦想成真的机会，共同享有同祖国和时代一起成长与进步的机会。有梦想，有机会，有奋斗，一切美好的东西都能够创造出来。全国各族人民一定要牢记使命，心往一处想，劲往一处使，用13亿人的智慧和力量汇集起不可战胜的磅礴力量。"①这里已经蕴含着要重视统一战线凝聚力量的作用的思想。

2015年5月18日在中央统战工作会议上的讲话中，习近平总书记明确指出："我们搞统一战线，从来不是为了好看、为了好听，而是因为有用、有大用、有不可或缺的作用。说到底，统一战线是做人的工作，搞统一战线是为了壮大共同奋斗的力量。民主党派、无党派、民族、宗教、新的社会阶层、港澳台海外等各方面统一战线成员达数亿之多。可以肯定地说，只要把这么多人团结起来，我们就能为实现'两个一百年'奋斗目标、实现中华民族伟大复兴的中国梦增添强大力量。"②

概括起来说，统一战线能为实现中华民族伟大复兴提供的主要有六种力量。一是多党合作的政治力量。各民主党派是同中国共产党通力合作的中国特色社会主义参政党，无党派人士是我国政治生活中的一支重要力量。要坚持长期共存、互相监督、肝胆相照、荣辱与共，支持各民主党派和无党派人士把坚持中国特色社会主义政治发展道路作为根本方向，按照中国特色社会主义参政党要求更好履行参政议政、民主监督、参加中国共产党领导的政治协商职能。二是各族人民大团结的力量。中国特色解决民族问题的正确道路是中国特色社会主义政治发展道路的重要方面。要准确把握我国统一的多民族国家的基本国情，铸牢中华民族共同体意识，加强各民族交往交流交融，促进各民族和睦相处、和衷共济、和谐发展，巩固发展平等团结互助和谐的社会主义民族关系，让各族群众像石榴籽一样紧紧抱在一起，共同团结奋斗、共同繁荣发展。三是信教群众的力量。要全面贯彻党的宗教工作基本方针，坚持我国宗教的中国化方向，

①　《习近平谈治国理政》第一卷，外文出版社2018年版，第40页。
②　习近平：《深刻认识做好新形势下统战工作的重大意义》，《十八大以来重要文献选编》（中），中央文献出版社2016年版，第562页。

用社会主义核心价值观引领、用中华文化浸润我国各宗教,支持宗教界对宗教思想、教规教义进行符合时代进步要求的阐释,引导宗教与社会主义社会相适应,引导信教群众投身改革开放和社会主义现代化建设,为促进经济发展、社会和谐、文化繁荣、民族团结、祖国统一服务。四是党外知识分子和新的社会阶层人士的力量。党外知识分子在我国整个知识分子队伍中占有四分之三的比重,是一支了不起的力量,需要针对不同特点分类施策,增强责任意识,配强工作力量,改进工作方法,发挥他们在中国特色社会主义事业中的重要作用。五是非公有制经济人士的力量。改革开放以来,我国形成了以公有制经济为主体、多种所有制经济共同发展的新格局,形成了非公有制经济人士新群体,在稳定增长、促进创新、增加就业、改善民生等方面发挥了重要作用。要紧紧围绕构建亲清新型政商关系这个新课题,把促进非公有制经济健康发展和非公有制经济人士健康成长作为重大政治问题,坚持信任、团结、服务、引导、教育的方针,一手抓鼓励支持,一手抓教育引导,鼓励广大非公有制经济人士做爱国敬业、守法经营、创业创新、回报社会的典范。六是海内外中华儿女大团结的力量。实现中华民族伟大复兴,需要海内外中华儿女共同努力。要坚持以爱国者为主体的"港人治港""澳人治澳",发展壮大爱国爱港爱澳力量。要推动两岸同胞共同弘扬中华文化,促进心灵契合,巩固台湾爱国统一力量,争取中间力量,不断推动形成有利于统一的民众心理、民意基础、民心走向。要广泛团结联系海外侨胞和归侨侨眷,共同致力于中华民族伟大复兴。

四、加强和改善党对统一战线工作的领导

党的统一战线作为党的总路线总任务的重要组成部分,必须坚持中国共产党的领导,也只有加强和改善党对统一战线工作的领导,统一战线事业才能健康发展。

(一)做好新时代统一战线工作,最根本的是坚持党的领导

领导权问题是统一战线的核心问题,中国共产党对统一战线实行坚

强正确的领导,是中国统一战线的根本特点,也是统一战线在长期的革命、建设、改革实践中发挥重大作用的根本保证。总结我们党的历史经验,可以得出这样的结论:没有统一战线,党的事业不可能取得胜利;没有党的坚强领导,统一战线不可能巩固壮大。习近平总书记指出:"做好新形势下统战工作,必须掌握规律、坚持原则、讲究方法,最根本的是要坚持党的领导。统一战线是党领导的统一战线。在统战工作中,实行的政策、采取的措施都要有利于坚持和巩固党的领导地位和执政地位。"①

党的领导是新时代统一战线健康发展的根本保证。统战工作要始终围绕有利于加强和巩固党的领导而开展。在强化党对统一战线的领导权问题上,要旗帜鲜明、理直气壮。但我们也必须懂得,"党对统一战线的领导主要是政治领导,即政治原则、政治方向、重大方针政策的领导,主要体现为党委领导而不是部门领导、集体领导而不是个人领导"②。也就是说,只要坚持了政治原则、把握了政治方向、执行了重大方针政策,就是坚持了党对统一战线的领导。党对统一战线的领导是从党的整体上而言的,实行党的领导的责任主体是各级党委,而不是党委或政府的哪一个部门。在统一战线内部的个体之间,不存在中共党员对非中共人士的领导关系。例如,在人民政协,不存在中共政协委员对非中共政协委员的领导问题。因此,坚持党的领导要坚定不移,但在这个过程中也要尊重、维护、照顾同盟者的利益,帮助党外人士排忧解难。这是我们党的职责,也是实现党对统一战线领导的重要条件。

在统一战线中,协商民主是实现党的领导的重要方式。加强社会主义协商民主建设,就是为了发扬民主,集思广益,避免发生大的失误。通过发扬民主、广泛协商,可以使统一战线广大成员更加普遍地认同党的主张,更加自觉地团结在党的周围,跟党走。同党外人士开展协商,要做到平等交流、坦诚沟通,关键在于平等。共产党居于执政地位,并

---

① 习近平:《深刻认识做好新形势下统战工作的重大意义》,《十八大以来重要文献选编》(中),中央文献出版社2016年版,第561页。
② 习近平:《深刻认识做好新形势下统战工作的重大意义》,《十八大以来重要文献选编》(中),中央文献出版社2016年版,第561页。

不代表共产党员和党的领导干部就高人一等。相反,只有时时处处注意向党外人士学习,将正确的意见集中起来,自己的判断和决策才会正确,才能真正实现领导。实行同党外人士合作,为我们提供了通过讨论凝聚共识的平台,也提供了通过尊重别人、学习别人从而赢得别人尊重的渠道,我们应该珍惜这个平台和渠道,任何将其视为摆设的想法都是有害的。

加强和改善党对统一战线的领导,要着力解决不会做统战工作的问题。具体来说,一是要解决不会领导的问题。习近平总书记指出:"统战工作具有很强的政治性。做好党外人士思想政治工作,巩固共同思想政治基础,是统战工作的主要内容。"①但有的同志缺乏这样的认识,出现了两种值得注意的现象。一种现象是不重视思想政治引导,对党外人士思想活动不关注。具体表现为:以所谓"政治开明"为借口对无底线的言论开绿灯;对错误观点不敢批评、不会批评,怕批评伤和气;不善于用谈心说理的办法阐明重大问题的原则立场。其实,批评和自我批评是党的优良传统,是解决人民内部矛盾的方法,在统一战线中是一直提倡的。在工商业社会主义改造时期,毛泽东同志听说中国民主建国会常务委员会扩大会议和中央委员会全体会议开展批评和自我批评,非常高兴。他在给黄炎培的信中说:"人民内部的问题仍将层出不穷,解决的方法,就是从团结出发,经过批评与自我批评,达到团结这样一种方法。我高兴地听到民建会这样开会法,我希望凡有问题的地方都用这种方法。"②当然,开展批评要注意方式方法,要和风细雨讲道理,要以理服人,而不是以势压人。马克思曾说:"理论只要说服人,就能掌握群众;而理论只要彻底,就能说服人。"③在许多情况下之所以会出现"以势压人"的问题,是因为我们自己讲的道理并不彻底。另一种现象是工作方法简单粗暴、盛气凌人。如

---

① 习近平:《深刻认识做好新形势下统战工作的重大意义》,《十八大以来重要文献选编》(中),中央文献出版社 2016 年版,第 560 页。
② 《给黄炎培的信》,《毛泽东文集》第七卷,人民出版社 1999 年版,第 164 页。
③ 马克思:《〈黑格尔法哲学批判〉导言》,《马克思恩格斯选集》第 1 卷,人民出版社 1995 年版,第 9 页。

要党外人士绝对服从自己,甚至把民主党派组织当成下属单位,对民主党派内部事务直接干预、包办代替。有的同志之所以会发生这样的问题,究其根本原因是对我国民主党派的政党性质缺乏认识。周恩来同志早就指出:"民主党派在共产党领导下,在宪法赋予的权利义务范围内,有政治自由和组织独立性。"①1989年《中共中央关于坚持和完善中国共产党领导的多党合作和政治协商制度的意见》明确规定:"民主党派享有宪法规定的权利和义务范围内的政治自由、组织独立和法律地位平等。"②因此,中共要支持民主党派独立自主地处理自己的内部事务,而不能直接干预,更不能包办代替。

二是要解决不懂政策的问题。习近平总书记指出:"政策性强,也是统战工作的一个重要特征。统一战线中的各种关系、各种问题,很多都要靠政策来调节。有的同志不学习、不熟悉统战政策,遇到问题荒腔走板、动作变形。"③其表现有:在提名推荐党外人大代表、政协委员人选时不按政策规定,源头上就有隐患,导致这些人当了人大代表、政协委员后涉腐涉案;对民族、宗教问题能不管就尽量不管,出了事不是依据法律和政策去解决,而是"能捂就捂";习惯于行政命令,对一些敏感问题一查了之、一堵了之,不但治不了本,反而激化了矛盾。因此,学习掌握统战政策是做好统战工作的基本功,是解决统战工作问题的基本要求。针对这些不懂政策出现的问题,特别在非公有制经济人士政治安排方面的问题,要把握政策关,坚持标准、严格程序、认真考察,做好综合评价,一个入口,一套标准,凡进必评,真正把那些思想政治强、行业代表性强、参政议政能力强、社会信誉好的非公有制经济代表人士推荐出来。组织部门、统战部门要负好责任。

三是解决不讲方法的问题。习近平总书记指出:"统战工作还有一

---

① 周恩来:《各民主党派在宪法范围内有政治自由和组织独立性》,《人民政协重要文献选编》(上),中央文献出版社、中国文史出版社2009年版,第306页。

② 《人民政协重要文献选编》(中),中央文献出版社、中国文史出版社2009年版,第481页。

③ 习近平:《深刻认识做好新形势下统战工作的重大意义》,《十八大以来重要文献选编》(中),中央文献出版社2016年版,第560页。

个重要特征,就是讲求很强的工作艺术。统战工作是党的特殊群众工作,
要有特殊的方式方法。"①但是有的同志不会跟党外人士谈心交心,说话
官腔十足,发言照本宣科,说完就走人,人情味少,程式化多,让党外人士
感觉自己像外人。早在1945年5月党的七大上毛泽东同志就指出:"统
一战线是一门专门科学,我们党内有很多人还没有学会,很多人不善于同
党外人士合作,我们要学会这一门科学。"②在新的历史条件下,习近平总
书记同样强调:"统战工作是一门科学,没有很强的业务水平和工作能力
是做不好的。统战干部要深入学习党的统一战线理论和方针政策,精通
统一战线历史,做到心明眼亮,同时还要广泛学习各方面知识,掌握统战
工作的个中门道,善于处理各种复杂敏感问题,努力成为行家里手。"③

(二)坚持党委统一领导、统战部牵头协调、有关方面各负其责的大统战工作格局

统战工作是全党的工作,必须全党重视,大家共同来做。全党要从思
想上真正认识到,统战工作是各级党委必须做好的分内事、必须种好的责
任田。统战工作具有战略性、全局性、工作范围广的特点,凡是有党外人
士的地方就有党的统战工作。统一战线无小事,统战工作涉及的主要是
同党外的关系,处理不好就可能影响大局。长期以来,"统一战线不统
一"是一个突出的问题,影响了统战工作成效。为此,习近平总书记指
出:"必须明确,民主党派工作、党外知识分子工作、非公有制经济人士工
作,民族工作、宗教工作,港澳工作、对台工作、侨务工作,都是统战工作的
重要组成部分。要坚持党委统一领导、统战部牵头协调、有关方面各负其
责的大统战工作格局,形成工作合力。"④党的十九届四中全会《决定》强

① 习近平:《深刻认识做好新形势下统战工作的重大意义》,《十八大以来重要文献选编》(中),中央文献出版社2016年版,第561页。
② 《在中国共产党第七次全国代表大会上的结论》,《毛泽东文集》第三卷,人民出版社1996年版,第415页。
③ 《习近平关于社会主义政治建设论述摘编》,中央文献出版社2017年版,第139页。
④ 《习近平关于社会主义政治建设论述摘编》,中央文献出版社2017年版,第138页。

调"坚持大统战工作格局"①。

　　新时代坚持大统战工作格局,具有十分重要的意义。一是新时代统一战线性质和特点的必然要求。新时代的统一战线的社会基础更加广泛、工作领域更加宽广、工作内容更加丰富,呈现出空前的广泛性、巨大的包容性、鲜明的多样性和突出的社会性。要把多达数亿人的多元的社会群体团结起来,为着共同的目标而奋斗,仅仅靠统战部门是很难做到的,必须形成全党重视、共同来做统战工作的新局面,把党政、群团、社会组织等各方面的资源力量充分调动起来。二是新时代发挥统一战线凝心聚力优势和作用的必备需要。统一战线历来具有人才荟萃、智力密集、联系广泛的优势,是实现"两个一百年"目标、建设社会主义现代化强国必不可少的。中国特色社会主义进入新时代,我国社会主要矛盾已经转化为人民日益增长的美好生活需要和不平衡不充分的发展之间的矛盾,人民在民主、法治、公平、正义、安全、环境等方面的要求也日益增长,社会利益诉求更加多元多样,影响社会和谐稳定的因素愈益复杂。只有加强各领域统战工作的顶层设计和统筹规划,使统一战线各方面的智慧和力量充分动员起来和运用出来,才能更好发挥统一战线围绕中心、服务大局的作用。三是新时代巩固和扩大党长期执政的群众基础的重要方面。马克思、恩格斯说:"历史活动是群众的事业,随着历史活动的深入,必将是群众队伍的扩大。"对于党的执政地位来说也是如此,党的群众队伍越扩大,拥护党执政的人越多,党的执政地位就越巩固。我们党要在中国执政并且长期执政,必须不断巩固自己的执政基础,发挥统一战线增强党的阶级基础、扩大党的群众基础、巩固党的执政地位的重要法宝作用。为此,就要通过各领域卓有成效的统战工作,促进政党关系、民族关系、宗教关系、阶层关系、海内外同胞关系和谐,把民主党派和无党派人士、各族人民、信教群众、非公有制经济人士和新的社会阶层人士、海内外同胞紧密团结在党的周围,在党的领导下共同致力于实现中华民族伟大复兴。

---

　　① 《〈中共中央关于坚持和完善中国特色社会主义制度、推进国家治理体系和治理能力现代化若干重大问题的决定〉辅导读本》,人民出版社 2019 年版,第 12 页。

为形成大统战工作格局,2015 年 5 月颁发的《中国共产党统一战线工作条例(试行)》规定:中央成立统一战线工作领导小组,办公室设在中央统战部,对统一战线贯彻落实中央重大方针、政策、法律法规情况进行研究、协调指导和督促检查。随后,中央、地方和一些相关部门的党委相继成立统一战线工作领导小组,对统一战线贯彻落实中央重大方针、政策、法律法规情况进行研究、协调指导和督促检查,进一步加强党对统战工作的集中统一领导、切实理顺统战工作领导体制,形成了全党做统战工作的合力、促成全党重视统一战线的新局面。党的十九届三中全会开始的深化党和国家机构改革,将国家宗教局、国务院侨务办公室并入中央统战部,统一管理宗教、侨务工作,并明确由中央统战部统一领导国家民族事务委员会。

各级党委承担开展统一战线工作的主要职责,要加强对统一战线工作的领导,把统战工作摆在重要位置,要做到"四个纳入":把统战工作纳入党委重要议事日程,纳入党政领导班子考核内容,纳入宣传工作计划,纳入党校(行政学院)、干部学院、社会主义学院的重要教学内容。各地区各部门各单位党委(党组)主要负责人为统一战线工作第一责任人,党委(党组)领导班子成员要做到"三个带头":带头学习宣传和贯彻落实党的统一战线理论、方针、政策和法律法规,带头参加统一战线重要活动,带头广交深交党外朋友。各级党委主要负责人要熟悉本地区民主党派组织负责人和有影响的党外知识分子、非公有制经济人士等,每年都要找一些人谈谈心,或到有些单位走访一下。特别是对那些有影响、有个性的党外人士,各级党委主要负责人要主动做好工作。

形成大统战工作格局,要发挥统战部牵头协调、有关方面各负其责的作用。统战部作为党委主管统一战线工作的职能部门,是党委统战工作的参谋机构、组织协调机构、具体执行机构、督促检查机构,担负着了解情况、掌握政策、协调关系、安排人事、增进共识、加强团结等重要职责。统战部要加强同其他部门和方面的联系沟通,更好发挥参谋、组织、协调、督促的作用,加强同政协组织的沟通协调配合,加强对参事室、文史研究馆的工作指导,支持配合外事、对台、港澳等工作部门做好相关工作。各有关部门和人民团体要增强统战意识,搞好分工协作。党委有关部门各司其职、守土有责,积极贯彻落实政策、推进统战工作,各级人大、政府、政协和司法机关党组织要积极搞好同党外人士合作共事。工会、共青团、妇联等人民团体以及相关企事业单位的党组织也要积极做好统战工作。统战工作做得好不好,统战部门、统战干部至关重要。各级党委要高度重视、加强领导,切实按照新时代统一战线工作的要求,不断推进统战部门和干部队伍建设,强化看齐意识,建设政治坚定、业务精通、作风过硬的高素质领导班子和干部队伍,使统战部门、统战干部成为对党绝对忠诚的政治机关、政治工作者。

(三)联谊交友是统一战线工作的重要内容,也是统战工作的重要方式

习近平总书记指出:"做好新形势下统战工作,必须善于联谊交友。联谊交友是统战工作的重要内容,也是统战工作的重要方式。党政领导干部、统战干部要掌握这个方式。"①统一战线是做人的工作,搞统一战线是为了壮大共同奋斗的力量。从某种意义上说,统一战线工作做得好不好,要看交到的朋友多不多、合格不合格、够不够铁。多不多是数量问题,合格不合格、够不够铁是质量问题。俗话说,"一人为仇嫌太多,百人为友嫌太少"。交朋友的面要广,朋友越多越好,特别是要交一些能说心里话的挚友诤友。想交到这样的朋友,不能做快餐,而是要做佛跳墙这样的功夫菜。习近平总书记要求:"对党外人士,要多接触、多谈心、多帮助,讲尊重、讲平等、讲诚恳,不随意伤害对方自尊心,不以势压人。"②同党外人士交朋友当然会有私谊,但私谊要服从公谊。要讲原则、讲纪律、讲规矩,不能把党外人士当成个人资源,而是要出于公心为党交一大批肝胆相照的党外朋友。

统战干部是代表我们党团结联系党外人士的,我们党对统战干部的

---

① 习近平:《深刻认识做好新形势下统战工作的重大意义》,《十八大以来重要文献选编》(中),中央文献出版社2016年版,第562页。

② 习近平:《深刻认识做好新形势下统战工作的重大意义》,《十八大以来重要文献选编》(中),中央文献出版社2016年版,第563页。

要求历来是很高的。邓小平同志曾经回顾长征到达陕北后的困难局面时说:"党把一些最好的干部派去做统战工作"①,加上其他方面的工作,形成了抗日救国的新局面。可是现在有的地方党委却把统战部门当成"干部安置所"和"退休中转站"。受此影响,一些统战干部精神也不够振奋,自嘲说"统战部门是自由自在,统战工作是自娱自乐,统战干部是自生自灭",觉得自己是二线部门、二线工作。从事统战工作的同志必须牢记,党把统战工作这个重大任务交给大家,是对大家的信任,也是对大家的重托。党对统战干部的要求,概括起来就是政治坚定、业务精通、作风过硬。政治坚定,就要严格遵守党的政治纪律和政治规矩,善于从政治上观察和处理问题,具有正确的政治方向、坚毅的政治定力、敏锐的政治鉴别力,自觉地同以习近平同志为核心的党中央保持高度一致。统战干部要同各式各样的人打交道,有一个谁影响谁的问题,没有坚强的党性、坚定的立场是不能胜任的。越是做统战工作,越要心中有党,在坚持什么、提倡什么、防止什么上始终保持定力。业务精通,就要全面掌握党的统一战线理论和方针政策,掌握统战工作方式方法,真正成为行家里手。作风过硬,就要做到诚恳谦和、平等待人、廉洁奉公,对党外人士待之以诚、动之以情、晓之以理、助之以实,真正赢得党外人士的尊重和认同,团结他们同我们党一起奋斗、一起开创新形势下统战工作新局面。

---

① 《全党重视做统一战线工作》,《邓小平文选》第一卷,人民出版社 1994 年版,第 185 页。

参考文献

1.《马克思恩格斯选集》第 1 卷,人民出版社 1995 年版。

2.《毛泽东选集》第一——四卷,人民出版社 1991 年版。

3.《毛泽东文集》第一——八卷,人民出版社 1993、1996、1999 年版。

4.《邓小平文选》第一——三卷,人民出版社 1993、1994 年版。

5.《邓小平年谱》(上),中央文献出版社 2004 年版。

6.《习近平谈治国理政》第一——三卷,外文出版社 2014、2017、2020 年版。

7.《习近平关于实现中华民族伟大复兴的中国梦论述摘编》,中央文献出版社 2013 年版。

8.《习近平关于全面深化改革论述摘编》,中央文献出版社 2014 年版。

9.《习近平关于全面依法治国论述摘编》,中央文献出版社 2015 年版。

10.《习近平关于全面从严治党论述摘编》,中央文献出版社 2016 年版。

11.《习近平关于社会主义政治建设论述摘编》,中央文献出版社 2017 年版。

12.《习近平关于社会主义文化建设论述摘编》,中央文献出版社 2017 年版。

13. 习近平:《论坚持全面深化改革》,中央文献出版社 2018 年版。

14. 习近平:《论坚持党对一切工作的领导》,中央文献出版社 2019 年版。

15. 习近平:《推进党的建设新的伟大工程要一以贯之》,《求是》2019 年第 19 期。

16.《周恩来选集》(上),人民出版社 1981 年版。

17. 政协全国委员会研究室编:《老一代革命家论人民政协》,中央文献出版社 1997 年版。

18. 政协全国委员会办公厅、中共中央文献研究室编:《人民政协重要文献选编》(上、中、下),中央文献出版社、中国文史出版社 2009 年版。

19. 中共中央文献研究室编:《建国以来重要文献选编》第 5 册,中央文献出版社 1993 年版。

20. 中共中央文献研究室编:《十五大以来重要文献选编》上,人民出版社

2000 年版。

21. 中共中央文献研究室编:《十八大以来重要文献选编》(上、中、下),中央文献出版社 2014、2016、2018 年版。

22. 中共中央党史和文献研究室编:《十九大以来重要文献选编》(上),中央文献出版社 2019 年版。

23.《中共中央关于坚持和完善中国特色社会主义制度 推进国家治理体系和治理能力现代化若干重大问题的决定》,人民出版社 2019 年版。

24.《〈中共中央关于坚持和完善中国特色社会主义制度、推进国家治理体系和治理能力现代化若干重大问题的决定〉辅导读本》,人民出版社 2019 年版。

25. 黄炎培:《八十年来》附《延安归来》,中国文史出版社 1982 年版。

26.《林伯渠文集》,华艺出版社 1996 年版。

27.《胡乔木回忆毛泽东》,人民出版社 1994 年版。

28.《中央民族工作会议精神学习辅导读本》,民族出版社 2005 年版。

29. 中共中央党史研究室:《中国共产党的九十年》(新民主主义革命时期),中共党史出版社、党建读物出版社 2016 年版。

30. 全国干部培训教材编审指导委员会组织编写:《社会主义民主政治建设》,人民出版社、党建读物出版社 2015 年版。

31. 全国干部培训教材编审指导委员会组织编写:《发展社会主义民主政治》,人民出版社、党建读物出版社 2019 年版。

32.《基层协商民主典型案例选编》,人民出版社 2015 年版。

33. 陈剑主编:《北京协商民主的理论与实践》,中国文史出版社 2016 年版。

34. 张峰:《协商民主与人民政协理论研究》,人民出版社 2018 年版。

35. 张峰等:《推进协商民主广泛多层制度化发展研究》,人民出版社 2021 年版。

后　记

我撰写的《中国特色社会主义政治制度的伟大创造》一书，是北京市习近平新时代中国特色社会主义思想研究中心"新时代的思想旗帜研究文库"的著作之一。这本书是在我参与编写全国干部学习培训教材之一《发展社会主义民主政治》基础上撰写的，这是我撰写本书的起因。

党的十九大后，为加强对习近平新时代中国特色社会主义思想的学习培训，全国干部培训教材编审指导委员会组织编写新一批全国干部学习培训教材，《发展社会主义民主政治》是其中之一。这本教材由中央统战部牵头，中央编办、中央党校（国家行政学院）、全国人大常委会办公厅、全国政协办公厅、司法部、中央社会主义学院共同编写。张裔炯任本书主编，舒启明和我任副主编，我主要承担统稿工作。这批教材于2019年2月由人民出版社、党建读物出版社出版发行。习近平总书记为这批教材写了序言，指出："抓好全党大学习、干部大培训，要有好教材。这批教材阐释了新时代中国特色社会主义思想的重大意义、科学体系、精神实质、实践要求，各级各类干部教育培训要注重用好这批教材。"

《发展社会主义民主政治》问世后，我撰写了书评文章《坚定中国特色社会主义政治发展道路自信——〈发展社会主义民主政治〉》，发表于2019年3月21日的《光明日报》，认为该书全面系统论述党的十九大关于发展社会主义民主政治的新要求，为党员干部坚定政治发展道路自信提供了一本基本辅导教材。该书着力阐述走中国特色社会主义政治发展道路的四个重大问题：必须坚持中国共产党的领导，必须健全人民当家作主制度体系，必须全面推进依法治国，必须巩固和发展爱国统一战线。

在编写教材的过程中，我意识到，为了深入贯彻党的十九大报告关于健全人民当家作主体制体系、发展社会主义民主政治的战略部署,准确把握社会主义民主政治建设的基本内涵、历史脉络、发展方向,需要在教材的基础上进行进一步的深入研究,特别是对其中涉及的重大理论和实践问题要研机析理,体现出把握民主政治建设规律的学理性,于是萌生了撰写一部关于社会主义民主政治建设的学术专著的想法。2019 年 10 月党的十九届四中全会召开,通过《中共中央关于坚持和完善中国特色社会主义制度、推进国家治理体系和治理能力现代化若干重大问题的决定》,为我的进一步研究提供了理论指导和强劲动力。恰值北京市习近平新时代中国特色社会主义思想研究中心建立文库,我申报的《中国特色社会主义民主政治建设论纲》课题列入其中,由此开始了这本著作的撰写工作。由于对这一课题的研究有长期的积累,在不太长的时间内便得以完稿。也许正是这个原因,本书对近两年习近平总书记有关社会主义民主政治建设的新论述(如全过程人民民主)未能涉及,以期在我今后的相关研究中予以弥补。

在本书的写作和出版过程中,得到了北京市习近平新时代中国特色社会主义思想研究中心和人民出版社的大力支持。借本书付梓之际,向其表示我衷心的感谢。

张　峰

2022 年 5 月

责任编辑：郭彦辰

封面设计：林芝玉

图书在版编目（CIP）数据

中国特色社会主义政治制度的伟大创造/张峰 著. —北京：人民出版社，
　2022.6
（新时代的思想旗帜研究文库）
ISBN 978－7－01－024552－2

Ⅰ.①中…　Ⅱ.①张…　Ⅲ.①中国特色社会主义-政治制度-研究
　Ⅳ.①D621

中国版本图书馆 CIP 数据核字（2022）第 026558 号

中国特色社会主义政治制度的伟大创造
ZHONGGUOTESESHEHUIZHUYI ZHENGZHIZHIDU DE WEIDA CHUANGZAO

张　峰　著

人民出版社 出版发行
（100706　北京市东城区隆福寺街 99 号）

北京中科印刷有限公司印刷　新华书店经销

2022 年 6 月第 1 版　2022 年 6 月北京第 1 次印刷
开本：710 毫米×1000 毫米 1/16　印张：18.25
字数：262 千字

ISBN 978－7－01－024552－2　定价：89.00 元

邮购地址 100706　北京市东城区隆福寺街 99 号
人民东方图书销售中心　电话（010）65250042　65289539